沈笑英　主编

润物无声

——浙江名师的教育智慧

上海教育出版社
SHANGHAI EDUCATIONAL
PUBLISHING HOUSE

编委名单

（按姓氏笔画排序）

序　一

古希腊时期，人们把教师称为“智者”。其言外之意可能是指，那些有智慧的人才能成为人师。德国教育家第斯多惠曾说：“一名差教师教学生真理，一名好教师教学生发现真理。”我国历来有教师“授人以鱼，不如授人以渔”之说。这些都隐含着教师的智慧形象与智慧性格。那些名师，尤其是特级教师身上体现出的智慧品质，常常是有效地启迪学生走向卓越的关键。

特级教师作为教师群体中先进的专业性人才，他们的教育智慧具体地体现在多个方面。我们看到的那些特级教师通常是终身学习的倡导者、示范者和实践者，他们十分注重充实和更新自我的知识结构，并且让自己保持思路清晰、逻辑严谨、思维敏捷和观念先进。面对复杂的教育情境、教育关系和教育过程，特级教师往往能够灵活地运用幽默感与激情化解矛盾，协调关系，得心应手地处理各类教育突发事件。而且，特级教师通常能够明了教育发展的趋势，面对教育改革的大潮，能够积极参与、主动调适。与此同时，特级教师情感丰富、理智健全，尽管在教育活动中遇到各种困难而导致情绪的躁动是难免的，但是他们能够用理智去克制自己，耐心地引导学生，善于以自己理性的光芒照亮学生们的心灵。他们在教育过程中表现出宽厚仁爱、有理有节、人性丰满，对学生充满了关爱，因而常常为学生们所信赖和喜爱。

教育是一种充满智慧的创造性劳动，而教育的智慧则源于教师对教育事业的忠诚，对学生的热爱，同时源于对教师专业发展的积极追求。《润物无声——浙江名师的教育智慧》一书中所收录的浙江省 11 个地区 30 位一线特级教师运用教育机智育人的故事，很好地反映了这一点：他们有的在与学生的相处中，对个人教育行为进行了记录与思考，如“打造‘生态圈’　构建‘共同体’”的朱恒元老师、“在‘逃离’中回归”的范群老师、“细雨湿桃李　守望花满园”的赵寅芬老师、“暗室点灯　育德赋能”的项香女老师、“1176 天的老班日记”的邢方方老师、“一花一世界　一‘生’一风景”刘晓东老师、“教育琐思一二”的陈志强老师、“永不缺席的成长导师”的邹碧艳老师、“多给学生一次成功的体验”的戴银杏老师、“讲台很小也很大”的王燕红老师、“让科学探究教学走向深入”的陈建姣老师；有的是将教育教学中的关键问题融入叙事，进行教育理念的提炼与升华，如“宽严相济，情理相融”的林肃浩老师、“在生活中孕育数学之美”的陈加仓老师、“评价，是‘花’不是‘刺’”的朱瑶老师、“就在那灵光一闪时”的傅淑玲老师、“探索适合学生的教育”的沈新权老师、“体育不止于运动”的叶海辉老师、“每一个意外都是契机”的汪啸波老师、“多一‘点’，一切皆有可能”的王葵红老师、“向‘童话’致敬”的何夏寿老师、“在生活中‘立人’”的张寰宇老师；还有的在品味几十年的职业生涯，为学生与自身带来的改变与反思，如“什么是交响”的何春芬老师、“因为爱，所以爱”的贯龙弟老师、“唤醒孩子的内力”的郑英老师、“做有智慧、有担当的地理人”的章玲老师、“为‘人师’，我一直在路上”的郑小侠老师、“钟情美育　执着坚守”的徐军老师、“每个人都了不起：关注学生的个性发展”的虞金龙老师、“做学生喜欢的老师”的袁优红老师、“‘上帝派来的’老师”的吕秋萍老师。所有这些特级教师，都是充满了智慧的教师，在他们身上闪烁着教育智慧的光芒。

本书编者在充分了解浙江省中小学教育领域师资队伍状况的基础上，为特级教师建构了分享教育智慧的平台，也为广大青年教师的成长提供了一本富有价值的、有血有肉的教育案例读物。书中讲述的这些特级教师的故事，或朴素或诗意，或理性或激情，很好地展现了浙江名师们对教育事业的执着与热爱。相信这些故事能引发更多教育工作者的共鸣，并激发更多的教师在阅读、实践、思考与写作的教育之路上走得更远、更好！

杭州师范大学原校长 

序　二

在中小学名师的群体中，有这么一群有着先进光环的老师——特级教师。1993 年 1 月 10 日，在原国家教委发布的《特级教师评选规定》中，对特级教师有相对明确的定义："特级教师"是国家为了表彰特别优秀的中小学教师而特设的一种既具先进性、又有专业性的称号。特级教师是师德的表率、育人的模范、教学的专家。

1978 年，邓小平同志在全国教育工作会议上讲到尊重教师的劳动时，明确指出："要采取适当措施，鼓励人们终身从事教育事业。特别优秀的教师，可以定为特级教师。"同年 10 月，教育部、国家计划委员会制定颁发了《关于评选特级教师的暂行规定》（以下简称《规定》）。同年 12 月 7 日，教育部、国家计划委员会下发《关于评选特级教师的暂行规定的通知》（教普字〔1978〕1352 号），我国从此正式建立了特级教师制度。《规定》要求，"评选特级教师应坚持从严掌握和实事求是的原则，严格按照评选条件认真、慎重地进行评选。各地和学校有符合评选条件的教师就评选，否则，就不评选。第一次评选，北京、上海、天津等大城市评选面暂定控制在万分之五以内，其他地方应低于这个比例"。

浙江省第一次"特级教师"的评选是在 1979 年，首批"特级教师"共 7 人。他们分别是：杭州市第四中学的程宝佩（初中数学）、温州市第二中学的陈立明（高中物理）、宁波市镇海中学的胡明德（高中数学）、严州师范学校的寿崇德（美术教育）、杭州市安吉路实验学校的朱雪丹（小学语文）、杭州市胜利小学的程玲（小学语文）、东阳市巍山镇小学的陈云仙（小学语文）。自此，1979—2018 年间，浙江省共评选出了 12 批、1642 名特级教师。三尺讲台上，这 1642 名特级教师以其高尚的师德模范、精湛的专业能力承担着传承人类灿烂文明的使命，为浙江教育注入了持续的活力与生命力。同时，特级教师在实践中凝练出的教育智慧启迪着学生和青年教师的成长，推动了一代又一代的浙江师生走向成功与卓越。

《润物无声——浙江名师的教育智慧》一书，是浙江省实施特级教师制度40多年来，浙江省11个地区首次遴选30位一线特级教师，进行的教育智慧叙事。这30位特级教师不忘教育初心，坚持践行立德树人，倾听每一位学生的心声，尊重学生的个性，挖掘了自身教育和学科中的育人智慧。林肃浩老师说，学校教育不是为了造就象牙塔，而是为了培养学生进入世界的能力。朱瑶老师认为，评价是“花”不是“刺”，赋能于孩子，让孩子得到最大化的发展。赵寅芬老师平易近人，视学生为自己的朋友。戴银杏老师提倡，多给学生一次课堂上成功的体验，可能换来学生一生的命运改变。沈新权老师32年来不忘初心，探索适合学生的教育，让学生成为他最应该成为的样子。项香女老师在40多年的教学生涯中悟到，身为教师的自豪，便是在一部分孩子人生的至暗时刻，曾为其送去如豆之灯。虞金龙老师关注学生的个性发展，认为每个人都了不起。何春芬老师与学生们一起，共同演绎交响乐。王葵红老师始终坚信与爱携手，用真心、耐心、细心、慧心可以催生出“美丽的花朵”。刘晓东老师认为，教师就是要让每一朵“花”绽放，每一片“叶”更加碧绿，构成一道道靓丽的风景。还有认为“教育是一场美丽的相遇”的吕秋萍老师等，无不表达着他们对教师职业的热爱，对学生的关怀与责任心。

浙江的特级教师在教学中，始终以学生为主，对学科内涵与课程意义进行着孜孜不倦的探索和研究。无论是“在生活中孕育数学之美”的陈加仓老师，“向童话致敬”的何夏寿老师，“做有智慧、有担当的地理人”的章玲老师，“做学生喜欢的老师”的袁优红老师，“体育不止于运动”的叶海辉老师，“在生活中立人”的张寰宇老师，“以美育人”的徐军老师，“因为爱，所以爱”的贾龙弟老师，“每一个意外都是契机”的汪啸波老师，“让科学探究走向深入”的陈建姣老师，“就在那灵光一闪时”的傅淑玲老师，“讲台很小也很大”的王燕红老师，还是认为教育是“一腔热情，一份宽容”的陈志强老师等，都在课堂教学中探寻学科素养，创新教学方法，追求教育的真谛。

浙江的特级教师在德育工作中，坚持落实立德树人根本任务，始终以生为本，全面发展学生核心素养。朱恒元老师认为，班主任应重视心理换位，学会角色扮演，打造班级“生态圈”，构建师生“共同体”。范群老师认为，班主任的工作就是为了让学生有体验幸福的境界、创造幸福的能力、奉献幸福的风格，为学生的终身幸福奠基。郑英老师的班主任教育“秘诀”是，把学生唤醒，让他们发现自己，然后做更好的自己。郑小侠老师认为，为“人师”，他一直在路上，要用教师的专业、智慧与爱去帮助孩子们。邹碧艳老师在班主任工作中认为，教育应着眼于学生的未来，少一点功利心，多一份关切情。邢方方老师将做班主任的 1176 天写成了“文字＋图片”的日记，记录了对孩子们的最长情告白。

30 位浙江名师是浙江省 1642 名特级教师的缩影。40 多年的回眸，我们在这些老师流畅的教育叙事中，在其教学与育人的故事细节中，领略了他们的风采，凝练了他们的教育智慧。教师工作是“春风化雨，润物无声”的，教育是“随风潜入夜，润物细无声”的。浙江的特级教师们正以踏实的实践，成就教育的非凡！

浙江省特级教师协会会长

润物无声

——浙江名师的教育智慧

目　录

教是为了不教

林肃浩，浙江省化学特级教师、首批二级正高级教师。现任浙江省杭州第二中学学术委员会主任、国家“万人计划”教学名师、入选国家高层次人才特殊支持计划领军人才、国际化学奥赛金牌教练，享受国务院特殊津贴，兼任浙江省化学会理事、浙江省中学化学教学研究会常务理事、杭州市化学会副理事长、华东师范大学、杭州师范大学硕士生兼职导师、浙江师范大学特聘教授、《大学化学》编委、《中学化学教学参考》编委。先后获全国先进工作者、全国优秀教师、全国五一劳动奖章、首届中国化学会化学基础教育奖、浙江省有突出贡献中青年专家、浙江省杰出教师、杭州市杰出人才等多项荣誉称号。主持和完成省部级及以上课题共 8 项，其中连续两届获得国家级教学成果二等奖 2 项，连续四届获浙江省基础教学成果（政府奖）一等奖 3 项，二等奖 2 项。60 多篇论文在全国中文核心期刊发表，其中获全国一等奖 8 篇，主编或参编《高中化学实验创新实践与研究》等 70 多本图书。

宽严相济，情理相融

林肃浩

我是1983年步入教师行列的，当时只有22岁，如今我的教龄已达38年了。在我的学生中，不乏学业表现上的佼佼者，他们当中有获得国际化学奥赛金牌的，有被保送至名校毕业后继续留学深造的。其中有些学生因为在高中阶段对化学产生了浓厚的兴趣而选择化学作为终身的专业：有的成了科学家，有的成了研究员，还有的成了大学教授。

孟子认为，“得天下英才而教育之”是君子三乐之一。我回想自己漫长而充实的教育生涯，真真切切地感受到作为教师的艰辛与责任、幸福与快乐。美国教育家、哲学家杜威秉持的理念“教育不是为生活做准备，教育就是生活本身”，我深以为然。作为教师，学生在学业上的优秀表现固然重要，学生在人格成长中的扎实根基，更关系到学生一生的长足发展。教书育人，两者相辅相成，不可偏废。多年以后，学生再回到高中看望老师，课堂上讲授过的知识、演练过的习题、试卷上的分数或许都已经忘却，但是老师在他们迷茫时的关心、低沉时的鼓励、动摇时的信任，那些在他们人生最纯粹又最懵懂的青春岁月里给予过的关怀与陪伴，会被学生们沉淀为最美好的记忆。

我的记忆长河里，那个初登讲坛的年轻身影最为鲜明。我记得那是我当老师的第一年，学校分配我教初三一个班和高一两个班的任务。跨年级教学、每周准备七个教案，对于才踏出大学校园的我来说，教学压力确实很大。我每天晚上备课到11点，吃透教材、熟悉学生，我把自己全部的热情和时间都投入到了教学上。渐渐地，我熟悉了中学教学的节奏，善于把知识点前后贯通，深入浅出地进行传授，学生也都沉浸在我的化学课堂上。可以说，靠着不断的钻研和持续的努力，我站稳了讲台。

同时，我也担任高一一个班的班主任，年轻的我和学生们站在一起，其实并没有太大的分别，他们在心里是把我当做大哥哥一般看待的，这使得学生们对我具有亲切感。我和他们一起打篮球，夕阳勾勒出我们投篮跳跃的身影；我和他们一起准备足球比赛，为他们呐喊助威。我和学生们在运动中增进了默契和信赖，在比赛中增进了团结和凝聚力。我们是朝气蓬勃、充满着创意和活力的集体。很多事情，我让学生自己做主。比如，自己讨论班级的口号、班歌、班旗，开班会集体讨论班级公约并付诸文字，班委牵头成立学习小组等。学生们在一次次的班级事务的参与、讨论中，学会了规则意识，体会了自主意识，达成了共识，凝聚了班级认同感，这比老师的说教与灌输要直接得多。

卢梭在《爱弥儿》中写道："最好的教育就是无所作为的教育：学生看不到教育的发生，却实实在在地影响着他们的心灵，帮助他们发挥了潜能，这才是天底下最好的教育。"年轻时候的自己大胆尝试，与卢梭提倡的"无所作为的教育"暗暗契合。我想，所谓"无所作为"，并不是说老师什么都不做，关键是老师在应该放手的地方放手，让学生进行自我管理。学生在班级的真实情境中必然会经历个人自由与他人自由的碰撞，从而学会讨论甚至争论出符合彼此要求的共同秩序。老师需要做的是静观其变，创设出畅所欲言的环境。中学生的心理特征是重视自己的体验，渴望证明自己的成长，他们信任的是自己体验、实践的结果，厌烦师长的说教，不管师长再苦口婆心，或者说教的道理多么正确。苏霍姆林斯基说："老师的智慧不是堵塞道路，而是开拓道路。"在班级管理中，开拓一条让学生们当家做主的道路，就是开拓一条培养学生们责任感和规则意识的体验之路。

这是我放手的宽松一面，我期待着学生们亲身创造并且融入让他们有归属感的班级。同时，我也有我坚持的原则。子曰："弟子入则孝，出则弟，谨而信，泛爱众而亲仁。行有余力，则以学文。"在孔子看来，学生应该进德在前，修业在后。从长远的眼光来看学生的发展，我们的教育首先应该为学生铺垫好精神的底色、做人的正气。因为学校教育是有时限的，可是待人接物的基本品质却会伴随他们一生。我在一本《跟苏霍姆林斯基学当老师》的书里看到过这样的话，“每一个教师都要努力使每一个孩子都能珍视某种东西，保护某种东西，关心某种东西，这是情感教育、美育和德育中最细腻的东西。只有这样，才能培养孩子的高尚精神和人道主义精神。”所以，在事关学生为人处事的细节上，我是严肃对待的。

记得有一次早自习，我像往常那样一大早就去教室。从教室后面走到教室前面，我留心观察学生们的早读状态。行至讲台，我竟然看到黑板上写着一句辱骂我们班物理老师的话，我很生气。我示意课代表暂停早读。我面向全班同学，神情严肃地说道：“黑板是老师传授知识的地方，不是随意胡闹的地方。你们上课第一句话是喊‘老师好’，可是却在黑板上赫然写着辱骂老师的话，你们如果是老师，心里作何感想?”台下一片安静。学生们第一次见我怒气冲冲的样子，都不作声。我接下去说道：“我希望写下这句话的同学能够认识自己的错误，自己主动上台来擦掉。”可能是碍于情面，学生们按兵不动，无人上台。局面一下子僵住了。我按捺住自己的情绪，调整自己的语气：“在我心里，一直觉得咱们班的人是最可爱的人。我们团结一致，在运动会上奋力拼搏，不管结果怎么样，我们总是最坚持的那个班级，我们的啦啦队也是口号最嘹亮的。我们的自习课总是最快安静下来的，我们的作业总是最齐整的，我们的课堂互动是最有趣的，我们的黑板报总是最有创意的。你们在我眼里一直很优秀。可是优秀的定义不单单指向分数、常规红旗，更指向我们的内心是否存有一份对他人的敬意，更指向我们是否有正视错误并且改正错误的勇气。”说到动情处，我从学生的眼神里感受到了一份认同。我继续说下去：“其实你们的字迹，我都是认识的。但我更想，给写下这句话的同学一次正视自己所作所为的机会。我希望这位同学好好想想刚刚我说的一番话，下课后自己来找我好好谈一谈。下节课你们要离开教室去做实验，我希望这位同学自己主动把这句话擦掉。”

后来午间休息的时候，一名男生到我办公室来找我。他说：“老师，黑板上的字是我写的，我知道错了。”我说：“你错在哪里呢?”他想了想，说：“我不该在黑板上乱写乱画，不该在黑板上发泄自己对老师的情绪，这样太不尊重人了。”“我觉得你是认真想过这件事情的，对自己错误的认识是真诚的。我当然不是说你不能有自己的情绪，可是如何表达情绪也很重要。”我对他说，“我也想知道你和物理老师之间发生了什么矛盾，然后我们一起看看应该怎么去解决这个问题。”学生说：“我不太认同老师对一道题的解答方法，站起来反驳他，老师说自己的思路没有问题，是我错了。我不服气，跟老师顶了起来，老师却一定要我坐下。”我认真地听了学生的讲述，告诉他：“首先，我觉得你是一个有独立思考意识的人。你不盲从，不满足于老师的答案，喜欢自己思考，并且相信自己的判断，这是难能可贵的一点。我相信物理老师也是乐于见到你积极主动思考的。”我看到他头抬了起来，愿意听下去。我继续说道：“可是，课堂的时间是有限的。老师对你的简单回应或许在你看来是不够的，但是相对于其他同学而言，老师可能觉得这不是共性问题，考虑到课堂进度，就没有给你足够的时间，是吧？”他点点头。“所以，老师并不是故意忽视你的问题。他有没有说下课跟你继续讨论呢？”“嗯，有的。”“所以，老师也没有否定你的思考，而是会用课后更多的时间跟你深入交流，对不对？”“嗯。”“那么，你所不满意的是什么呢？”学生想了想，回答说：“可能就是觉得老师没有给我满意的答复，我在气头上下不来，觉得挺委屈的。”“那通过我们的分析，你还觉得委屈吗？”“好像没有了。而且，物理老师人挺好的。批改作业很仔细，讲评也挺有针对性的。”我听了，觉得已经水到渠成了，接下去说道：“那么，你觉得还应该做些什么呢？”“我去找物理老师，向他道歉。然后再和老师一起讨论一下那道题目。”“那你快去吧。”我拍了拍他的肩膀。学生站起来，放好凳子。我刚低下了头准备批作业，他特意回来，跟我说了声：“谢谢你，林老师。”我高兴地点点头。

学生因为上课的情绪问题而在黑板上写老师的坏话，这看起来是一个小的插曲，可是对这个细节的处理，却能让学生真切认识到何为尊重，何为沟通。我们的学生都是未成年人，一方面他们的情感极为真诚，另一方面他们的情感又极为脆弱。教师所面对的是一个个鲜活的、复杂的个体生命，教育的过程因人而异，没有什么一劳永逸、一蹴而就的模板。我们应该怀着对学生们最大的信任、最大的真诚,既努力去理解他们的行为背后的动机,又要因势利导,促进他们在为人处事方面的成长。苏霍姆林斯基说:"很重要的一点是要用长远的眼光来看我们所从事的活生生的教育工作:一天从一堆沙土中淘出一粒金子,一千天就能淘出一千粒金子。"1924 年,春晖中学的创始人经亨颐先生发表《勖白马湖生涯的春晖学生》的演讲,他说道:"白马湖不是避人避世的桃源,是暂时立于局外,旁观者清,不受牵制,造成将来勇猛的生力军的所在。"可见,学校教育不是为了造就象牙塔,而是为了培养学生进入世界的能力。所以,一些在教育过程中与分数不相关的"插曲",往往是和学生做人处世最为相关的契机。为学生的终身发展计,我们老师须兼顾严和爱,须兼用心理的知识、教育的方法,领着他们、陪着他们度过这段人生价值观形成的关键时期,方能春风化雨,润物无声。

既锦上添花，
更雪中送炭。

朱恒元，浙江省数学特级教师、正高级教师。曾任浙江省教育厅教研室数学教研员，现任教于义乌中学。先后毕业于义乌师范学校、浙江师范大学。全国“苏步青数学教育奖”获得者、教育部“跨世纪园丁工程”入选者、浙江省名师首批培养人选。从教 41 年来，坚持走教育、教学、教研一体化之路，探寻教学真谛，开发“培优工程”，构建“导疑、启思、调频、引发”教学模式，促进学生可持续发展，打造基于多版本教科书比较研究的数学优质课堂。14 篇文章被人大复印资料《高中数学教与学》全文转载或观点摘编，7 项课题获浙江省基础教育教学成果奖、浙江省教研成果奖和市科技进步奖。

打造“生态圈” 构建“共同体”

朱恒元

众所周知,教学活动是教师教与学生学的双边活动。对教师来说,教学内容信息的输出和学生反馈信息的输入,两种管道在课堂上都应该是顺畅的。就学生而言,教学内容信息的输入和学习过程信息的输出,两种渠道在课堂上也应该是透明的。一堂好课中,这四条信息通道总是在有效运行着。

我的课堂常用语是:“答对了,恭喜你!”“做错了,感谢你!”学生答对了,对全班同学自然是一次鼓励和鞭策,对教师也是教学局部成功的一次亲历和体验。学生做错了,正说明我们的教学还有薄弱环节,还有学习漏洞,还有改进的必要,还有更佳方法。此时此刻,教师在课堂上可以顺水推舟、顺藤摸瓜。这就是学生“教学反作用力”的正效应。

课堂教学上,学生偶尔像“补丁”,修复老师解题的漏洞;顷刻又像“溪流”,溅出美妙思路的浪花。尽管有时对教师的教学建议会很尖锐,但他们的性情又是那样的率真。只要与学生打成一片,做他们的知心朋友,我们的课堂教学就会永远充满朝气和活力。

数学课堂上如此这般教学相长,当班主任才是真正与学生共进、与幸福同行。我任班主任 23 年,最深刻的工作体会是:在不同时段、不同情况下,学生对班主任的期望不尽相同。有时学生希望班主任像父母,给他们以爱护与关怀;有时又希望班主任是亲密的朋友,能倾听他们诉说心中的烦恼;有时还期望班主任是宽厚的长兄,任他们发泄胸中的怒气。如果班主任不能及时地进行心理换位,不能恰当进行角色扮演,那就不能与学生的角色期待保持动态适应,就会产生角色冲突,无法实现心灵沟通，导致教育失败。因此，班主任应重视心理换位，学会角色扮演，打造班级“生态圈”，构建师生“共同体”，改善心育环境，提高教育效能。

想学生所愿

当代青少年具有强烈的上进心和荣誉感，对周围发生的一切十分敏感，容易产生情绪波动。这就要求班主任能够把握青年学生的心理特点，把自己作为班级的一员，置身于班集体中，与他们同呼吸、共命运，共同具有“主人翁”意识、责任感和荣誉感，真正成为学生信赖的良师益友。

我班里的学生来自全市各乡镇。城乡差别、贫富差别的存在，让学生对班干部的产生有一些想法：班主任看得起农村来的孩子吗？看得起家境较为贫寒的学生吗？等等。学生产生这些顾虑是正常的。一般说来，来自农村的学生，学习相对刻苦、守纪律、劳动积极，但不足之处是活动能力、组织能力相对较差，性格内向的较多。而城里学生性格活泼、热情好动、综合能力较强，但有优越感，学习刻苦程度相对不如农村学生。通过对学生情况的分析和仔细查阅档案，我按比例确定了选择临时班干部的范围，再由全班同学逐个进行自我介绍（包括板书姓名、口述毕业学校、曾任职务、兴趣爱好、愿承担哪方面工作等），最后拟订出临时班委名单并征求同学们的意见。此项工作进行时，我努力淡化班干部概念，强调班委会是为大家服务的组织，同时任命班里的一些“长”和“员”，如组长、寝室长、管理员、班史整理员等。为使学生树立“主人翁”意识，人人参与班级管理，有机会为大家服务，我按座位每排按科设立作业管理员，这样做既培养了学生的参与意识，又增强了班级的凝聚力。班主任的民主意识消除了同学们的思想顾虑，大家轻装上阵，班级气氛和谐向上，其乐融融。

师德的内涵丰富多彩，但“一视同仁”在学生看来尤为重要，让他们一辈子刻骨铭心。2000 年，我在浙江省金华市德育工作会议上作了班主任工作经验介绍，提出“一视同仁是师德极为重要的指标”，这一观点引起强烈共鸣和热烈反响。

想学生所思

班主任在工作中若遇到学生是心直口快的,直接提出自己的想法,这当然很好。但由于主客观原因,有些学生往往不轻易暴露自己内心世界的"秘密",这就需要班主任洞察他们的心理,透过学生的眼神和行为来探测和了解学生的所思所想,更好地与他们进行心理沟通。

有一次班里发生了违纪现象,有几名参与者总是沉默不语。我沉着冷静地观察,透过学生的表情发现他们心态各异。有的低头看物,眼睛不敢正视班主任,这已初步表明学生认识到自己的错误,但惧怕老师的批评惩罚而不敢说出实情。这样的学生性格内向、胆小怕事,怕教师声色俱厉地追问。为了减轻他的心理负担,我就摆出长者风度,让学生写书面材料,说出原委反思错误。有的呼吸急促,睁大眼睛看老师,一般来说,这样的学生对老师的批评内心不服,认为老师只批评自己,让"元凶"逍遥"法外"。这时我扮演法官角色,弄清事情的来龙去脉,不过早做出定论。有的摇头晃脑、左顾右盼,这类学生对教师有抵触情绪,故意表现出一种无所谓的态度。这时我扮演纵横家角色,用机智和口才说到他的心坎里,使他心悦诚服,以泪洗面。有的惊恐不安、目光飘忽不定,这类学生心理受到一定程度的刺激和惊吓,其性格较懦弱,害怕讲出实情遭打击报复。这时我又扮演检察官的角色,私下与他谈话,消除顾虑,增强学生对教师的信任感,从而实话实说。

英国哲学家培根在《论学问》中说:"历史能使人聪慧,诗歌能使人灵秀,数学能使人精细,自然哲学能使人深沉,伦理学能使人庄重,逻辑和修辞学能使人善辩。"我从中感悟到,自己仅仅局限在数学专业领域的学习和实践是不够的,还应广泛地猎涉哲学、美学、文学以及兵法等领域,从而提高班主任工作的艺术水平。我在工作中重视发现、培养和锻炼优秀班干部,数名班长和团支书在高三就成为了中共预备党员,现在有些已走上了领导岗位。

想学生所疑

学生的“疑”若不及时消除，势必造成他们心理上的惊慌，成为进步的障碍。学生的“疑”往往是隐约可见但又难以言表的，班主任应明察秋毫，顺势疏导。

有一天，期中考试刚结束，2000届两名女同学到办公室找我。她们的眼神流露出，成绩的大起大落让她们忐忑不安，同时也产生了怀疑：“自己能行吗？”我很珍惜这次谈心的机会。于是，我把1997届高三(7)班学生从高一到高三的学业成绩装订本翻开，指出高一上学期期中考试成绩最后几名同学通过自我调整、奋力拼搏，最后不但成为合格的高中毕业生，而且都如愿以偿地考取了重点大学。促膝谈心，消除顾虑，她们喜笑颜开。的确，鼓励的力量是无穷的。记得1997届高三(7)班有两位女同学学习努力但成绩总上不去，家长担忧，老师难过，学生沮丧，但我始终坚持每三天与她们交谈一次，每次谈话都谈及学法的重要性，更多的则是进行全方位鼓励，最终这两位同学都考上了大学。因此，我把高三(7)班学生从高一到高三的学业成绩装订本翻开，指出高一上学期期中考试成绩最后几名的同学，通过自我调整、奋力拼搏，最后不但成为合格的高中毕业生，而且都如愿以偿地考取了重点大学。我与她们促膝谈心，消除顾虑，她们喜笑颜开。的确，鼓励的力量是无穷的。辛苦终于换来了欣喜。我所带的2000届高三(1)班从高一组建开始，多次被评为“流动红旗”班级，每学期都被评为“文明班级”，还被评为“市先进团组织”。

想学生所错

中学生经常会产生一些不符合《中学生守则》和《中学生日常行为规范》的行为。这种过错行为发现得越早，纠正得越及时，就越有利于学生品格的健全发展。

某届高二上学期期末考试，班里的一位同学考试作弊被查处。我和班级学生听到这件事的时候，个个都惊呆了：作弊者竟是一名“三好生”。我立即找来这名学生，了解事情的经过：原来他给考试交叉坐的同桌，一名高一年级学生做了十来道题目。这位同学是数理化特长生，实力雄厚，思维敏捷，自己的考卷一下子就解答完了，考试时间绰绰有余。他想帮帮别人，建立友情，也在低年级同学面前表现一番，结果幼稚战胜了理智。尽管由于他的过错，班级失去了“文明班级”评选资格，但我没有感情用事，而是抓住这个契机，引发全班学生讨论“友谊的真谛”等问题，帮助学生树立正确的人生观。我还满腔热情关心爱护他，教育全班同学辩证地看待他的优点和缺点，帮助他改正错误。这位同学也并没有因此而消沉，他在失败中奋起，思想进步很快。

班主任要善于寻找优等生的“自省点”，开启中等生的“动力点”，挖掘后进生的“闪光点”，激发犯过错误学生的“内燃点”，这样的教育成效往往事半功倍。

想学生所难

学生在生活上会碰到种种困难，这些困难若不及时解决，就会影响他们的身心健康和正常学习。班主任要做他们的知心朋友，想方设法帮助解决。

还是那位犯作弊错误的同学，在某个晚上病倒了。当时天下着大雨，我急忙把他送到医院，取药打吊针一直弄到半夜，稍好后又买了面条让他吃，学生深深感动了。我想，这也为他以后的痛改前非和不断进步打下了基础。

班里的陈同学家住偏僻的乡村，父亲常年卧病，而后不幸去世，家里负债累累，姐姐又在唐山读大学。陈同学虽然获得保送上大学的机会，却又面临失学的困境。一次偶然的机会，我了解到有两位热心人愿意资助贫困大学生。我通过友人迅速与这两位热心人取得了联系，为陈同学姐弟俩牵线搭桥。陈同学消除了后顾之忧，心情舒畅，大学保送通知书下来后，不肯离开学校和班级，热情为同学解答学习疑难。他在大学里怀着感恩之心刻苦学习，荣获了新生奖学金。

树立班级形象、锤炼班级精神，是班主任工作的“根”和“魂”。班主任手中要有根“魔棒”，让学生听“使唤”。要达到这种境界不是轻而易举的，班主任必须“先学生之忧而忧，后学生之乐而乐”，唯其如此，才能其乐无穷，才能与时俱进。

有仁爱之心，
用父母心办教育。

戴银杏，浙江省小学数学特级教师、首批正高级教师。毕业于浙江外国语学院(原浙江教育学院)小学教育专业。现任天台县外国语学校副校长、小学部校长，兼任省市县名师(劳模)工作室领衔人，已培养出特级教师1人，省级教坛新秀5人，市县名教师近20人。曾荣获台州市拔尖人才、浙江省劳动模范、浙江省杰出教师、全国先进工作者等称号。长期致力于“在小学数学教学中如何实施素质教育”的研究，尤其在小学数学学本课堂的实践研究方面卓有成效。40余篇教学论文发表在《小学数学教师》《教学月刊》等刊物上，编著《学本课堂——小学数学新教学范式研究与实践》一书，参与3本教学用书编写，并担任2册浙江省编实践教材的主编，主持并完成了10多项省市级课题，两项课题成果分别荣获浙江省“教研课题优秀成果”一等奖、浙江省“教科优秀成果”二等奖。

多给学生一次成功的体验

戴银杏

每个学生都希望被老师承认和欣赏，都有积极向上的想法。他们无论是优秀还是平凡，都渴望关注和信任，渴望被认可，渴望着成功。一名学生只有在学习上获得成功的体验，才能创造出持续的快乐与继续学习的动力。多给学生一次课堂上成功的体验，可能换来学生一生的命运改变。对此，我深信不疑。

故事一：这是谁的作业

小亮同学是我班的寄宿学生，父母长年在外做生意，他学习兴趣不浓，学习自觉性差。他上课不是玩这玩那，就是和前后桌同学自由说话，我私下曾几次找他谈话，但收效甚微。

一次改作业时我发现，小亮同学画的长方形特别工整，而且旁边还认真地写上了长和宽的数据。我非常高兴，给他评了 100 分，而且还特意加了 4 个☆。

第二天，我把这份 100 分加 4 个☆的作业，放在实物投影仪上，充满激情地对全班同学说："同学们，这是我昨天改到的最好的作业。你们看，这图画得多规范多工整，这字写得多漂亮多认真啊！你们猜这是我们班谁的作业？"

教室里顿时沸腾起来，有的说是张三，有的说是李四，猜的几乎都是平时成绩好、表现好的同学，就是没有人说出我希望听到的名字。我故意把目光投向小亮。这时，终于有学生从老师的眼神中猜出了正确答案。于是，我带着赞扬的语气说："猜得很对！这就是小亮同学的作业！"教室里自发地响起热烈的掌声与欢呼声。同学们不由自主地把羡慕的目光投向小亮，我也从小亮那有点发红的脸上看到了他内心的喜悦。从此,小亮的作业更认真了,数学课专心了许多,数学成绩也不断地上升。

故事二:回答得太好了!

小瑜是刚从别校转入的学生,从摸底成绩看还好。一次数学课,我请他说说1千米等于多少米。这个问题比较简单,他居然说:“我不知道,我不想说。”我很尴尬,好在当时自己比较沉得住气,没有当众批评他。第二天的数学课是学习万以内的加法,在学生尝试用竖式计算后,我特意走到小瑜同学桌旁检查他的作业,发现他完全做对了,于是我轻轻地对他说:“你做得真好,请你上台板演吧。”谁知他却回答:“我不想去做。”从教几十年,我还真没有碰到过这样的情况,这孩子怎么啦?

事后我特意进行了家访。从他父母那里了解到,他在别的学校就是这样,上课不肯举手,不肯回答老师的问题,为了改变这一状况,家长给他转学换个环境。问起产生这种状况的原因,他父母告诉我,可能是一年级的时候,他的回答有几次遭到老师的批评造成的,后来也曾多次教育就是改变不了。

看来这是孩子在遭遇挫折后产生了退缩行为。我决定先用消退法帮助他消除心理的抵触和恐惧,再用正面鼓励的手段唤回他的自信。于是,我和他父母约定,要心平气和地对待他不肯举手、不肯回答问题等毛病,给他宽松的环境,对孩子的这一缺点不予关注,不予批评,不予教育,平时尽量不提它,让他逐渐忘记。同时,要多发现孩子身上的其他优点,多强化,并积极寻找突破的时机。

过了一段时间,在一次数学课上,我让学生用“一定或可能”说话。一位学生说:“人一定是用右手拿筷子吃饭的。”许多学生也附和,只听得有学生嘀咕:“不对,不一定的。”我一看是小瑜,马上微笑着说:“是吗?小瑜,请你说说人为什么不一定用右手拿筷子吃饭呢?”也许是受到了我的鼓励,小瑜站起来回答:“因为有的人是左撇子。”“回答得太好了!”同学们不约而同地为他鼓起掌来。事后我了解到,小瑜的爸爸就是左撇子,他是情不自禁脱口而出。有了这次经验,小瑜上课表现积极多了，我也有意识地多请他回答问题。逐渐地，他不再退缩了，真是可喜可贺！

故事三：编题大赢家

每上完一个单元，按惯例我都会进行一次测试，测试后让学生把测试卷带回家分析，让家长签字。这样做的原因，一是让家长了解孩子在学校的学习情况，二是让学生反思自身的学习情况，找到自己学习的优势和存在的问题。几年下来，学生、家长也已接受，而且有些学生还乐于把自己的好成绩向家长汇报，以获得家长的奖励。

有一次，在上完一个单元后，我照常进行测试。有几个性急的学生跑到办公室问自己的成绩。成绩不够理想的，默不作声地走开了，成绩好的，满心欢喜，还不时地翻看别人的成绩。“小琳只有 80 多分，她又要被妈妈骂了！”一名学生喊起来。“我看小拓的屁股也要被爸爸打开花了。”另一名学生插嘴说。经了解，小琳的妈妈平时对她比较严格，如果分数在 90 分以下就会一阵臭骂，甚至毒打，班里还有几位学生也有同样的遭遇。其实，小琳平时学习还算认真，成绩也不错，只是性格内向，动作有点慢，这次测试有两个题目来不及做。让家长签字，把学生的成绩告诉家长，本是想让家长了解孩子的学习情况，及时指点辅导，及时鼓励督促，却没想到会有可能带来相反的结果。难怪有几次，几位没考好的学生没签字，推说家长没在或忘签字，甚至出现代签的现象。我得改变一下做法了。

星期五的数学课上，我把卷子发下去，因为本次测试有点难度，学生分数普遍下降了。只见学生有的眉开眼笑，有的低头不语，个别的趴在桌上轻声哭泣，教室里气氛有点凝重。我说：“同学们，这个单元的内容有点难，所以我要作出这样一个决定：第一，可以申请加分，条件是根据本单元的知识范围、重难点编一份测验卷。编得好的同学不但可以加上订正对的分数，而且还可以参加‘编题大赢家’的评选。第二，可以申请补考，补考以后再把成绩带回去。”学生听后都很高兴，成绩好的还有加分的机会，成绩不理想的还有补救的机会，教室内的气氛热烈了很多。

下课时，小琳走到我身边轻声问："老师，我能申请加分吗?"我说："能啊!"对于三年级的学生来说，自编单元测验卷有一定的难度，虽然题型可以模仿，但题目内容要靠自己搜集、自己编。因为这不仅要对整个单元的内容进行梳理，还要反思自己及同学们在学习这一单元时，已学会了什么，哪些是容易错的。我支持小琳申请加分，一是相信她的实力，尽管只有80多分，但我相信没来得及做的两题她是会的。二是肯定她的挑战勇气。其他同学也纷纷申请加分或补考。

星期一早上，小琳把她的自编测试卷交给了我。她告诉我，这个双休日，她没出去玩，把平时的作业本上的错题都另外摘出来，参考了很多书，还把与爸妈观看文艺演出的内容编进去了。看着小琳编的卷子，我感动了，可以毫不夸张地说，卷子真的编得有板有眼，有模有样，卷面也非常工整漂亮。我在班上表扬了小琳，并把她编的卷子复印出来，人手一份，当作学生的回家作业，还把她推选为本期的"编题大赢家"。其他班的老师还把小琳的卷子拿去当范例讲，小琳的脸上写满了喜悦，真有种当明星的感觉。

后来，在与小琳妈妈的电话交流中，她妈妈告诉我，小琳经常说她喜欢数学，喜欢编卷。在沟通的过程中，我希望她妈妈改变自己的家教方法，共同关注孩子的健康成长。她妈妈欣然接受。

从以上三个自己亲身经历的小故事中，我深深地体会到：第一，教师手中要时刻拿着"搜索仪""放大镜"，要多寻找、多发现学生身上哪怕微小的进步、亮点。然后用"放大镜"无穷倍地放大，只要是进步、亮点确实存在，不管放大多少倍都不过分。小亮的一次作业被老师刻意表扬，使他在感受自己的进步中、在同学的掌声中获得成功的体验和学习的动力。第二，教师要善做学生的心理辅导师，要宽容学生的缺点和错误，充分信任学生，坚持多鼓励少批评、多微笑少生气的原则。很多时候给学生创造宽松安全的心理环境，实际上也是给学生创造了成功的机会。我宽容了小瑜上课不敢回答、不想板演的退缩行为，采用消退法使他逐渐忘记自己的缺点，并适时进行鼓励引导，使他重新找回了自信。第三，在给学生创造成功机会的过程中，教师要注意方法灵活变通，着眼于学生的可持续发展，换个角度、换个方式让学生体验成功。一次重新评价学生的尝试，换来的是学生浓厚的学习兴趣、轻松的学习氛围和身心的健康发展。

多给学生一次成功的机会，也许并不代表今后每次都能成功，但能为今后更多的成功打下铺垫。为了学生的健康成长，请给学生一次、两次，甚至更多次的成功体验吧！

探索适合学生的教学

沈新权，浙江省数学特级教师、正高级教师。1989 年毕业于北京师范大学数学系。现任嘉兴市第一中学副校长，兼任嘉兴市数学学会副理事长。高中数学奥林匹克一级教练、浙江省首批“浙派名师”培养人选、浙江师范大学教育硕士导师、“浙派名师”及教育部“国培计划”项目指导组专家、《高中数理化》特邀编委。获得第 13 届苏步青数学教育奖、全国五一劳动奖章、浙江省劳动模范、全国高中数学竞赛优秀教练员、浙江省五一劳动奖章、嘉兴市教育领军人才、嘉兴市首批杰出人才、嘉兴市“南湖百杰”、嘉兴市优秀教师、嘉兴市首批名教师、嘉兴市专业技术带头、嘉兴市学科带头人等荣誉称号。长期从事创新实验班教学，形成了“问题引导，本质探究”的教学特色。发表教学论文 120 多篇，主持或参与省市级以上课题 10 项。出版《数学的魅力》并被评为浙江省第三批普通高中推荐选修课程。优秀事迹曾入选浙江省科协《优秀科技工作者风采录》一书。

探索适合学生的教育

沈新权

弹指一挥间，32 年过去了。

1989 年大学毕业后，懵懵懂懂的我正式成为了一名高中数学教师。32 年来，我在教室里摸爬滚打，有成功，也有遗憾，但教育的初心一直没有改变：探索适合学生的教育，让学生成为他最应该成为的样子。我的经历让我成为了一名教师，我的经历更让我成为了我心目中的高中数学教师。

我曾是留级生

我在初一时留过一级，因为数学成绩太差。1979 年我读初一，读了大概有一个多学期以后，有一次我的哥哥问我，$\frac{1}{2}$加$\frac{1}{3}$等于多少？那个时候我对分数和小数其实没有概念，当然也不会做分数和小数的加减法。后来他又要我在数轴上把 2 这个数所在的位置标出来，我也不太懂数轴是什么。所以，我哥哥跟我爸爸说，数学他什么都不懂，初中再读下去没有什么意义。于是初一读完后的暑假，爸爸把我转到丁栅中学留级继续读初一。初一上学期的期中考试结束后，我的数学老师在班级里说，有的同学留了一级，但数学还是只考了 18 分。我知道他说的就是我，但我确实不太懂初中的数学，因为我连小学的一些最基本的算术都没有搞清楚，初中的数学读起来自然困难重重。

有一天，爸爸到丁栅中学了解我的学习情况。爸爸临走时跟我说，“你在这里读不下去了，我要把你转到大舜中学去读书”（当时爸爸在大舜中学担任校长一职）。

于是，1980 年的元旦，我就转到了大舜中学就读。爸爸特地安排一位数学老师担任我的班主任。在大舜中学一开始的那段时间，上课尤其是数学课对我来讲那就是煎熬，上课听不懂，作业不会做，同学又都是陌生的，抄作业都抄不到。大概上了一个月左右，就开始期末考试。我记得当时语文还过得去，考了 61 分，数学还是考了 18 分。看到分数，我父母非常生气，一来他们觉得给我提供了那么好的学习条件，可是我却不好好学习（其实我不是不好好学习，我真的是不懂），二来觉得我丢了他们的脸。说实话，那是我最无助的时候，内心非常苦闷，确实想学，但数学就是听不懂，不会做。怎么办？问老师，我无从问起，因为我不懂的东西实在太多。

于是，我去书店偷偷地买了一本《小学数学习题集》。我还清楚地记得这本书的封面是白色的。从小学一年级的算术开始，我一道一道题目去做，数字的加减乘除我还是能够做的，小数的运算我也是边做题目边看答案才慢慢掌握了，逐渐地，我对数学学习有了一些信心。但做着做着，我就碰到了困难，遇到了瓶颈。由于这本书只有习题，没有例题和讲解，做到分数的加减运算时，我就不知道分数加法和减法是怎么进行的。于是我去问同学，同学跟我讲了，但我没有听懂和理解。我再去问老师，老师说这是小学里的内容啊，难道你也不会？然后老师给我大致讲解了一下，我还是不懂。那时候，我心里非常焦急，学习热情也降了很多。因为分数的加减法不会的话，后面的题目我就没有办法继续做下去。

后来，天赐良机，我数学学习的突破点是初一下学期的分式的代数运算。就在我对分数的运算百思不得其解的时候，分式代数运算的学习为我解开了疑惑。在课堂上学了分式的加法和减法运算的方法以后，我就想，分数运算应该也是一样的。于是，我马上打开那本《小学数学习题集》，依样画葫芦，做了几道分数运算的题目，然后对答案，正确！当时，我激动的心情无法形容，因为困扰我一段时间的分数加减法的运算，终于被我弄懂了，而且是靠自己的思考与摸索找到了解决的办法。

用了那么长的篇幅描写我留级的经历，并没有其他意思，我只是想说明，我的这一段经历与我后来报考师范大学、我做教师时的一些想法还有我的教育教学理念具有很大的关联性。

学生的潜力是无限的

2013年，由于教学工作的需要，我临时接了一个高三文科班的数学教学。文科班学生的数学基础相对薄弱。S同学的数学更是不太理想，几次考试下来，她的数学成绩始终在70分左右（满分150分）。于是，我找她了解数学学习的情况。她向我反映，上课的内容她基本听不懂，每天虽然花了很多时间做数学作业，但是大部分的作业还是不会做，所以她对数学已经完全绝望。

听了她的情况，我还是先鼓励她，叫她不要着急，我们可以一起努力把数学学好。另一方面，我拿出她的几份试卷，对她会做的内容进行分析，让她知道，她掌握的数学知识还是非常多的。然后，在她不太会的内容中，结合她的实际情况，我选了几道比较容易的题目给她讲解，她也觉得能够理解。

我给她介绍了数学学习的方法：先掌握数学中的基本知识，包括数学概念、公式和定理，然后做一些数学习题，要做力所能及的题目，所做的数学习题由我提供。还有，对平时的考试既要重视，把会做的做对，争取发挥出自己最好的水平，但又不能太在意，不要与其他同学作比较，要和自己以前的水平作比较。我们的最终目的是高考，还有将近一年的时间，争取高考成绩是三年中数学考得最好的一次。

跟她交流以后，S同学学习数学的情绪也比较稳定了。在我的帮助下，她根据自己的实际水平，在高三的一轮复习阶段，重点攻读教材，把教材上的知识点重新系统地梳理了一遍，同时完成教材上的习题，还把我提供给她的练习都按时完成了。在接下来的考试中，她的数学成绩逐渐有了起色，从70分到80分，从80分到及格，一步一个台阶，高考时，她的数学成绩达到了113分，真的成为了她高三以来考得最好的一次。

这个案例说明，我们不能小看学生的潜力。很多优秀教师在总结教学成绩时，经常以优秀同学为例，讲述所教的学生是如何的优秀。在我看来，关注优秀学生没有错，但我们更应该关注每一个学生。作为教师，我们的目光不应该总停留在那些优秀的学生身上，而应关注所有学生，包括那些自认为是“差生”的学生。教师更不应将冰冷的目光投注到“学困生”身上，而应该以教师的责任感去关爱、温暖学习困难的学生，帮助他们分析学习困难的原因，想方设法激励他们，帮助他们成长。

高考失败不可怕

担任班主任的时候，每次高考放榜后，我当然为取得优秀成绩的学生感到高兴，但对于在高考中失利的学生应该要加以更多关注。

2004 年高考放榜以后，有位 C 同学，因为高考发挥不理想，受到了家长的怒骂，C 同学的心里非常难受。当其他同学把情况告诉我以后，我连夜赶到 C 同学的家里，既做学生的思想工作，又做家长的思想工作，最后终于使家长及学生认识到，高考的失败不是人生的失败，卸掉了压在学生及家长身上的“包袱”。我离开那位学生的家时，已经是深夜 12 点多了。

后来 C 同学进入了浙江工业大学，本科毕业时成为了浙江省优秀大学毕业生，直升攻读硕士学位。

从为成功者欣慰到关爱“失利者”，我觉得这是教师教育信念的关键性转变，是教师职业生涯中的实质性飞跃，是教师境界的提升。当“失利者”最后变为成功者的时候，教师的职业价值就闪耀出生命的辉煌。愿所有的“失利者”在教师们的鼓励下都能够成为成功者。

“虚晃一枪”的家长会

我担任高中班主任时，最担心的就是学生不能正确处理男女同学的关系，从而影响学习。

有一届学生，在高二时，班里突然冒出了几个关系特别要好的男女同学，有的同学在周记里把这种现象描述了出来。是一般的同学关系，还是发生了“早恋”？我一下子捉摸不透。我仔细观察了几天，发现问题比我想象的严重。班里有几对男女同学关系确实比较“密切”，课间经常单独在一起，去食堂吃饭的路上也常常结伴而行。如何解决这个问题？我考虑了很久。

周一的数学课快结束的时候，我停下来说，因为要快期中考试了，我想开一个部分同学的家长会，请下列同学的家长于本周六到学校来。然后，我报了关系“密切”的几个男女同学的名字。我话还没有说完，有的学生在下面窃笑，而被报到名字的几位学生的脸色则非常难看。

到了周五的班会课，总结完班里本周的情况后，我说，因为明天我临时有事，原定周六的家长会取消，什么时候开，我再通知。其实，这个家长会到学生毕业的时候我都没有开。但“虚晃一枪”的家长会却解决了班里部分男女同学“蠢蠢欲动”的情感需求。

这届学生毕业时，他们说起这次没有开的家长会。有的学生说，沈老师真够“阴险”的。这次“家长会”也因此成为了他们茶余饭后的谈资。

学生的“早恋”对于家长和老师来说，是十分棘手的问题。班主任一旦发现学生有“早恋”的倾向(可能只是好感，不一定是早恋)，一定要采取正确的方式方法进行教育和疏导，既不要大惊小怪，也不能放任自流，因为处理不当会导致一些不良的后果。班主任要随时掌握学生的心理变化，以便有的放矢地做好相应的工作。在18年的班主任生涯中，我自己觉得，这次利用“虚假”的家长会处理了学生朦胧的男女关系问题，应该算是比较体面，也是比较成功地阻断了学生的“朝思暮想”，取得了意想不到的效果。

一句简单的问话成为了她喜欢数学的“导火线”

2005年，我收到了2001届Q同学的一封邮件。在邮件中，她说：“沈老师，我将到美国哥伦比亚大学攻读博士学位，专业是李代数。”她告诉我，本科她考取的是南京大学生物系，读了一年以后，转到香港中文大学学习物理，几年下来，她觉得其实她最喜欢的还是数学。所以,她申请的博士研究方向是数学专业的李代数。为什么最后她还是选择了数学作为自己的终身专业?

她说,在高中阶段,一开始她并不特别喜欢数学。有一次,她和同桌在数学课上开小差玩纸上围棋,当时我正在黑板上演示题目。等我转过身时,发现她们在玩围棋(这两位同学坐在第一排),我并没有严厉批评她们,而是问她们:“你们谁赢了?”一句问话让她们顿时意识到了自己的错误。从此,她对数学课堂多了一份热爱。

其实,我发现她们在课堂上玩游戏时,我心里咯噔一下:胆子够大的。但我没有表现出来,而是非常平和地问了一句:“你们谁赢了?”正是这句话,激发了学生对数学的兴趣,这是我没有预料到的。面对瞬息万变的教育情境,准确迅速地作出判断,恰到好处地妥善处理,从而收到理想的教学效果,达到最佳的教育境界,这或许就是教师应该有的教育智慧吧。

适合的才是最好的

说起我的教学生涯,我必定会提到 L 同学,他是国际理论计算机领域的领军人物,上海财经大学信息管理与工程学院的教授,理论计算机科学研究中心的主任。L 同学曾获 ACM 杰出科学家奖(2019 年)、第八届世界华人数学家大会 ICCM 数学奖(原晨兴数学奖)银奖(2019 年)、中国计算机学会青年科学家(2014 年)、微软学者(2008 年)、清华大学特等奖学金(2007 年)等荣誉。

这样一位优秀的学生是怎么教出来的?不可否认,L 同学有着异于常人的禀赋,热爱学习,善于学习。他在嘉兴一中建校 110 周年庆典上的演讲中提到,他在一中念高中时,沈新权老师鼓励他自学,鼓励他自己看书,允许他不做作业的教学方法让他获益匪浅,使得他能够在自己的轨道上驰骋。

实际上,L 同学刚进高一时,就已经自学了高中的大部分数学内容。在高一,他就获得了 1998 年全国高中数学联赛二等奖。对于这样一位超前学习又有很强学习能力的学生来讲,按部就班的高中数学课堂肯定不适合他的成长需求。于是，我采用了特殊的教学方式，允许他不听数学课，也可以不交作业，鼓励他按自己的学习进度进行自学，有问题和我一起讨论。我所关注的就是他的学习进度与学习难度，并时不时地检测他的学习效果。三年下来，他的数学取得了优异的成绩，在高二高三分别获得了全国高中数学联赛一等奖，并且在高三取得了全国高中数学联赛浙江赛区第一名的成绩，进入了冬令营。

探索适合学生的教育是我一生的职业追求，我也一直在为此努力。

教学过程不应该是不变的程式，更不应该成为僵死的模式，而应该是随着学生的变化而变化，更应该是充满创造性、神奇而又多变的过程。从教学角度来说，教学不全部是教师传授、学生接受的过程，而是教与学交往、互动的过程，师生双方相互交流、相互沟通、相互启发、相互补充。在这个过程中，教师与学生分享彼此的思考、经验和知识，交流彼此的情感、体验与观念，丰富教学内容，求得新的发现。教学是发展的、增值的、生成的过程。

乐学以修身，
涵德以正己。
学做一个不断自育的教师。

项香女，1983 年参加教育工作。浙江省语文特级教师、正高级教师。杭州师范大学教育硕士毕业。曾任台州一中副校长、台州市教研室主任，现任教于台州一中，兼任全国语文报刊协会课堂教学分会常务理事、浙江大学“浙派名师班”实践导师、浙江师范大学语文教学研究员、浙江省特级教师协会理事等。曾获浙江省优秀教师、浙江省劳动模范等 10 多项荣誉，曾获全国“五一劳动奖章”。在阅读教学和写作教学上有较深的思考，在语文教学的文化教育上有独到的见解。出版专著《话题作文导写》，主编《高中语文教材的文化印章》《高中语文传统文化教育初探》《中外文化名篇我读》等。曾在《教学月刊》《中学语文教学参考》等杂志上发表 100 多篇文章，多篇论文被人大复印资料《中学语文教与学》全文转载。

暗室点灯　育德赋能

项香女

走过近 40 年教书育人的历程，仰望过各具气象的崇山峻岭，俯视过湍急流淌的大江大河，穿梭过幽谧宁静的小街小巷，在敞亮开阔的庭院里倾听，在紧闭不启的户牖前驻足，许多日子里，曾轻轻地扣开孩子们的心扉，为他们点一豆灯。

从教生涯的第一份沉痛

我大学毕业是在 20 世纪 80 年代初。那时，年轻的大学毕业生都具有“祖国的大车我来拉”的奉献精神，不满 20 岁的我自愿来到了陌生的海岛——椒江的大陈岛。海岛缺医少教，渔民们信奉的是“物质第一”，可想而知，他们对孩子们的教育是何等的忽视。为了动员孩子来上学，尤其是男孩子，我用脚丈量着那高低起伏的山路，不避咸涩的雨，不畏狂嚣的风，走门串户，为的是让自己任教的班级学生“一个也不能少”。当我为最后一名男孩进入班级而沾沾而喜时，我一点都没有想到，几年之后他却因我调动而放弃了生命。

孩子姓郑，父亲是渔民，哥哥已自立门户，家里还有妈妈和姐姐。上学的第一周，恰好赶上中央新闻记录片厂在大陈岛拍摄影片，学校要我选几个孩子一起，我就带上了这名男孩。多次的家访中，我发现这名男孩憨厚、内向、木讷、被动，因为大同班同学一岁，又有点自卑，而我却始终想改变他。拍摄那天，记者的一个动作惹得同学们开怀大笑，我瞬间回首，发现这个孩子发自内心的笑，尽管腼腆却很真诚。可惜，跟我读了两年的书，孩子始终不能在成绩上有大的进步。初二结束，任我怎么费尽唇舌，孩子还是在父亲的要求下下海捕鱼了。

孩子是抽泣着离开学校的。临别时，他边哭边说，说自己再也不能跟老师学语文了，说自己对学校的留恋，说自己对老师的感激，说自己对下海捕鱼的恐惧。我送给他一本厚厚的笔记本和一支钢笔，我说你想跟老师说什么，就写在本子上，你一上岸，就来找我，我一样认真阅读、认真批改。开始的一段时间，孩子都会一周来找我一次，每每接过孩子那沾着片片鱼鳞、凝着重重鱼腥味的笔记本，我内心总有一股酸楚。在别人描述大海的雄浑壮阔时，他写的是自我的渺小和迷失；在别人醉心大海的湛蓝纯净时，他写的是单调和无聊。一个人对外在环境的感受是他内心直接的投射，我读到了孩子的无奈与无助，何况，那本子里，还有他自己不适应海上颠簸无尽的呕吐和晕眩，随船起伏难以踏实的摇晃和失重。读他的日记，我就能读到他在海上真实的生活。他的字本来写得就不好，在本子里，那随波涛起伏的字行，浪花般细碎的笔划，高低不平的字里行间，他在倾诉，也在哭泣。我读得艰难，为他的书写，更为他的生活。

我不想在孩子面前失态，每每读时，尽管泪流满面，但又尽量自控，好在孩子总在安慰我："没事，我现在有些适应了，我会好起来的。"日记成了他生活中唯一的寄托，上岸来找我成为他生活重要的企盼，这个内向的孩子，在我调离大陈岛之后，在岛上风景最秀丽的地方——甲午岩，走了。

我呆呆地看着那张我们在拍摄影片时留下的黑白照片，那略带克制的笑，永远定格在 18 岁。我虽然为他写了一篇纪念文章《永远年轻的笑脸》，但我仍然难以释怀，我觉得我为他点燃了如豆之灯，给了他希望，却没有让他自己扩大光明，为自己的生活加油，真还不如当初不动员他来读书，那样他可能不至于在失望后放弃生命。他被安葬在甲午岩的边上，他的坟虽然面朝大海，但春暖花开和他永远隔绝。

在我的从教生涯中，这个孩子给了我沉痛的教训，让我始终记得：暗室点灯，还要育德赋能。

点灯继油，回应需求

离开海岛，我进入了当地一所重点中学，碰到的当然都是当地最好的学生，尤其一直以来，以教重点班为多。不同层次的孩子，生命有不同的需求，一定会碰到不同的问题。学业成绩之外，我更关注孩子们的内心世界。

“在无人回应的黑暗中，老师，您是我唯一的回响。”收到这张明信片是在2020年疫情之后，孩子从南京大学毕业之后准备去武汉大学读研究生。在2016年一中实验班毕业的孩子们中，这位女生语文特别好，而这样好的成绩，一定程度上是她对我的信赖。

我们都相信“亲其师，信其道”，但这位孩子有非常好的家境，也有很好的阅读习惯和丰厚的阅读积累，她对她的语文老师是挑剔甚至有些苛求的。或许是“高处不胜寒”，她觉得她的同学没人可以和她在语文上展开对话，语文学习上是“独学而无友”，于是，这个孤傲的孩子将语文老师视作她挑战的对手。可惜，我的语文课并不怎么依常规上，我经常会在上《祝福》一课时，让学生自己阅读，自己寻找问题，自己上网解读，自己上台汇报；也会在上《雷雨》一课时，让学生自导自演并谈体会；还会进行小组合作的《红楼梦》整本书阅读；更会一边走绍兴，一边讲《兰亭集序》，讲越王勾践，讲青藤老人，讲大禹治水，讲秋瑾。或许，这样不按常规的语文课，让她觉得我的另类，于是信了我的“道”，所以亲了我这“人”，接着她下定决心要做一名像我一样不太“正常”的老师。2015年末，北京的《语文世界》杂志田剑波主编要为“老师的学生时代”专栏约稿，田主编让我将我写的文章给几名学生读，再让学生写读后感受。我一下子被田主编的创意打动，于是，我的《书枕梦痕》一文应约而生，她当然而且必须是我的第一名读者。读后，她回应的文章是一篇《归航》。

> 就如一块衣料一样，用旧了，会有陈旧的风华，可它的质地，依旧是当初纺织机上织出的经纬。
>
> ——三毛

有幸读到老师的文章，随淡淡笔墨在数十年时光里蜿蜒。那个燎了头发的小姑娘，在自己的时光里摸爬滚打，跌跌撞撞地成长。不禁莞尔。是了，是她，跟我们那么相像。

野趣盈满山冈，阳光播撒下纯粹透明的快乐；盘腿在夏夜的餐桌边，干净的眸子里像落入了几点星星。一腔侠气，咬着笔头写尽多少童真年华。忽然明白，平日课堂里信手拈来的诗句文章，从哪里发源，顺时光缓缓而下。物质如何匮乏，也击不碎悠长目光里的远方，天涯。艰苦的岁月里，梦想在贫瘠中悄然发芽。

回望岁月窄巷，笔头不再流淌出青春里的诗句华章，改换成笔笔红勾，一句一句火热的鼓励与盼望。她悄悄收敛起耀眼光芒；又如冬日暖阳，只散出温润如玉的光，驱走了同样年轻的眼睛里相似的迷惘。不做万人瞩目的水手，却化为云帆，引渡无数小舟；不做驾马扬鞭的骑士，却成为木车，辘辘声里，满是我们骄傲的歌；不履万顷流云，飘飘衣轻飏，而是踏实脚下的泥土，以一片赤诚，成就一份佳酿。生命深处最昂贵的碧血流淌，仿佛听得一声遥远的梵呗，三尺讲台，一颗心，归航。

而在这里加上我自己不知是否冒昧，只是我也希望能被人唤作"老师"。这个小小梦想是我不曾诉说的心海星光，却恰恰在项老师的引航下萌芽。我亦希望在寂静中摇橹，在永恒里引渡，带无数年轻的心归航。因为有你，让我知晓，真正的师者，该是什么模样。

高考之后，她去了南京大学。这个爱书的孩子选了编辑出版学，我没问原因，只是默默祝福。但一年后，她的父亲来电，说孩子患上了厌食症，骨瘦如柴，照此下去，恐怕危及生命。母亲已经请假去陪读，但没有多少帮助。他说，孩子最喜欢我，希望我和她能交流。当时，我难以置信，因为记得仅在几个月前，我去南京开会，她还带着我在南大的校园里，开心地说，开心地跳，开心地吃。我拨通她的电话，那头是沉默。我装作不知此事，询问她什么时候放假，要她来学校找我。她回答得很淡然，但我知道，我和她的约定是她的期待。

或许，许多老师觉得，孩子都毕业了，和我们已经没有什么交集，也不需承担什么义务和责任了。但我相信，更多的老师会认为，孩子和我们的情分是一辈子的。她在那年 7 月初如约而来，给我带了南京大学的明信片、印有五角星的笔记本，但看到她瘦成这样，我是揪心的。我仍然装作什么都不知道，笑她是要做赵飞燕还是林黛玉，问她原来喜欢吃的小菜，让她自己到食堂窗口选择。那天中午，她尽管还是吃得很少，但她说这是她这半年以来吃得最多的一餐。于是，我乘机追问，是大学里的饭菜不好吃吗？是自己肠胃不适应吗？她说原来自己想减肥，减着减着什么都不想吃了；还说现在经常会头晕，害得妈妈也请假陪她，叙述中颇有愧意。那天午餐后，我陪她在校园里不知逛了几圈，我担心她支撑不住，但她兴致很高。我们谈书籍的发展史，谈当下的编辑特征，谈云阅读对书籍出版的影响，谈到我因为太热难以坚持为止。那一刻，物质粮食的减少摄入丝毫不影响她精神状态的亢奋，一中校园的有限和她精神空间的无限让我觉得神奇。我开始完全放下了她爸爸的忧心，对自己的专业热爱到这个程度，和自己的老师能开心交流，她一定也会热爱这具寄寓着自己精神的肉体。当我与她约定寒假再来时，她那发光的眼睛告诉我，她很乐意。但我告诉她，我希望看到她能长胖一些。

此后，每个假期，她都会找我一次或几次，她会在微信给我发："真心感谢老师每次都愿意听我瞎扯。""其实，我选择编辑专业，一部分因为老师爱书，我想为您出一本书。""钦佩您当然不只是才华，我觉得老师眼里似乎是有光的。我钦佩那些有所坚持、眼底清澈的人。"她还会给我带一些很有品位又值得品味的小物件，比如印有"只要想起一生中后悔的事，梅花便落满了南山"的张枣纪念版梅花笺，古色古香印刷版的清代余稺的《兰花图》，甚至她用心用情在旧书店里淘到"那个时代"给她带来"奇妙感觉"的开明书店印行的《忘不了的事》。这个现在在武汉大学读研的孩子，在她那一段沉默而孤独的日子里，在她那段连文学也扣不开心扉的时光中，我给她接续添了点"油"，回应了她的"瞎扯"，让她觉得我眼里有光，可以带给她方向。

赋能当下，光明永续

我经常迷惘，当下的教育对孩子考上名校的追求在一定程度上已经超越了对孩子健康成长、全面发展的追求。不管是家长还是教师，学校还是社会，对孩子学习过程、学习感受的关注是不够的。

孩子的天赋各有不同，性格也颇有差异，教师可以在自己自主的小天地里给学生一个顺性并赋能的机会，说不定这样做，会让孩子们有了永动源。

我的语文课，3 年时间里，课前 5 到 8 分钟各有安排，30 多年下来，基本形成了具有特色的系列课程。

高一年级，我会着眼于知识的积累和学习习惯的养成，主要有成语分享和读书分享；高二一年主要是唐诗宋词鉴赏分享；高三一年是主题式演讲，其中高三上是自主选题演讲，高三下是即兴演讲。我非常重视高三下的即兴演讲，因为我是有备而来，而且备的都是针对学生个性或者学生当下存在的问题的内容。比如，对很骄傲的同学，我会给他提出“给我一个支点，我将撬动整个地球”的质疑；给不想要上进的孩子，会是“寻找我们非读大学不可的理由”，我更关注孩子对自我的体认，关注孩子如何与自己、他人、这个世界和解，当然，有些内容是应机而生的。

2019 届，浙江的高考首考是在 2018 年的 11 月份。任何一名高三的孩子都希望自己有非常理想的首考成绩，尤其是自己擅长的学科，这样就可以顺利地放下这些学科，专心地应对其他学科。当然，如果尽力也没有考好，那么，还可以坚持到第二年 4 月初的二考。

我教的是快班，班里有个昵称为“杭姐”的孩子，首考并不理想，于是鼓足了劲要在二考翻身，但不幸的是，二考的成绩比首考还差。查到成绩是在周六深夜，孩子彻夜未眠，在同学群里发了动态：“我要走了，谁帮帮我！”恰巧我的课代表也成绩不理想，也是夜不能寐。尽管很晚了，课代表还是拨通了我的电话，告诉我：“老项，不得了了，杭姐要走了！”我当时也不明白“走了”的意思，问她：“她要去哪里？”等课代表说明白。我按照心理学的原理安慰她：说自己要走的人，应该是不会走的。但我要求课代表和“杭姐”交流，课代表答应了，不过很快又告诉我，杭姐拒绝交流。我只好让课代表继续关注她，并和我保持联系。

周一回到学校，第四节之前的课间操，我找到了宣称要“走”的“杭姐”。她夺拉着脑袋，一点精神都没有，看着也真让人心疼。说实在的，如果考试损及孩子的健康甚至危及生命，这样的考试又有多少意义？但如果面对挫折都是这样逃避，那么，人又如何能自立于这个世界？我让她坐定，未曾开口，她一下子就哇哇大哭了，我静静地给她递上纸巾，让她尽情地哭个够，然后抱了抱她，问她哭够了没。当她回答哭够了的时候，上课铃响了，第四节是语文课。我在黑板上写了“陶壶”两个字，简述了一个小故事：一个孩子给在农田劳作的父亲送茶，结果不小心茶壶掉在地上破了。身后的大爷对孩子说：“你的茶壶破了，怎么也不看一下。”孩子说：“破都破了，我难道要对着它哭吗？”全体学生思考半分钟后（每次都这样，对每个学生都公平），我叫“杭姐”上台，一上台，孩子又哭，直到趴在讲台上说不出话，本来要求 5—8 分钟的即兴演讲，她泣不成声，语不成句，只断断续续讲了三分钟。照往常，一名学生演讲后，同桌要点评的，但这次，我就直接自己说了。

我说，同学们可能觉得老师有些残忍，“杭姐”都已经难受到这个程度了，老师还要拉着她来“示众”。但是，我知道，这次没考好的何止“杭姐”一人，但那些同学都藏着掖着，都没有“杭姐”勇敢。在肯定了她的“勇敢”之后，当然要说关于成绩的暂时性、狭隘性以及还有继续考语、数、英三门学科调节好心态的重要性。我这样做，是基于三点思考：一是源于我对孩子的了解，这个孩子平时大大咧咧，而且是校“十佳歌手”，性格是开朗的。二是因为我的一点感悟，一个人如果不害怕在熟人面前出丑，那么，这个人就能勇敢地面对陌生人，否则有可能始终活在失败的阴影里。我让“杭姐”直面全班同学，是在帮她走出自己内心的挫败感，而且的确是有效的。杭姐在后来的高考中，语、数、英三科超常发挥，考入了理想的大学。三是这次没考好的同学还有没发泄的，在我不知道他们内心真实想法的前提下，我有必要进行普适性的教育。于是，我首先共情：当别人关心你们考得好不好时，我首先关注你们活得累不累。然后我借题发挥：用小金鱼和鱼缸的关系类比他们和社会的关系，鱼缸的涟漪被他们当作了社会的惊涛骇浪。然后，我告诉他们，我们自己不坚强，到哪里都是精神侏儒。我相信，我的这一课，给了他们一定的力量，杭姐在高考后跟我说：“老师，我当时被你震撼了。”她在上了大学后，告诉我，那次演讲不同于以往，老师不是为了提高他们的思维能力、表达能力，而是让她心灵强大起来，让她觉得，内心阴暗，哪里都是地狱。她说自己学医，将来不只要解除病人肉体的痛苦，还要尽可能关注他们的内心。

“杭姐”的事让我明白，有时温吞吞的鼓励还不如一场“暴风骤雨”，而且如果不让孩子们从自己设定的“牢”里走出来，真的会影响他们未来的人生。而要走出来，教师给定的“灯”只能照亮他们短暂的一程，与其等到将来教师再为他们续“油”，不如让他们自己加油。

尽管从教多年，有过许多次走出教育的机会，我都没有任何动摇地守着讲台。在将近退休的这几年，我完全可以退出一线不再教书，可发现自己越临近退休越喜欢讲台。一辈子做教师，有过失败的落寞，更多的是收获的欣喜。我教给学生的其实不多，但一届一届青春年少的学生，却给了我青春的思想，我从他们那里，学到了为师为人的许多真谛。正如于漪老师所说，一辈子做老师，一辈子学做老师。如果说有什么值得自豪的，那就是在一些孩子人生的至暗时刻，我曾为他们送去如豆之灯。

当老师，
学生喜欢，足矣！

陈加仓，浙江省小学数学特级教师、正高级教师。毕业于温州师范学院。现任温州大学城附属学校教育集团总校长，兼任普通高校师范专业认证专家、浙江师范大学、温州大学硕士研究生导师、省市名师工作室导师。曾获浙江省优秀教师、温州市首届“十大青年工匠”等荣誉称号。曾作为《小学数学教师》《当代教育家》封面人物、《中国教师报》特级教师谈教学专栏作者。坚持以“小学数学拓展课”为研究内容，建构“有挑战性、有趣味性、有文化性”的数学课堂。出版《小学数学拓展课：教什么，怎么教》《小学数学拓展课案例精选 6》《小学数学说课指导》等，主编《小学数学拓展课案例精选》丛书、《名师教你学数学》丛书、《小学数学专题特训》丛书等。

在生活中孕育数学之美

陈加仓

参观展馆，开启研学之思

走进展馆，对话人事，澄明心境，是生活中非常普通的事。当普通遇上敏感的心思，生活就生动起来了。

2020 年 11 月 29 日，学校组织了“不忘初心、牢记使命——瑞安国旗教育馆参观活动”。瑞安国旗馆是全国首家国旗教育馆，短短半小时的参观却让我深受教育。在高 15 米、宽 8.5 米的巨幅升旗屏幕前，我们体验了一次意义非凡的升旗仪式。在讲解员介绍下，我们了解了国旗诞生的历程以及国旗设计者曾联松与国旗之间的不解之缘。

五星红旗是中华人民共和国的象征和标志，在每一位中国人心中都有着不可撼动的地位。无论何时何地，面对它，我们都会不自觉地昂首挺胸，向它深情敬礼。作为国家的象征和标志，它的大小标准、图案设计都有严格的规定。国旗的设计背后藏着浓浓的家国情怀，这份情怀需要经历理性的思考，才能积淀成深刻的认知。我想：能否从数学的角度，引导学生经历标准国旗绘制的全过程？于是产生了引导学生用数学视角品国旗的想法。

小学生能画出一面标准的国旗吗？画一面标准国旗需要具备丰富的数学知识和娴熟的作图技巧。不言而喻，这项活动是困难的。当我有些犹豫的时候，我想起了五年前学校庆祝“三八”妇女节的一段经历，让我有了一点点信心。那天下午，女教师休息庆祝，男教师顶岗上课，上课内容之一是“折一朵花送给妈妈”。但是我看了折纸的视频资料，却怎么也学不会。于是，我问副校长是否有难度，他的回答却让我意外：“这个视频太简单了，我正在找一个难一点的。”我以为他是说笑，课堂上我只让学生画一朵花送给妈妈。但后来我在微信群看到了副校长晒出的许多折好的美丽花朵。此时，我悟出一个道理：“只要我们自己认为不难，就有办法教给学生。”我与名师工作室团队坚持研究小学数学拓展课的20年，我们发表了多篇论文，出版了多本著作，积累了丰富的小学数学拓展课研发经验。每一节数学拓展课的诞生，也都是把“不可能”变成“可能”。画国旗，一节课研究不了就变成一周的国旗绘制课程；老师教不会，就变成小组一起研究；收集的资料不够，就一起去国旗馆中找答案。于是，我下定决心利用国旗馆开发一节具有浓浓爱国主义教育意义的、与之前都不一样的数学拓展课。

查找资料，谋划研学之局

参观国旗馆回来后，我又在学习强国、百度中查找瑞安国旗馆、曾联松先生设计国旗的过程等资料，初步了解了曾联松先生是怎样设计国旗的。对五角星的绘制，曾联松先生的国旗设计原稿中只是说将圆五等分，再将不相邻的五等分点相连，并没有提供画一个标准的五角星的详细步骤。那么，怎样画一个标准的五角星呢？这个关键问题如果不解决，我们还是没有办法绘制标准的国旗。

于是，我上网查找五角星的绘制方法，网上的标准作图法远远超过小学生的认知水平，小学生无法理解，就没办法进行教学，我又开始犯难了！可是一想到2021年是中国共产党建党100周年，且第二次修正的《中华人民共和国国旗法》也于今年1月1日起施行。这一百年一遇的特殊的、重要的历史时刻，正是提升学生的爱国情怀的良好契机。经过一番思想斗争，我更加坚定了自己的想法，必须要开发出适合小学生的国旗绘制课程。

2021年2月21日，我再次驱车前往瑞安国旗馆，弥补上次跟随“大部队”参观的缺陷。我认真阅读了国旗绘制的相关资料，并思考怎样带领学生经历国旗绘制全过程，同时将国旗馆中仅剩的两本书《致敬五星红旗——国旗设计者曾联松》买回。我如获至宝，认真阅读多遍，收获颇丰。书中特别提到的电影《共和国之旗》，我也趁机欣赏了。

此时，我对上好这节课的信心大增。我在家中拿出国旗，观察了一遍又一遍，开始尝试绘制。我发现，将旗面左上角的长方形等分成 150 个方格不容易，画标准的五角星更不容易，尤其是让四颗小五角星的一个角尖朝向大五角星的中心，且半天时间只能画一幅。我特别佩服曾联松先生，因为他的国旗设计稿非常整洁，看不到作图时留下的一点点的铅笔痕迹，更不知道他是怎样画五角星的。我想：也许多画几遍，就会熟练，用时也就更少。但是我想错了，在几次的尝试中，我发现“快”不了，稍微画得快一点，就不标准了。

转换视角，开展研学之旅

能否用小学生已有的数学知识来绘制标准的国旗呢？研究视角的变换，让我豁然开朗。我认真研究了五角星的特征，发现五角星是一个轴对称图形，它有五条对称轴，将五角星绕着中心点旋转一周可以得到一个圆，尖角的顶点与圆心连线可将五角星分成相同的五大部分，圆心为顶点的角都为 72°。五角星可以分为五个大小相等的等腰三角形与一个正五边形，正五边形的每一个角都是 108°，三角形的底角是 72°，顶角是 36°。

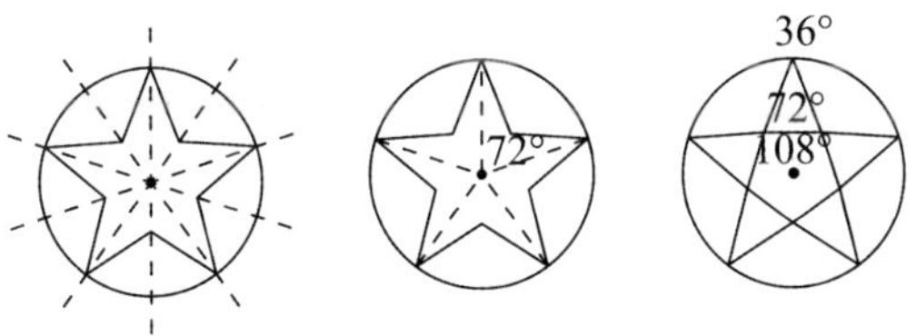

在此基础上，我发现了五角星的两种画法。方法一：画一个圆，并画一条半径；以圆心为顶点，以半径为角的一边，画一个 72°角；继续画 72°角，将圆分成同样

的 5 块;把不相邻的两个点连起来。方法二:先画一个圆,再画一条半径;这条半径是一个角的平分线,分别画一个 18°角,得到一个 36°角;继续画 36°角,得到一个五角星。我相信,这两种画法都是六年级学生可理解、能掌握的。

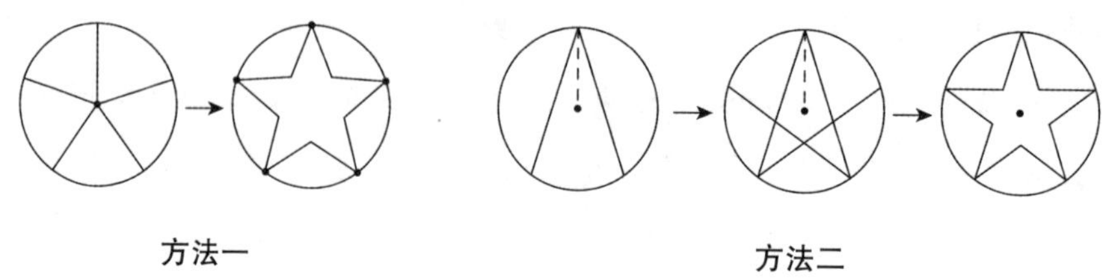

方法一　　　　方法二

研究到此,“国旗绘制”主题研学活动方案已初步形成,一场别开生面的研学即将开始。

一画国旗

3 月 1 日,我向参与研学的 37 位学生布置了一项特殊作业:在 45 cm×30 cm 的长方形白纸上画一面国旗,并在 3 月 3 日下午上课前交给老师。我着急地等待着,并对可能出现的结果进行了预设。学生可能会查阅资料、请教家长,会画一面标准的国旗;也可能不加思考研究,直接在白纸上画国旗,等等。课前,我收齐了学生画的国旗。结果发现只有 3 位学生画得还可以,五角星画得比较标准,但是四颗小五角星的一个角尖没有朝向大五角星的中心点;有 33 位同学五角星画不标准,存在四颗小五角星的一个角尖没有朝向大五角星的中心点以及五角星位置不准确等问题,甚至还有一位学生将五颗星画在旗面的右上角。

学生经常参加升旗仪式,在美术课上也画过国旗,怎么会画不出标准的国旗呢? 通过展示评价,学生终于意识到用数学视角品国旗的重要性。没有利用数学知识,不可能画出一面标准的国旗。通过“一画”,真正激发了学生绘制标准国旗的动机。学生提出了各种研究问题:国旗设计者、设计时间及地点;怎样画一面标准的国旗及设计意图,等等,绘制国旗的研学活动在“问题”中拉开了帷幕。

二画国旗

那么,怎样才能画出标准的国旗呢? 学生分组设计研学单,查阅资料、请教家长。3月6日，我带着这些孩子去瑞安国旗馆中寻找答案。

在讲解员的分享中，同学们了解了国旗的诞生、国旗的知识以及国旗设计等诸多信息。大家纷纷拿起笔，将了解到的信息记录在研学单上。有了国旗教育馆的知识补充，学生们重新拿起笔，在国旗馆门口第二次绘制国旗。

学生们或站在画板前或席地而坐，借助尺子打格子，借助圆规画圆，借助量角器找点画角，他们认真专注的样子很像小小数学家。我关注着每一位学生的绘制过程，时不时和学生们探讨绘制的方法。

有了第二次经验，已经有十几位孩子能找到国旗绘制的方法。瑞安国旗馆研学不仅提高了他们的思维能力，还回顾了中华民族的发展历史。

在展示交流中发现，除了我之前想到的两种画法之外，学生还想出其他画法，让我大开眼界。

生1：先在旗面上确定五角星的中心，按不同的方向先画出一条线段，并以它为角的一边画72°角，得到2条线段，以此类推，得到5条线段，将这5个点连成一个五角星。

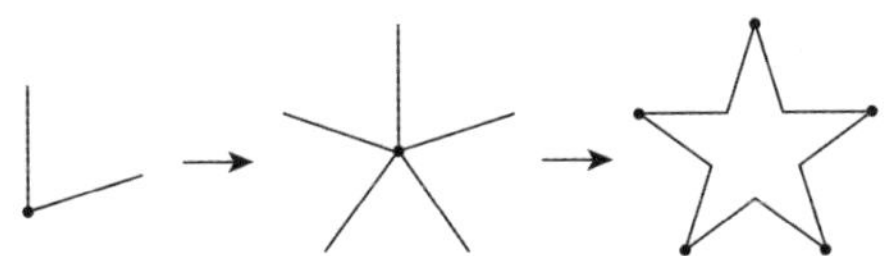

生2：我的画法更简单，只要画一个72°角，接着再将圆规的两脚放A、B两点上，然后在圆上继续截取同样的长度，将圆五等分，再连线得到一个五角星。

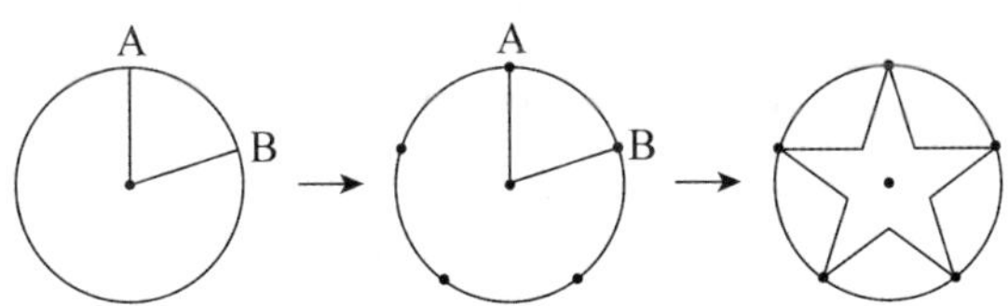

生3：画两条互相垂直的直线；再分别画两个大小不同的圆，以小圆的直径作为大圆的半径画大圆；大圆与竖线的交点A，过小圆的圆心C点连接至D点；以A为圆心，AB为半径，与大圆相交得到两交点；以A为圆心，AD为半径，与大圆

相交得到两交点;得到了五角星的五个点,对应连接即可。

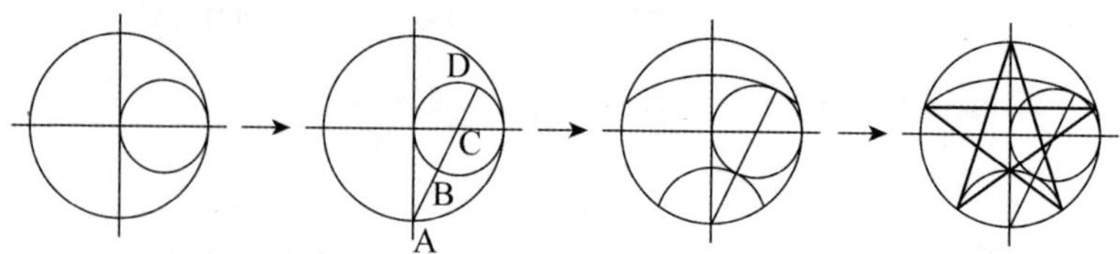

师:这种方法哪里学的?

生3:这是我妈妈教我的,我妈妈是大学老师,她会的。

生4:我的画法是爸爸教的,先画一个圆,再画两条相互垂直的直径,接着再取半径的中点A,连接AB;以A为圆,以AB为半径画圆弧,相交于直径点C;以B为圆心,以BC为半径画圆弧,相交于点D;再以BD为半径在圆上依次截取相等的圆弧;最后连接这五个点,得到一个五角星。

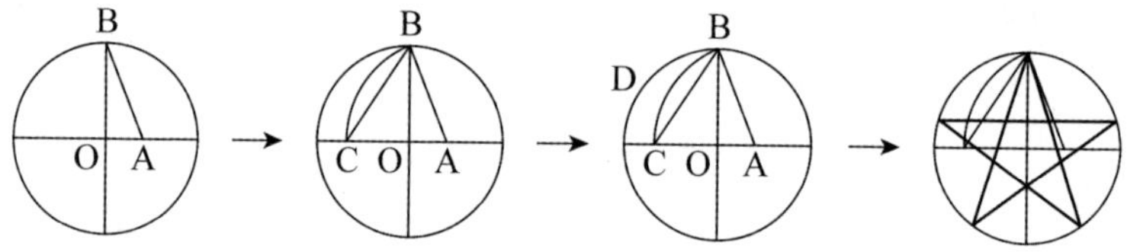

我夸学生们真了不起,有多种方法画五角星,接着引导大家评价,找到最简洁的画法。

怎样让四颗小五角星的一个角尖朝向大五角星的中心点?首先把大五角星中心点与小五角星的中心点连线,这条连线与小五角星所在的圆有一个交点,这个交点与中心点连线为半径,接着在此基础上画五角星。

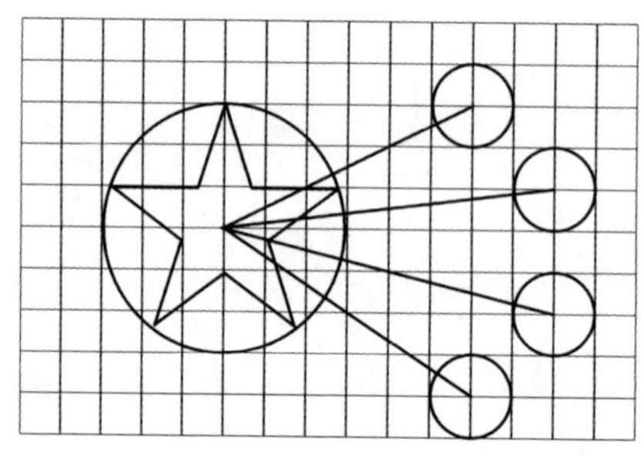

生1:分别在各个小圆内画一个72°角,然后再进行五等分,最后画五角星。

生2:先在其中一个圆画一个72°角,用圆规比划出对应的弧长,再一次性将各个圆五等分,最后连线成五角星。

多么巧妙的方法!经过课外调查和国旗馆的研修,有接近三分之二的学生已经会画一面标准的国旗了。但是由于画法不同,使得学生画国旗的速度、准确度都有所不同。展示环节就是为了让学生相互学习,借鉴他人的画法。在不同画法的对比中寻找适合自己的最优方法。而对于剩下的三分之一尚未掌握标准国旗绘制方法的学生,则是一次再学习的机会,为成功"三画"做好铺垫。

三画国旗

紧接着第二站,我们来到了平阳县腾蛟镇苏步青先生的故居,参观苏步青励志教育馆。孩子们了解了苏步青先生在数学方面做出的卓越贡献,感受了其集诗性和理性于一身的人生经历。每位学生都感受颇深,对苏步青先生有了更深的佩服以及更多的崇拜。带着这样的心情,孩子们一起来到了报告厅三画国旗。

我对参与研学活动的学生重新进行了分组,每三人一小组,其中两人为"二画"成功的同学,让他们担任参与"三画"同学的小老师,帮助其共同完成标准国旗的绘制。又经过一个多小时,终于每一位学生都有了成功的体验,尤其是参与"三画"的学生。陈冉同学说:"绘制标准国旗可以说是困难重重,一不小心就会画错。我以前可不知道绘制国旗这么难,里面居然隐藏这么多数学几何问题,这下,我才真正体验到了国旗绘制的难度啊!"

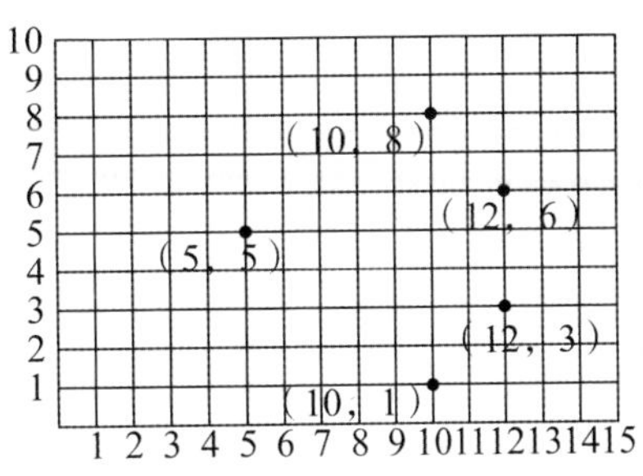

接着,我呈现国旗设计原稿图,让学生再一次描述五角星的位置。大五角星中心的位置是:上5下5左5右10,四颗小五角星中心的位置分别是:上2下8左10右5,上4下6左12右3,上7下3左12右3,上9下1左10右5。学生发现一个中心点居然要用四个数据来描述,感觉太麻烦了。我借机导学:你有更好的方法描述各个中心点的位置吗？学生发现可以用学过的数对来表示，而且只需2个数。

是呀，这样的描述多简便，为什么曾联松先生不用呢？这个问题再次激发了学生思考。有的说，用“上、下、左、右”表示，大家都能看懂，用数对表示则不一定能看懂。有的，认为数对中两个数表示先列后行还是先行后列，常常会忘记，很容易弄错。还有的认为，这是为了照顾广大老百姓，因为没有学过数对知识的人是看不懂的。是啊，那时候中国80%以上的人都是文盲，这样的描述恰恰是当时中国老百姓最容易接受的方式。数学是服务生活的，有时候不是我们认为的最简洁就是最好的，而应该是大家最容易接受，最能推广的，才是最适合的。由此学生明白了，应用才是数学的本质属性。

五角星是中华人民共和国国旗的重要组成部分，学生了解了它们所表示的意义之后，我继续引导学生进行品读。呈现资料：最早对五角星的使用被发现在美索不达米亚的文献资料里，可以追溯到大约公元前3000年。现在有许多国家的国旗设计都包含五角星，如埃塞俄比亚、越南、智利、新加坡、新西兰、土耳其、叙利亚、巴基斯坦、朝鲜、美国，等等。五角星具有“胜利”的含义，被很多国家的军队作为军官（尤其是高级军官）的军衔标志使用。我们不妨从数学的角度进行分析。

五角星是一个轴对称图形，有5条对称轴；如果让它绕着中心旋转72°，所得到的图形与原图完全重合。五角星5条线段两两相交得到的5个点，恰好是原5条线段的黄金分割点，这些黄金分割点使图形匀称、和谐、美观。五角星内的每一个三角形都是黄金三角形（底角为72°，顶角为36°的等腰三角形）。如果画出两个底角的平分线，会得到两个新的黄金三角形，持续画会得到无数个黄金三角形，由此，还可以得到许多正五角星。

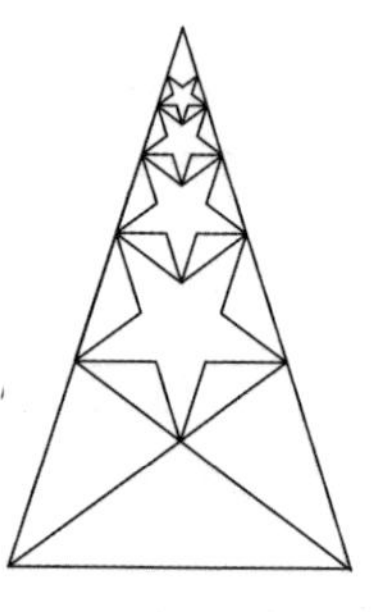

研学活动中，学生呈现了五角星多种不同的画法：有的利用72°角五等分画的，有的利用36°角画的，还有的利用初中才学习的尺规作图法画的，甚至有的还学会了大学教授用的方法。此时的学习已经超越了小学的边界，学生学习的途径、方式不受学段的影响，不受时空的限制。学生真正为了学习本身去主动探究，基于自身理解力寻找适合自己的方法，真正实现了不同层次学生的个性化学习。

渗透人文，升华研学之情

在《致敬五星红旗》一书中，我了解了曾联松先生平凡而伟大的一生，其中设计国旗的故事最让我感动。于是，我对图书进行了节选并请高同学录音，在“三画”国旗之后播放，学生在故事中情感得到进一步升华。

短短5分钟音频故事，让孩子们的理性探究转化为感性思考，国旗背后的人文精神加速了孩子品格的塑造。悠悠研学之声，浓浓爱国之情，参与研学的学生写下了自己的感想。

侯同学说：之前，我以为中国国旗只是一面五星红旗而已，现在我发现，一面旗帜背后竟然有那么多学问，那么多奥妙。我心中的五星红旗更加鲜活又更加庄严了。

宋同学说：我凝望着眼前我一笔一画画出的国旗，虽笔法稚嫩，但也有国旗的气派。我顿时明白了国旗的威严。国旗是多么来之不易啊！我眼前仿佛呈现出旧时中国的满目疮痍，那时中国处处枪林弹雨，中国人民饱受折磨！但是，中国共产党的诞生，国旗的诞生，就如同黑暗中的红太阳，中国人民终于重见天日了。作为一名少先队员，我们更应该奋勇拼搏，努力前行，传扬党的精神！这次画国旗的经历让我刻骨铭心！

叶同学说：一画国旗，简单，真简单！二画国旗，难，真难！三画国旗，妙，真妙！看着自己画的五星红旗，心底感到无比的自豪！“五星红旗迎风飘扬，胜利歌声多么响亮……”歌声在我的脑海中回荡，让我们一起歌唱我们亲爱的祖国！

这是一次意义非凡的数学研学之旅，不仅有思维上的跃进，更培养了学生的爱国情怀，激发了民族的自豪感。理性的数学与感性的人文教育相得益彰，迸发出更深远、更具魅力的教育意义。走出课堂，在更广阔的时空当中，学生看、听、思、写、悟，这就是学习最美好的模样。

相信童话

何夏寿，浙江省特级教师。教育部师德教育专家、中国校园文学委员会副会长、中国儿童文学研究会理事、浙江省作家协会会员、浙江省名师导师，全国“儿童文学金近奖”常务副秘书长、绍兴市上虞区儿童文学教育研究会会长。曾荣获全国文学教育名师、全国第二届语文教师文学课堂赛课特等奖等。长期致力于儿童文学、戏曲教学的实践研究，发表了200余篇研究论文，著有《爱满教育》《民间文学大课堂》《中华戏曲语文读本》《记着》等，应邀赴全国各地上课(讲座)500余场次，是《语文教学通讯》《小学语文教师》《小学语文教学》等刊物的封面人物。

向“童话”致敬

何夏寿

在我们浙江绍兴，18岁是一个很值得纪念的日子，象征着青春，象征着成熟。18年的花开花落，寒来暑往，当年的小女儿盖上了红盖头，昔日的小男孩摇起了乌蓬船。于是酒为他们而饮——“女儿红”黄酒闻名遐迩，歌为他们而唱——《九九女儿红》传遍神州。

18年前，我们学校提出开展童话教育之初，为检测我们的教育效果，学校曾向120位学生承诺：18年后，不管你在哪儿读书、工作，学校一定去看你。

许诺是方便的，践诺可就不那么容易了。18年到了，但教育之内教育之外的任务之多之杂，压得学校很难调动更多的老师抽出成块的时间，逐一走访120名曾经的“小鲤鱼”（我们学校的形象大使，金近童话《小鲤鱼跳龙门》中的小鲤鱼）。失信是注定了，但为了不至于失情，还为了保留一丁点儿残剩的“信义”，学校最后决定给每位学生寄去一张“一梦童话十八年——金近小学96届学生情况调查表”。几天之后，反馈表雪片似的寄回了学校。

作为校长，我像收获着蕴藏着大奖的奖券一样，迫不及待且乐此不疲地阅读着孩子的来信，倾听着他们的心跳，感受着他们溢于言表的喜悦。我注意到在我们设计的“从事工种”一栏中，有报告在名牌大学读研的，有介绍自己在公务员岗位服务人民的，也有手握钢枪保家卫国的。但不知为什么，在自我评定“成功指数”一栏中，我始终将关注的目光投向填写“一般”或者“普通”的学生。我以为，那里是生活最真实的田园，社会最稳固的码头。何况，我们从没有想过通过童话教育，一定要让学校和孩子走得多远，飞得多高。

在我们的调查表中，除了诸如学历、工作、成功指数等基本的信息外，还辟出了三分之二的篇幅，要求被调查的学生写一个自己经历过的“美德故事”。这可以说是我们整个调查的核心，也是我们开展童话教育的当初的意义、今天的追求。学生多，故事多，生动的也多，有的甚至是感动。而感动一旦转化为力量，我就无法抗拒了。我终于下了决心，放下手头工作，选定了其中三位，以学校的名义走近他们，聆听他们。

再做“小红帽”

小丽是镇上一家民营幼儿园的老师。我来到了这所很不起眼的幼儿园。见是我，她显得很惊讶，也很腼腆。我告知了来意，想听听她和一名病孩的故事。这一说，她的脸更红了，一个劲地说：“校长你别当真，我是想不出自己做了什么值得记忆的‘美德故事’，为了避免不交作业，才拿这事应付的。”我坚持说，我今天就是专程来批改这“作业”的。另外再次重申，像当年读书时一样，不要叫我校长，叫我老师。见我当真，小丽一边笑着说“好的好的，老师”，一边把我请进了办公室，像是回忆，又像是追思，表情十分凝重，讲起了这个故事。

那一天是去年秋季开学后第二个星期的周二，放晚学的时候，一个女人披头散发地跑进了幼儿园。我正要问，她一把抓住了我的手，用浓重的贵州口音说，老师，你有红帽子吗？我被她的神情举止吓了一跳。我想，我今天碰上疯女人了。我连忙留心看她的手上有没有刀子，如果有的话，我得赶快喊救兵，幼儿园师生被刺的事可常有听说的。还好，她手上没有刀。她见我迟疑着，“嗵”地一声跪在我的跟前，哭着说：“老师，我女儿白血病，要红帽子，她……她5岁，她快死了……”

她说得语无伦次。但她的眼睛、她的行为、她的语言、她的失魂落魄，已经十分清楚地告诉我，她有一个5岁的女儿，快要死了，但孩子可能要一顶红帽子，作为母亲，她想要满足孩子最后的心愿。我的心被抽得紧紧的：这个可怜的外地女人，那个可怜的外地孩子。可是，到哪儿去找红帽子呢？我忽然想到了学校舞蹈室里有演出用的小红帽，我拔腿就往舞蹈室跑。等我取来帽子，那女人一下从地上弹起来，死死地拉住我的手，用近乎乞求的语气对我说：“老师，我孩子要老师给她戴红帽子，您行行好，跟我去我家一趟！”

我的手被女人握得生疼。我知道，面对一名急疯了的母亲，我今天，去也得去，不去也得去。一路上，我们跑过了好几条巷，跨过好几道沟，终于，进了一间低矮的小平房。孩子正由她爸爸半抱着，坐在床上。女人一进门就喊：“囡囡，红帽子，老师！”

小女孩子瘦得只剩骨，白得已像纸。母亲一喊，她微微地睁了一下眼：“老师，小红帽！”

女人连忙说，我给你找来了老师，老师给你戴红帽子。女人一边说，一边将红帽子塞到我手上。

小女孩用力摇着头，声音更微弱了：“老师，小红帽……”

我有点明白小女孩的意思了。我问她妈妈，你孩子上过幼儿园吗？她说孩子在别的地方上过一个星期的幼儿园，后来就病了，再没去了。这下，我知道我的猜测完全对了。于是，我对孩子说：“囡囡，我给你讲小红帽的故事，好吗？”

小女孩一下睁大了眼睛。啊，那是一双会说话的眼睛，一双我一生从没见过的漂亮眼睛，睫毛长长的，眼睛大大的，只是没有光。那无光的眼睛告诉我，孩子要的不是红帽子，而是她一直记着的幼儿园里老师讲过的《小红帽》的故事。这是一个多么善良，多么可爱，多么令人心疼的小女孩啊！

我含着泪，调动我所有讲故事的能力，绘声绘色地讲开了：“在一个神秘的森林里，有一个非常非常可爱的小女孩，她叫小红帽。有一天——”

小女孩听得好认真啊，她分明已经和故事中的小女孩一起，走在郊外的田野上了，看到了美丽的苹果树，闻到了喷香的苹果花……为了制造逼真的效果，我还将带去的小红帽戴在头上，边讲边演，边演边唱，比参加幼儿老师才艺展示还卖力百倍地表演着。孩子好无力啊，一会儿睁开眼，一会儿又闭一下眼。但孩子合着故事情节而变化的表情，告诉我，故事讲到孩子心里去了，讲到孩子残剩的生命里去了。听完了故事，孩子竟说：“我要和小红帽睡觉！”

讲到这里，小丽停住了，不好意思地对我一笑："老师，你猜后来我怎样了？"

"你做了小红帽，和孩子一起睡了！"我几乎不假思索，因为我相信泡过童话的小丽。

是的，不但我，还有孩子的母亲。我们都睡在一张床上。孩子是导演，我演小红帽，她妈妈做外婆，她爸爸自然是大灰狼。这时，我都忘了自己家里的儿子还等着我回家做饭呢。

就这样，这一个晚上，在我们的"演出"中，我们送走了孩子。

这件事，我也一直没有对任何人说，这次要不是因为学校要求调查，要是我真做过引以为荣的美事、好事，我恐怕不会搬出这种小事，草草应对的。老师您说，在当时的情况下，换了谁不都一样会这么做吗！何况我们在小学里，读了那么多很暖心的童话。那年学校搞首届童话节，我还真演过"小红帽"。18 年后，我无非又做了一回小红帽而已。

小丽仿佛是在说别人故事，不激动，更不夸张。就像童话一样，单纯、朴素。我能说什么呢，只是轻轻地向她点头。

"狼的心也是软的"

"我记得那是一节童话课，老师说，坏人也不是什么都坏，狼心也有软的时候。"面前这位胖小伙，长着一对精明却慈善的眼睛。

他是镇上一家川味馆的老板，姓金，也是我们学校 96 届的毕业生。见是老师去看他，他一遍又一遍地用纸巾擦着已经很干净的手，把我拉到他的接待室，端上了热气腾腾的茶。

我说明了来意，想听他再讲讲写在调查单上的故事。

他好像变得很警觉，站起身来，还探身向门外望了一会，轻轻地关了门。于是，有了下面的故事——

三年前的一个冬夜。我送走饭店里最后一拨客人，正想关门，来了一名黑黑瘦瘦的青年，背着双肩包，大约十七八岁的样子，好像是学生，又像打工的。他一进门,用带四川口音的普通话要一份"毛血旺"。说实在的,我们这店刚开张的时候做的是海鲜生意,我从没有做过川菜。但既然已经点了这菜,我只能按照自己的理解,在锅汤里放上豆芽,放点牛肚,再放点猪血,然后放上辣椒,胡乱地煮上一锅。

中途,为了找配料,我又从厨房里出来过一次,看见小伙没有在大厅,站在吧台前看挂在墙上的营业执照。

小伙要了一大碗米饭,就着这盆三不像的"毛血旺",狼吞虎咽地吃了起来。店里只他一人,为活跃气氛,我搭讪道:"你是哪里人,在哪里工作?"小伙说是四川的,在附近读中学,晚自修刚散。我发现小伙子吃饭时一直背着书包,便说这年头读书真苦,你吃饭还背着书包,说完,我伸手帮他去卸书包。他却一下子从座位上跳了起来,说不用,自己习惯这样背着书包吃饭。我觉得这名中学生有点特别。

中学生可能太饿了,就这么一锅很不像样的毛血旺被他三下五除二地倒进了肚里。到付钱时,中学生说刚才走急了,钱忘在学校桌子里。我说没事的,只是30块,那中学就在附近,下次方便时给就行。

第二天,也是差不多的时间,他又来了。还是昨天那样的蓬头垢面,背着双肩包,还是毛血旺加米饭,而且还是和昨天说得一样,钱忘带了。不过这次,他提出能否以10次为单位一次性付钱,说是父母回老家办事去了,要一个星期后才能回家。他将一张附近某某中学的学生证作为"信物",押给了我。从学生证上,我知道他叫黄石。

我看着他不无稚气的脸,想想一个外地中学生在陌生的地方生活不易,同意了。

于是,每天大约晚自修结束前后,他会准时来到我店里,我也准时端上我早就煮好的毛血旺。有时,我还给他递上一瓶热牛奶。

"你就这么相信他吗?"我打断了小金的叙述。

"其实,我早就知道他不是学生。"小金往我的水杯里添了水,继续讲下去。

第三天，我有意碰他的书包，觉得很沉，好像里面装的是铁器。当天他走后，我调看了店里的监控器，发现在我进厨房烧菜的时候，小伙子就四下找东西。我怀疑他想偷东西，只是一时下不了手。我也去过附近的中学，那里根本没有一名叫黄石的学生，更不用说每天都在上晚自修。

“那你为什么还要同意他每晚光顾?”

“我相信狼的心也是软的。”小金一笑，故事继续。

十天后的一个晚上，那名叫黄石的小伙，给了我一个纯色很正的戒指。他说是老妈回来了，但手头没钱，只有这个戒指值点钱，就充当这么多天来他在我店里的消费。我一直以为他是想到我这里吃白食的，没想到他还真那么守信。那晚，我打算为他多烧几个菜。但小伙却说，不了，他是今天来向我结账道别，明天他就要回四川老家去了。他低下头不好意思地说：“老板，我骗了你，我不是中学生。”

我说我早就知道了。

他显得很惊讶，也很激动：“那你怎么还肯每天给我毛血旺?”

我说：“我小时候，有个教童话的老师讲过，狼的心也有软的。”一出口，我觉得说得太不恰当。

他呆呆地望着我。许久，他像下了决心似的，将一直背着的书包放在吧台上，说了句：“老板，我是狗!”转身消失在夜幕中。我打开书包一看，里面装的全是刀子、锤子、榔头。

“后来，就是你在调查表中填写的，那个小伙子给你的戒指是你小姨子的结婚戒指。”我说。

小金说：“老师，你还真的都看过我写的‘美德故事’了。”他笑了笑，又给我的杯里添了水，简单地将故事结了尾：

第二天，小姨子来店里，说是昨天抓了一个小偷。这小偷很可恶，大前天偷走了她的戒指，今天又来偷电瓶车，幸好这次他们家有防备了，将小偷当场抓住，扭送到派出所。可惜那戒指早就卖掉了。我说我这里有个戒指。她一看，说就是她的，还找到了她做的三角形记号。于是，我将事情的经过一五一十地对她讲了。为了争取小姨子站到我一边，我特别强调：“狼的心也有软的。”

就这样，我和小姨子去了派出所。小姨子说不好意思，戒指是自己藏过了头，现在找到了。

那名叫黄石的小伙子，当即向我和小姨子下了跪。

一年以后，小黄又来到了我店里。这一次，他精神多了，气色也很好。一进店，他很阳光地说：“老板，我回老家考了厨师证。你只要每天给我三顿饭，解决一张床，我免费给您做正宗的川菜。”说完，他将一本厨师证递给了我。

就这样，我的店里多了一道川菜。后来，因为我们这里对外招商工作做得好，外来流动人员特别多，川菜生意特别走俏，也特别好做。小黄做川菜又利索又拿手，我们店成了方圆十里川菜做得最有名的小店，全镇的人都知道我这里做的川菜最地道，最味美。

“所以你连店名都叫川味馆了。”

“对的，对的，嘿嘿！”

小金站起身来，又往外探了探身子说：“小黄现在正忙，过会儿您和他讲几句话，怎样？”

我说，我都被你感动得没话可说了，真的，你不是在做菜，在开店，你简直就在做教育，不但教好人做好人，还能教不好的人也成为好人。

整理访问记录的时候，两名被访的学生，一再强调不要写他们的真实姓名，因为他们不愿意声张，更不愿意他们的故事有可能伤着别人。他们还一再说，他们的生活实在太普通、太平常了，根本不值得老师您去写。在他们的嘱咐中，我再一次读到童话的简单、平和、朴素。其实，他们就是“童话”。

我尊重他们，就像尊重童话。

的确，他们太一般，太普通了。但我要说，正因为有他们这样的“一般”或“普通”，才有满天的星辉闪闪，才有满地的芳草葱葱。平凡和朴素，淡泊和自然，是教育最初的源头，也是人生最终的故居。这一刻，我更坚信：童话，对于人的一生，启迪是真的，温暖是真的，感召是真的，滋养是真的，信任也是真的。

我不知人类什么时候有了童话，但这并不妨碍我用童话的名义向“童话人物”致敬。

身教重于言传，

做一个德艺润疆的好老师。

赵寅芬，浙江省特级教师、享受正高级待遇中学高级教师。浙江省新课程历史学科指导委员会委员，浙江师范大学人文学院硕士生导师，绍兴文理学院卓越教师养成班导师，浙江省名师网络工作室赵寅芬工作室领衔人，中共绍兴市第七次、第八次党代会代表，绍兴市第八批、第九批专业技术拔尖人才，学术技术带头人。自 1985 年浙江师范大学毕业至今，坚守杏坛，用心教学，精心育人，学生称呼其“芬姐”，言来语去，心与心通，“真心上出随境界，清水芙蓉别样红”。曾连续两次荣获绍兴市直“教师基本功比武”一等奖(第一名)，荣获绍兴市基础教育优秀成果奖，主持多项国家级、省市级课题研究，获省市级一等奖 4 项，在全国中文核心期刊上发表论文 20 多篇，参编必修教材、选修教材、教师教学用书、学考导引、选考复习导引等教学用书和辅导用书近 30 册。

细雨湿桃李　守望花满园

赵寅芬

时光荏苒,岁月如梭,转眼间我已在三尺讲台上站了 35 年。

1985 年 9 月,刚从浙江师范大学历史系毕业的我,带着年轻人特有的朝气和活力走进了中学校园,那年也正巧赶上了中国第一个教师节。自孔孟之道,教师们流载过无数春秋,见证了历史,滋润着英才。一批批学生在老师们的教育下迈向新的起点,尽管他们的头上出现了越来越多的银丝,然而布满皱纹的脸上却带着永恒的会心微笑,仿佛那山涧泉水,滋润着无数小草和鲜花,却从不要求对方回报什么,一直无私地流淌,流淌。这样的情景深深触动了我,我感受到一种爱的力量,真正明白了教师的平凡和伟大。

如今,我也在平凡的教育工作岗位上走过了 35 个春秋。35 载与学生朝夕相处的日子里,许许多多难忘的故事总是萦绕于心,温暖着我的心灵。我深知,学生们的纯真、欢乐、好奇、进取和成长,带给我无限的欢乐、充盈和历久弥新的幸福。我深刻体悟到教师职业的魅力和学生成就带来的欢喜! 我爱我的岗位,我爱我的学生,我非常感激他们。在我与学生共同成长的故事里,满满都是温暖、感动和收获,每每忆起,倍觉温馨。在守望和静待花开的时光里,我也逐渐由青涩走向成熟,由懵懂走向从容。我崇尚尊师重教,但同时我也平易近人,视学生为自己的朋友:我赢得了学生们亲热的称呼——“赵阿姨”“赵姐”“芬姐”。我庆幸自己总是与青春和笑颜相伴,与快乐和阳光同行。

微笑着亲近学生的心灵

岁月如诗,句句悠扬。多年的教育实践使我深深体会到:教师爱学生的方式可以多种多样，然而发自内心的微笑却是必不可少的。它是一种至真至诚的情感流露，是用语言无法替代的。缺乏微笑，再好的教育方法也会显得苍白无力。教师的微笑有着神奇的力量，它对学生的影响是最直接的。

高中学生在校的三年，是一段付出热情和智慧，收获成功和希望的岁月。

但就是这么一群十七八岁的高中生，处在迈向成人的阶段，心理界于成熟与幼稚之间，正是拜伦所说的“天空布满彩虹”的年龄。这个年龄段的中学生的内心是丰富多彩的，它容纳着许多的梦想与渴望，承载着幸福的同时也有眼泪与忧伤。老师如能主动躬身，微笑亲近学生的心灵，将会潜移默化，照亮他们的精神世界。

蒙娜丽莎的微笑之所以被奉为经典，是因为她的微笑平静、亲切且安详，蒙娜丽莎也因此成了美的象征，我想这就是来自微笑的魅力！美国著名心理学家艾帕尔·梅拉别思通过实证研究得出这样的结论：信息的总效应＝14％的文字＋35％的音调＋55％的面部表情。这一研究结果表明，教师面部的亲切表现（如微笑）对学生的学习效率有很大的促进作用。作为一名教师，我想说，微笑是一种爱。毕业后的学生给我的信中说：“您的微笑让我们感到放松和舒服，我们回答问题时，您总是微笑着点头，让我们充满了信心；回答之后您对我们的评价，又让我们觉得非常自豪。”“在我们眼里，好像每个人都是您最喜欢的学生，因为您对每个人都是真诚地微笑，您真是既高贵又平民化的老师。”

回首过往，一踏进教室门，挂在我脸上的一定只有微笑。上课铃声响起之前，我会面带笑容地站在教室门口，等待学生的安静；铃声响起之后，我会站在讲台上，用含笑的目光扫视一遍学生，使他们紧张的心情松弛下来，然后微笑着向学生问好。那微笑仿佛在告诉他们：“我喜欢你们，你们使我觉得快乐，我很高兴看到你们。”因为我知道，微笑能感染每一个学生，让每个学生都有好心情，能更加愉悦地接受我传授的知识，共同穿越时空隧道，去探究历史，感受光阴的故事。

课堂中，看到学生听讲认真，我微笑着朝他们点点头，表示赞许；学生皱起眉头，表现不解时，我会微笑着走上前：“有什么困难需要我来帮助你吗？”每次他们回答问题，我都会面带微笑，那是对他们勇气的赞许，鼓励他们更加自信地说出自己的想法。看到学生发言紧张，我微笑着注视他："别着急，慢慢来。"听到学生放松下来，从容且出色地回答，我会微笑着竖起大拇指："你的回答很精彩。"

学生感到自卑时，我会微笑着鼓励他："努力再努力，相信你能行。"发现他进步了，我微笑着夸赞："看，你不比别人差。"发现学生考试作弊，事后，我会在私下里对他微笑着说："这样做可不光彩，做人做事真实最重要。"他经过努力取得了好成绩，微笑着拍拍他的肩膀，表示祝贺。

每当学生取得小小的进步，我都会面带微笑，那是对他们的肯定。"每天进步一点点"是对大鹏展翅的殷切希望，是对一马平川的美好期许。学生是聪明的，他们会在意老师的表情，会通过老师的目光、手势和语言读懂其中隐含的信息，也会感受到我微笑背后那颗真诚的心。

我用微笑，将自己的热忱传达给学生，在一瞬间实现了师生间心灵的沟通，与学生建立起友谊，融洽了关系。学生从我的微笑中读到的是理解、尊重、鼓励和期待，感受到的是老师对他们的一片关爱，便会产生积极进取、奋发向上的动力。《绍兴日报》与《绍兴晚报》先后报道了我与学生们共成长的事迹。每当看到学生不断进步，健康成长，我心中便会有一种心满意足的感觉，感到工作有成就，生活充满乐趣。难怪有人说："教师的安宁和幸福取决于他的学生们，教师的幸福是靠学生来创造的。"

真诚的微笑，成了我教育教学过程中以及待人接物的习惯表情，微笑着授课，微笑着和学生打招呼，微笑着和学生个别谈心，即使面对调皮懒散犯有小错的学生，也总是带着微笑坦诚处理。

涛(化名)是我往届高三文科班的学生。之前，他与原来班级一名女生保持恋爱关系，时常弄点小动作让原来的班主任难堪。他自幼学习书法，准备考中国美院。为了让他全神贯注冲刺中国美院，家长要求转到我的班上。新生来到，我给予了较多关注，学生们也欢迎接纳了他。我通过一段时间的观察，发现他聪明、反应灵敏，平时爱耍点小聪明。转到班风与学风都极好的班级后，懒散、调皮的他有点适应不了，一方面感到紧张与不自在，另一方面偶尔还会有迟到早退现象，并且仍然与原来班级的女生保持恋爱关系。一天，课外活动后，我把哼着《爱如潮水》的他叫到一间独立的办公室，微笑着与他交流，推心置腹地指出他需要改进的地方，并鼓励他必须努力之后才能达到考取美院的目标，他表示认同。为了进一步触动他的内心，那周我特意设计了一节历史情景剧表演课，并让他邀请班里任何两名学生配合他进行角色扮演。这节课上同学们兴趣盎然，掌声不断，气氛热烈，他看上去一点都不紧张，在讲台前与另外两名同学一起尽情发挥。他们表演完对话之后，我微笑着，甚至有点激动地表扬了他们，特别是涛，肯定他已经在新班级中迈出了一大步。同时我还说："涛同学之前主要把精力放在艺术专业上，文化科目暂时落后，但他从没有放弃学习。他积极努力，进步会很大，因为他有很大的潜力。"我说完之后，大家不约而同地鼓起掌来，这时他的目光尤其特殊，是激动，是感激，是承诺。"不放弃学习"，是我对他最大的期望。我想让学生们知道，教师不仅仅看学生当下的分数，更要看学生努力学习的状态，尤其是进取的状态以及今后的潜力。在后来的日子里，他再也没有迟到早退，也主动断绝了与女生的来往。我看到了他无论做什么事，都是积极的态度。我继续鼓励他，后来他主动找我，说："赵阿姨，您放心吧，我一定不辜负您的期望。"高三这一年，他真正做到了"不放弃学习"，如愿考取了中国美院，毕业后在一所高校美术学院任教，并且边工作边读完了硕士学位。每年春节前，他总会打电话："赵阿姨，马上要过年了，我写了副对联给您送过来，贴在你家大门上。"他如今已在美院攻读博士，假期来看我时，笑眯眯地对我说："赵阿姨，你的'不放弃学习'，使一名'学渣'变成了'学霸'"。这让我听见了学生成长拔节之声，收获着学生成功的欢乐。

教育是一门艺术，微笑又何尝不是？善于使用微笑，是一种智慧。对教师而言，我们的微笑需以爱心作铺垫，以学识为保证，以艺术为纽带。微笑是老师人格魅力、内涵修养、知识和能力的自然流露。我们走进课堂，面对一双双如水晶般清澈透明的眼睛，我们的微笑，已不仅仅是一种表情，它是一种爱，一种信任，是一种对生命的理解和尊重，是一种对现代教育的理性和道德。它更是一种教育过程，一种能触及灵魂、动人心魄的教育过程，是我们通往孜孜以求的教育最佳境界的一条大道。

用笔尖与学生进行心灵对话

《教育的目的》是英国著名教育家怀特海关于教育的经典著述，成书于 1929 年。可以说，全书每个篇章都是精品，博大精深，可谓字字珠玑，其中蕴含的深刻教育思想，即便在今天看来，仍然闪耀着不朽的智慧光芒。“学生是有血有肉的人，教育的目的是激发和引导他们的自我发展之路。”这一至理名言时刻萦绕在脑际，因此，在教育教学实践中，我时常会寻找激发和引导学生的自我发展之路，除微笑着亲近学生的心灵之外，我以笔尖与学生进行心灵的对话，如写周记，无声胜有声，也是一种极佳的方式。

在我做班主任期间，学生们基于对我的认同和信任，把所见所闻、所思所感用自己饱含感情的笔诉诸周记之中，在周记中吐露心声，因而一篇篇周记仿佛就是一颗颗透明的心灵。批阅周记也是我最充实、最幸福、最快乐、最有意义的时刻，因为我用周记倾听着学生心灵的诉说，用自己人生的感悟去开启学生的心灵，抚慰学生的心灵，与学生进行着悄悄的对话。

伟大的教育家陶行知先生的一段话特别震撼我的心灵：“真教育是心心相印的活动。唯独从心里发出来的，才能打到心的深处。”在周记里，有很多学生向我打开了自己的心扉：心中的憋闷，考试的失利，学法的探讨，班级的管理，生活的意义，人生的价值，理想的实现，社会的丑恶，时政热点的追踪，甚至是家庭中父母的矛盾和分歧，敏感的男女同学之情等，并希望得到我的理解和帮助。我总是能利用好这一机会，让每一个学生都能感受到我的关怀，以朋友的身份给其回应，细心答复学生的每一个问题。

一名住校的男生学业成绩一向优秀，但在期中考试后，我观察到他情绪上有细微的变化，及时找他谈心，本以为是成绩考得不理想所致，他表态也好。哪知第二天（周三），他提出要回家取东西，我说：“缺钱的话，赵老师先借给你。”但他执意要回家，后与其家长联系后才知道，近阶段他迷上了玩电脑游戏，回家的这一天一直玩到凌晨1时。我要与他谈心,他说:“赵阿姨,我会在周记里统统和你说。”他选择了周记交流的方式。在他的周记本上,写了满满四页,倾述了与一位女生交往中的烦恼。我以过来人朋友的角色用红笔也给他写了整整两页,坦诚地与他沟通、引导。此后,他说:“一吐痛快,赵阿姨使我走入轨道。”他感受到一份鼓励与期待,终于从困境中走出。

有一位男生,当我从高二接班做班主任时,他已与其他班一名女生成双入对地出现在大庭广众之下,而花前月下的驻足,使他的学习心猿意马,成绩一直处于末位。他在周记中偶尔流露出自己内心的矛盾时,我抓住机会,特意为他抄写了下面一段话:“人在自己一生的各个阶段,是有各种各样的内容的。它们能形成完全不同的幸福,价值都是同样的珍贵和巨大。年少奋斗的热情,青年爱情的甜蜜,中年成功的喜悦,以及暮年时回顾全部人生毫无悔恨与羞愧的那种安详而满意的心情,这一切构成了人生幸福的重要部分。它们都能带给我们巨大的欢乐,都能在我们的生活中留下珍贵的回忆。其实,我们今天所做的正是为着收获将来的那份幸福,我们能使自己无怨无悔吗?”过了一周,他在周记本上写下了计划与目标,我继续鼓励道:“任何成功的学生都是战胜自己的英雄,你要向前看,用辛勤的付出创造出一个辉煌的未来,我相信你。”我希望这样的言语像晨星的美妙乐章,永远在他们的记忆深处唱歌。

励志解忧纾困,护航青春成长

尊重了学生的主体,融入了彼此的情感,能产生共鸣,学生将会对你信任有加,对你倍加敬爱。信任是开启心扉的钥匙,诚挚是架通心灵的桥梁。一名学生曾在周记本上写道:“赵阿姨,我敬佩您,我总觉得和你有一种心灵感应,许多话我觉得只能对您说,我已把你当成我的一位良师,更是一位知心的朋友!”

我想,学生的周记也是某种意义上的个人独白,他们用笔呈现自己生命流动中经验的种种图象,我驻足其间,阅读他们何尝不是一份享受?学生的周记,在率真中流露出对生活的热爱,在清纯中呈现着心地的善良。这里写下了青春的誓言:要奋斗,要进取,要珍惜今天,要创造未来;留下了青春的热情,为着自己在运动场上的奋力拼搏,为着班级在集体比赛中的精心操练,为着每次大扫除自己流下的汗水;录下青春的思考:对友谊的审视,对人生的品味,对世界的关注。这里有几多感悟散发着智慧的馨香,我由衷地欣赏。

赞美是一道射进学生心灵的阳光,教师对他们由衷的称赞和欣赏,不仅能大大激发他们的写作热情,更能使其收获自信、胆识、正直、激情、关爱。我在关心班集体、主持主题班会的同学周记上,写上"感谢你为班级所作的努力,为同窗好友带来的欢乐"等语句,新年来临之际,我会给每位同学周记本上写下"新年好运相伴!"等祝福话语。

青春固然是美好的,有激动、欢跃、快乐、兴奋,但也有苦闷、孤独、忧郁、伤感。学生的周记流露出苦闷与矛盾,呈现着迷茫,诉说着烦恼,显现着低沉的情绪,此时,我一面担当起朋友的角色来倾听,同时也用润泽着真情的笔墨与他们交流,去抚慰、去疏导,使其最快地摆脱困境,让那在十字路口踟蹰不安的脚步变得铿锵有力。因此,我会在他们的周记本上留下一串串发自心杼的句子:"不管一切如何,应该笑着面对生活。""只有知道明天干什么,今天活着才有意义。""没有什么事情值得懊丧和气馁,因为我们还拥有明天。"或正确引导,或加以阐释,或略加评论,真正给学生以心灵上的启迪与思考。有位同学见到我发自肺腑的文字,后来告诉我,她的心境开阔了许多,也平静了许多。有男生迷上了上网聊天、玩游戏,我会在他周记本上写上:"勤奋如春起之苗,不见其增,日有所长;懒惰如磨刀之石,不见其损,日有所亏。不求进取,也是人生的一种残疾。"我写的虽然不是字字闪光,语语惊人,但在这些深情话语的背后,同学读出的是老师的一颗拳拳之心!这种无声的语言换来的教育效应是许多当众的说教无法比拟的。

"没有爱,就没有教育。"陶行知先生的真知灼见,言犹在耳。让孩子时刻感受到老师的爱,需要用心去付出。因为有爱,我们才有耐心;因为有爱,我们才有细心;因为有爱,我们才有责任心;因为有爱,我们才会用心。回首35载的教育教学生涯,我始终把微笑送给学生,把温馨的话语送给学生,把热情的鼓励送给学生,把无私的关怀送给学生，用“心”打开学生心灵的窗口，用笔尖与学生进行心灵的对话，用“心”保守着学生们的青春成长秘密。

用心湿润桃李，用爱守望花园。你会收获满满，欢喜盈心田。

修炼父母心
超越父母心

范群，浙江省德育特级教师、正高级教师。现任浙江省舟山市嵊泗县初级中学语文教师，兼任浙江省市班主任工作室负责人。先后获浙江省中小学师德楷模、浙江省功勋教师、浙江省首届十大最美教师、浙江省"万人计划"教学名师、全国优秀教师、全国中小学优秀班主任、全国先进工作者等荣誉称号，享受国务院特殊津贴。2017年当选为中共十九大代表。坚守海岛，担任班主任31年，用爱温润渔家孩子的心田，是小岛学生的好"师娘"。追求育人的艺术，努力探索班级管理的艺术，探索"生生相长，科学管理"的模式，使学生成为班级的主人。精心组建"雁行小队"，帮助学生成长；研究的"雁行小队的管理模式"成为浙江省教育厅"转换育人模式"十大素质教育案例。发表论文30多篇。

在“逃离”中回归

范 群

从1989年参加工作至今,已经过去了31年。多年的教育生涯中,我一直在海岛担任班主任工作,有过抱怨,也有过迷茫,但更多的是充实和快乐。我认为,我和学生的相逢就是缘分,我的工作就是为学生的终身幸福奠基,是为了让学生有体验幸福的境界、创造幸福的能力、奉献幸福的风格。一路走来,难免磕磕碰碰,甚至想过放弃,但最终我还是坚守了下来,并体会了巨大的成就感。也正是以下成长路上的三次“逃离”,让我反思自己的失误,追寻到育人的真谛。在这过程中,我学会了等待,学会了公平,学会了借力,在“逃离”中越来越回归教育的本真。

学会等待,拥有“花苞心态”

第一次“逃离”的人叫小勇。

工作的第六年,我调入了县城的重点中学任教初三,感到肩上的担子很重,压力也很大。班里有一名叫小勇的学生,从小受父母宠爱,养成了任性蛮横的性格,学习不认真,还经常惹是生非,刚开学就在全校大会上被点名批评。很多老师对小勇失去了信心,也劝我不必在他身上花太多精力。我却坚信,只要无微不至地关心爱护他,多多地鼓励教育他,他肯定会转变的。

接下来,我把很多精力都用在他身上:每天和他沟通交流一次,每天放学把他单独留下来辅导功课,给他安排品学兼优的同桌,活动课陪他打羽毛球,在他生日那天特地把蛋糕送到他的家里——凡是可以表达我爱意的举措,我都做了。有时连我自己也被感动了,觉得小勇肯定会彻底改头换面,朝着我期望的方向发展。

可是，没过多久，一名家长就告上门来，说小勇经常在校门口敲诈勒索他的孩子，孩子都不敢来上学了。我知道后尽管十分气愤，但念他是初犯，就把他叫到办公室语重心长地教育了一番。怕他再犯这样的错误，我连续一周陪他一起放学回家，他也表现出积极悔改的样子，并叫我不必再陪他回家。我为自己的做法能奏效而欣喜。

可是好景不长，他独自回家的第三天就故伎重演，还把人家打出了鼻血。这次，我的愤怒到达了顶点，面对着犯了大错依然"昂首挺胸"的小勇，我的"火山"爆发了，当着全班学生的面，我把我所能想出的最难听的话语如机关枪般向他扫射过去，我说的最后一句话是："有本事，你就别再进这个班级！"小勇冲出了教室，真的没有再进这个班级。他回家后要求父母给他转学，但是由于他的表现太差，没有学校愿意接受他。事后我很后悔，也去过他家家访，但他固执地一再拒绝。他就整天无所事事地在街上晃荡，经常惹祸。

静下来想，自己当时为什么会这么急躁、冲动，甚至刻薄呢？与性格无关，与无知有关，与急功近利有关。这是我对教育规律的无知，对孩子成长规律的无知，对青春期孩子特点无知，认为"小恩小惠"就能彻底改变学生，教育的真谛就是一付出就有回报。慢慢地，我懂得了学生的身心发展是有规律的，并且具有巨大的发展潜能，要学会等待，要多一点宽容。学生不可能没有缺点，"教室就是用来犯错的地方"。粗暴的手段也许能使孩子服从成年人的意志，取得短期的效果，但背后潜藏的负面影响及给孩子造成的心理阴影，往往终生难以弥补。破茧成蝶需要时间，需要等待。所以，面对学生，尤其是面对迟开的"花朵"，我们要拥有"花苞心态"，承认差异、允许犯错，使孩子能通过失败看到成功。没有任何真正的教育是建立在轻蔑与敌视之上的，也没有任何真正的教育可以依靠训斥与惩罚来实现。真正的教育只能建立在尊重与信任的基础上，建立在宽容与鼓励的前提下。

后来的日子我变得从容理性。学生经常上网吧屡教不改时，我不再恶言相向，而是和他约定每天晚上打一通热线电话，允许他偶有反复，直到他彻底改变。学生为"情"所困时，我不再向家长告状，而是用QQ长聊，站在学生的一边为他考虑。学生废话连篇、纪律散漫时，我不再简单罚站责备，而是制作“三色卡”予以提醒教育。当我发现以发展的眼光去看待学生，用包容的心态对待学生，用孩子的心理去揣度学生后，教育就会发生神奇的改变。学会了等待，拥有“花苞心态”，学生才不会“逃离”。

学会公平，培育大爱智慧

如果说小勇的“逃离”源于我的无知和急功近利，那么小慧的逃离则是因为受不了我的宠爱。

小慧是我们班的学习委员，聪明伶俐、长相甜美，德智体美劳全面发展，琴棋书画样样都会，这样的学生怎能不令我欣赏喜爱？于是，我把班级的大小事务都交给了她，也把很多赞美和荣誉给了她，还推荐她参加了市县的许多活动，这些活动往往名额很少，很多学生可能三年都轮不到一次。我觉得，小慧在这个班级里一定会非常开心，也一定会对我感恩戴德。可是，有一天上午，她居然没来上课，也不在家里，我和家长最后在海边找到了她，这才知道了她想辍学，想逃离这个班级，逃离我。

原来，因为我对她的偏爱，使得她在班级成了“孤家寡人”。她经常受到同学们的讽刺和挖苦，也失去了许多朋友。昨天放学，她收到了一封没有署名的来信，指责她抢走了老师全部的爱，是全班的公敌。这封匿名信让她知道了集体和她彻底对立，这就是她不想来上学的原因。

知道事情的来龙去脉后，我扪心自问，难道我不关心其他学生，眼里只有小慧？答案是否定的，我每天忙忙碌碌，操心班级大大小小的事情，关心学生的学习和思想，自认为是一名负责的班主任。只是我的思想中还有陈旧的学生观，潜意识里偏爱成绩优秀的学生，导致我的爱的阳光播撒得不够均匀，给每个学生的爱不够等同。重视了个别，而忽视了整体。对小慧的偏爱，不仅没有激励她奋发向上，反而带给她无尽的烦恼，同时也伤害了其他学生，降低了自己在学生心目中的威望，真是得不偿失！看来，爱的智慧博大精深，爱的最根本原则是公平。

公平就要求班主任应坚持“一种标准”。在处理班级事务时，尤其是奖惩方面，对学生应使用一种标准，一碗水端平，不厚此薄彼，把每一个学生看作自己的孩子。作为班主任，应该运用不同的方法、手段帮助每个学生获得成功。

懂得了公平的重要性后，我在班级管理上处处注重细节，不再让学生有不公正的感觉。排座位时按照高矮排，不因家长或学生要求而随意调换座位。班级评优评先都通过学生民主评议产生。班级活动中，把更多赞赏的目光投给那些后进学生。人人来当值日班长，每次活动先让大家毛遂自荐，家访走进每个学生家中。我的改变让学生感受到了老师的真诚和公平，渐渐地，学生不再孤立小慧，也不在背后议论我，班级又恢复了昔日的和谐温馨。

感谢小慧的这次“逃离”，让我懂得了爱学生的真谛，懂得了公平的力量。

学会借力，创新育人艺术

这一次“逃离”的主角是我。

十多年前，我开始厌倦班主任工作，并尝试去校长室沟通，几次徘徊在校长办公室的门口，几番犹豫，最终还是舍不得这工作就没有进去。确实，工作太累，什么都要管，大到学生的学习、习惯、情感，小到穿着打扮，事无巨细，都要一一过问，差不多是个全方位的“高级保姆”。同时高强度的透支，不仅使我身心俱疲，也没有时间去学习思考自己专业成长的方向和途径。但是班主任又不能不当，怎么办？唯一的办法就是改变原来的工作方式，“逃离”保姆式的管理方式，借助他人的力量齐心协力建设班集体。那么，借谁的力最好呢？

有一种动物给了我启示：章鱼，又称石居、八爪鱼。章鱼有 8 个感觉灵敏的腕足，腕足上有许多吸盘，每条触腕上约有 300 多个吸盘，每个吸盘的拉力为 100 克。想想看，无论谁被它的触腕缠住，都是难以脱身的。这让我联想到我们的班级：班级里有 8 个小组，就好像是 8 个感觉灵敏的腕足，小组的学生好比是吸盘，只要每个吸盘都发挥作用，就能形成一个团结向上的、强有力的集体。章鱼的力量不是来自头脑，而是来自每个吸盘。同样的，优秀班集体的形成主要不是靠班主任，而是要依靠学生。

青春期孩子的身心发育迅猛，与父母和老师的距离增大，与同伴的互相吸引却增加。他们往往厌烦师长的教导，却对好伙伴的劝导言听计从。所以，借学生的力是最佳策略，完全可以依靠同伴的力量给学生以影响。学生在同伴的互相影响下可以共同成长，获得双赢。正是在这样的想法下，我探索并实践了“生生相长”的班级管理模式。

我别出心裁地设计了“同桌节”活动，融洽“邻居”关系。初一新生刚入校时，由于彼此不熟悉，加上部分学生比较自私，许多学生向我提出了换座位的要求。我没有批评他们，而是设计了“同桌节”活动，让学生在与同桌互赠礼物、互相赞美中增进了解，融洽感情。

我精心组建“雁行小队”，遏止两极分化。初二学生由于功课增多、难度增大，而学生的身心发育较快，缺乏必要的心理准备和生活常识，部分学生在短时间内放松学习，学习成绩由优秀变为一般，由一般滑为落后，产生明显的两极分化现象。我借鉴“雁行理论”，组建“雁行小队”，在小队“飞行”过程中相互协助，结对助学，防止学困生脱队。同时，伙伴之间勤于鼓励，激发高绩效表现。

我巧用异性效应，评选“魅力男女”。我认为青春期的孩子会产生许多困惑，与其逃避、隐讳，不如把青春期男女之间朦胧的感情引到阳光下，充分利用异性的互相评价，引导学生更好地完善自己的人格。我让学生用一周时间去发现身边一位异性同学的优点，然后开展了评选“魅力男女”的活动，以无记名投票的形式评选出了班级十大“魅力男生”“魅力女生”，激发学生内在的向善进取愿望。这样的教育育人无形，润物无声，富有诗意。

花苞心态，学会等待，这是我追求的理性包容的心态；有教无类，学会公平，这是我追求的师爱的真谛；巧妙借力，生生相长，这是我实践的教育智慧。教师要真正成为“引路人”，就必须要有这样的心态和智慧。

有人说：教师的生命是一个长长的句子，艰辛是定语，耐心是状语，清贫是补语。其实这句话只说对了一半。因为，对于一名把教师职业当作事业的教师来讲，教育并不是牺牲，而是享受；教育并不是重复，而是创造。这样的境界，我一直在追求。我期待自己就像百合，展开是一朵花，凝聚是一枚果！不再逃离，坚定信念，做“有理想信念、有道德情操、有扎实学识、有仁爱之心”的“四有”好老师。

以评赋能，
育人育己。

朱瑶，浙江省学前特级教师、正高级教师。教育学硕士。浙师大杭州幼儿师范学院附属幼儿园原园长、幼教集团教科研主任，现任浙江师范大学幼教集团研究员。幼儿评价相关研究项目获 2018 年国家级基础教学成果二等奖，2016 年、2007 年分别两次获浙江省基础教育一等奖。2018 年 5 月 13 日，《中国教育报》整版介绍了该研究成果。公开发表论文 80 多篇，著有《故事在主题和评价中开始》《幼儿教师如何打造高 EQ 宝宝》《筑起孩子需要的环境》《游戏牌》《半小时妈妈》等图书。

评价，是“花”不是“刺”

朱　瑶

30多年来与幼儿园的孩子、老师们在一起，我深感科学育儿的重要性。每个孩子都是独立的个体，都值得珍惜；每位老师都需要历练自己的专业，才能更好地助推孩子们健康成长。

我常常会去班级里观察孩子，会看见每个不一样的孩子，很多孩子会给我留下深刻印象。同时，我发现评价非常有力量，正向的评价能给孩子积极赋能，负向的评价能刺伤孩子，打压孩子的学习热情和自尊自信。所以，我希望通过评价帮助孩子形成努力的发展观，将正面、积极的评价态度贯穿在生活游戏中，学习归因方法，进行自评和他评，增强自我效能感，使孩子在“以评赋能”的体验中成长。我也希望帮助教师提高评价能力，看到孩子的多面性、发展性和可塑性，转变我们的儿童观、评价观和教育观，让评价是“花”不是“刺”，温暖孩子的心，调动孩子的内驱力，面对挑战不惧困难，助推孩子的个别化成长。

“黑白女孩”变成“彩色女孩”

当我第一次进入中五班观察时，就发现了怯怯不安的她。她总是比别人慢半拍，活动的参与度低，看人的眼神也总是躲躲闪闪的，在班级几乎听不到她的声音，非常退缩和不自信。

全班写生活动，她总是拿一只黑色的笔，涂来涂去，把纸涂出一个黑窟窿，用手把黑窟窿盖起来，不让别人看。活动后，我就向带班教师、保育员、同伴、家长多角度了解孩子的情况。老师介绍，她是全班年龄最小的，口齿不清，不敢主动开口交流，小朋友说听不懂她的话，同伴地位很低；保育员介绍，她大小便经常失禁，常常要提醒她上厕所，一不小心就解在裤子上；家长介绍，生娃过程中不顺，可能对孩子有点伤害，在家里很爱说话，家长能大致听懂她的话；孩子们说，她不能干的，跟她不好玩。通过各方面的信息汇总和自己的观察，我发现这孩子发展滞后，所以很自卑，不敢说、不敢做，遇事都是往后退、放弃。

如何培养她的自尊、自信？很多教师会觉得“自尊自信”很虚，没有抓手，很难有具体的措施，不知道该怎么做。我认为一个人的自尊自信往往来自自评和他评。是否能借助评价帮助“黑白女孩”？

基于此，我跟班上老师商议，专门为她制订了方案：一是借助非正式评价助推孩子，让她强大起来，有往前冲的能量；二是借助同伴互评互学，让大家看到她的存在、她的进步，也让她在班里有话语权；三是借助作品取样评价，归因闪光点，从美学经验、学习品质和心理弹性三个角度赞美作品，提高她的自尊自信。

非正式评价会采用语言、表情、动作、回应、互动、展示等方式，给予孩子肯定与鼓励。我进班就坐在她身边，首先记下她的一举一动，念给她听。“我看见你笑眯眯地看着我，我很高兴。”“我看见你边看花瓶边画画，一定看到很多东西，真好！”读给她听时，她全身靠在我身上，很享受，眼睛一直看着我，听得很认真。我用微笑赞许她，拉近了我们之间的距离。这是非正式评价的力量。接着，我采用了同伴评价，借助同伴平行游戏进行互学。我在她耳边说悄悄话：“你看到佳佳在干吗？好像很好玩。”她就走过去了，看见佳佳在用棉签上色，她也试起来。我在边上有意识地自言自语，其实是说给她听：“用棉签画画也很有趣啊！”她开始用棉签蘸颜色画画了。我看到她与同伴平行游戏时，慢慢放轻松了，敢去尝试新材料，迈开了用颜色的第一步。同伴也关注她，给她赞美：“你的画有颜色了，给你点赞。”作品出来后，我和老师马上评价：“你的花瓶色彩很丰富，我喜欢！”“你观察得真仔细，画面上有花和花瓶。”“你画的时候心情很好，让我也很高兴。”教师和同伴的鼓励给了她力量，她在班里越来越能放开了，慢慢爱上了画画。一段时间下来，她在画画时开始“发光”，成了班里大家喜爱的“小画家”，她也会对自己的作品进行自评自夸：“我画的菠萝刺像真的凸出来似的。”“我还看到菠萝的阴影。”评价语言也越来越丰富，也敢在大家面前说话了。幼儿园还专门给她开了画展，她在画展时大胆地向别人介绍自己的作品，自信满满，“黑白女孩”真正变成了“彩色女孩”。

“情绪失控娃”的转变

由于先天遗传和后天养育方式不正确，现在出现很多的“情绪失控娃”。他们一发脾气会在班里大喊大叫，有时会打人骂人宣泄，有时还会破坏同伴的作品。情绪表达方式不恰当，往往指向他人和环境，造成很多孩子会远离“情绪失控娃”，不跟他玩，不跟他做朋友。他们被排斥，在园的幸福感就会下降。

一天，大班的周周来找我，说：“园长妈妈，我心情不好，因为小朋友不跟我玩。”“为什么?”他说：“我有时生气了会骂他们，打他们。”我了解情况后，就进班观察周周。我看到：排队不让他做第一个，他就用脚踢老师；不让他一起玩积木，就把别人的积木推倒；不请他第一个发言，他就大声说出答案。我还发现他食欲非常旺盛，5 分钟两碗饭就下肚了，老师提醒他慢慢吃，他根本控制不了自己的行为。小朋友跟我说，他只有一个优点：“就是吃饭很快、很多。”怪不得周周是个小胖墩。这是优点吗? 旁边小朋友插话：“有时他会把班里喜欢的菜都吃光，不留给大家，我们就很烦他。”

几天的观察，教师、孩子的反馈，让我发现周周的问题主要出在情绪管理上。他对自己情绪的识别、表达和调控能力都较差，情绪上来就像“魔鬼”，大家都躲着他。如何引导孩子在情绪上自我觉知、自我调整、自我管理? 我国情感教育专家朱小蔓老师说过：几乎所有的儿童都可能发展出好的情感品质和能力，其优劣高低主要是后天教育方式和自我修养程度造成的。

周周智商非常高，在小托班时他就显现出明显的智力优势，常常出点子带着小朋友玩游戏，很多孩子会跟着他、服从他。但后来他越来越自我膨胀，觉得自己很能干，就一定要小朋友都听他的。中大班后，其他小朋友也强大起来了，有时不听他的，提出异议，就会受到周周的打骂，他的脾气也变得越来越大。

在观察周周的过程中，我先跟他建立友好的朋友关系。他会跟我说心里话，

会在我这里撒娇,会在我这里谈条件等。我看时机成熟了,就跟他一起商议,一起约定,制定了以下的干预计划:

引导周周看图识别情绪,对自己的情绪进行自评。

1. 评估自己的情绪性质,如喜、怒、哀、恐,引导他用情绪词汇表达出来。

2. 识别自己的情绪强度,如用情绪气球来游戏化表达当下情绪的强度。1、2、3、4、5 级,5 级是爆炸程度,需要离开现场。

3. 评估自己情绪的比例,引导周周画画自己的正面情绪和负面情绪所占的比例。

用图示帮助孩子识别自己情绪的性质、强度及消极情绪所占的比例,实际是让周周对情绪进行定性和定量分析,判断自己情绪的状态,明确自己更多处在什么样的状态中。图示生动有趣,带有游戏性,孩子也很愿意参与,这对感知自己和他人的情绪、对身边的人与事都极有好处。

帮助周周在一定情境下作出判断,选择适当的语言、动作和表情来表达自己的情绪,并学习换位思考,顾及他人的感受。

周周对自己喜欢的菜没办法控制,我们便从吃饭环节介入。周周跟我说,看到鸡翅真想一个人都把它吃下去,所以他要很快吃完,等多出来的鸡翅一个人都把它吃了,老师和小朋友提醒他,留点给其他小朋友,他就会生气,有一次还宁可把鸡翅倒在地上也不让别人吃。我就用图画出他那天的表现和小朋友们的生气,提高周周的认知:其他小朋友也很生气,但他们没有这么做,为什么?因为我们是一个集体,要顾及很多人,需要大家互相控制、互相包容、互相体谅。我和周周就商议从吃饭环节开始:从控制吃饭的速度入手,用沙漏控制他吃饭的时间,从 5 分钟内到 10 分钟再到 15 分钟吃完,让他慢慢吃;学习倾听他人善意的提醒,耐心接收;控制食量,让他学会顾及他人,征求别人的同意后,才能吃多出来的菜。学习等一等、忍一忍,慢慢控制欲望,恰当表达自己的情绪。

自评情绪状态,选择合适的情绪调控方法来缓解。

1. 画情绪事件。我们通过学习用画画方式回溯周周情绪事件。画画的过程就是孩子缓解的过程,可以从孩子的画中了解到孩子的情绪变化及事件引发情绪的缘由。

2. 找自己喜欢的人诉说。我跟周周约定：当你发现自己生气的时候，可以找人诉说。我们一起列出了很多他认为可以诉说的对象，很高兴的是他把我列为了第一个最想倾诉的对象。他经常在情绪波动的时候来找我，诉说中我发现周周慢慢变化了，情绪上来后他也有办法控制了。

3. 运动可以缓解负面情绪。我和周周的另一个约定是，生气的时候周周可以选择去操场上跑2圈，单脚独立数数到50，或双脚跳30下，再评估一下情绪，还没好时可以选择其他让自己心情好起来的方法。

4. 安静游戏降低情绪强度。例如，周周去安静的角落，躺着闭上眼睛，把娃娃放在肚子上，感受一下肚子上的娃娃有没有起伏。

5. 用积极的语言、动作、表情等暗示来调节情绪。周周生气的时候学会说："不要生气，生气是没用的。"想打人骂人的时候学会说："等一等，忍一忍。"还可以用手势、肢体等动作，用微笑、表情等给予自己积极的正面暗示，在控制不住时，用仪式感的方式提醒自己，管住自己，来调节自己的情绪。

6. 老师阶段性地跟周周一起评估执行效果。这很重要，其实是对孩子情绪方法的正强化，给予心理上的鼓励。注重描述事件的过程，给予努力肯定，归因式表扬；与周周一起用图文并茂的形式进行记录；用拥抱、微笑、手势等非正式评价方式进行互动等。阶段性的效果评估，给周周肯定与鼓励，使他慢慢知道，情绪可以评估、控制，情绪来了要顾及他人的感受。

一段时间下来，周周发生了很大的变化，情绪来临时，会冷静，会自评情绪状态，会使用情绪调控的方法。不仅在幼儿园，家长都反映周周在家的变化明显，还会教父母控制情绪的方法。他不再是乱发脾气、无法宣泄自己内心怒火，只能指向他人和环境的周周啦！

当然，情绪管理不是一天两天就成功的，需要坚持不懈，家园多方支持，使孩子知道一些自评情绪的方法，使孩子们都能做情绪的主人，较好地、独立地应对各种情绪的出现！

精准评估和隐形支架助推幼儿合作能力提高

同伴合作很重要。它涉及个人与他人、团队的沟通交流与人际交往，是应对未来复杂的、不确定性的重要能力。

教师要学会评估真、假合作。我们常常会产生以下三种误区：

第一个误区是孩子在一起就是合作。如果在一起只是表面的，没有商议、共同目标、一起解决问题的过程，各玩各的，没有交集，那还只是平行游戏，不能说是合作。例如，建构区一群孩子在玩，都各自在搭房子，没有共同的主题，虽然大家在一起，也搭同样的内容，但这不是合作，只是在一起。

第二个误区是只看活动结果，不关注合作过程，以最终的活动效果作为评判合作的标准。例如，搭建城堡，各自搭房子，最后由于环境的关系连接在一起，阵容非常庞大，就以合作成功来评价。

第三个误区是合作是幼儿的事，不要介入指导。教师担心违背幼儿社会领域的体验学习特点，也对介入的时间、手法拿捏不准，因此对于指导，老师总是“评闭状态”，觉得这样是最保险的。但这样是真正尊重孩子吗？

以上三点误区都背离了我们培养幼儿良好合作能力的初衷。

教师支架助推孩子合作能力发展

首先，教师学会判断幼儿的真、假合作，非常重要。真合作具有以下几个元素：群体组建与认同；群内要确定共同目标并齐心协力完成；要有角色分工，人人都要参与；合作过程中有协商、服从等。

其次，教师需要搭建有效的支架。下面以案例来说明教师在培养幼儿合作能力过程中，如何做出正确的评价，提供有效的支架，来帮助幼儿提升合作能力。

我进大班建构区观察了两天。幼儿都很投入地在一起玩，但都是各自在建构各自的，有建构房子、多米诺、大马路等，互相之间很少交流，建构的水平很一般。我先来判断有没有合作：幼儿间没有群认同，没有共同目标，也没有分工，属于没合作。怎样能很好地促进他们之间的合作？怎样使他们玩时能关注他人，有更多互动，哪怕是争执？怎样使他们想到大家是一个整体，一起合作建构会更好？大班幼儿很多时候只是进行平行游戏，那是不够的，需要教师的助推。所以在幼儿们各自搭房子时，我就把带有数字符号的卡片悄悄地分别放到每个幼儿在搭的建筑上，出现了1、2、3、4、5、6幢有编号的房子。这时孩子们开始抬起头，互相观察，其中有一位小朋友说："我们像一群城堡，连起来吧。"他们就连起来了，有了"组"的雏形。还有一个孩子，在我提供的数字卡片上进行信息加工，做了一系列很有创意的卡片，如在牌子上写上C区代表建构区、写上建构人的学号、数字代表第几幢房子。写好后他一一放在恰当的房子上，用命名暗示这是一个群体。接下来，几个孩子就有了呼应，马上商议用多米诺将建筑群连起来，这时大家就有了共同的目标——城堡群。齐心协力，用多米诺链接时，小朋友按耐不住兴奋，边搭边说"我好紧张"，成功时，孩子们兴高采烈。我看到了同伴间有了互相关注，有了初级的合作。

第二天，我就给建构区准备了纸和笔，将建构区的小朋友汇集在一起，用思维导图的方式回溯了昨天发生的事。孩子对昨天的数字卡片印象深刻，把数字卡和小朋友做的标识拿了出来，还觉得小朋友自定的把建构区叫做C区很不错，作为群名称，初步形成了群认同，知道大家是一个团队，需要一起商量，确定目标。互动中，我给予了积极的肯定和赞许。刚巧一位小朋友从家里带来了玩具飞机，所以他们商量有了共同的目标——搭飞机场。大家一致认可，孩子们就分头搭建停机坪、隧道、休息室、巴士点、安检中心等，互相之间有了争执和协商，这是非常好的合作苗头，齐心协力为了共同的目标努力。在搭建中，我为了更好地推动他们之间的合作，特地抛问题质疑："我怎么不知道哪里是安检中心？"幼儿们就有了更多的讨论和互动，似乎有了联想，最可贵的是，他们把昨天的标识发展成标志，在原来的基础上加上了箭头来提醒客人。活动中幼儿们一次次为搭建中的进展欢呼雀跃，为大家的一起努力感到自豪。在这案例中，孩子们在隐形的支架助推下，有了真合作。我们看到了幼儿间的沟通合作，发现问题解决问题，看到了深度学习。

培养幼儿合作能力三步曲

第一步——形成群团队

幼儿组建群体的方式有三种：自由选择，教师指定，两者结合。这样一方面可以让同伴地位较低的幼儿进入群体，另一方面可以帮助幼儿学会在不同群体中进行合作。教师根据需要选择合适的成群方式。营造认同的群文化，让幼儿以群为单位，一起快乐地游戏，感受群体游戏的愉悦，可以通过建立群的标志、口号、队名形成对群体的文化认同，也可以通过竞赛活动、轮流介绍、合作表演节目，体验群体的作用。幼儿对群的认同感很重要，这是合作技能运用的基础。

第二步——合作必要元素

首先群内要确定共同目标；其次要有角色分工，人人都要参与；再次是合作完成，有轮流合作，协同合作，都是为了完成共同的目标。要让群里的每位幼儿都明确合作程序，有助于提高合作水平。

第三步——合作技能运用

首先是协商。大家主意很多，听谁的？一开始幼儿会你争我夺，谁也不肯放弃自己的想法，这时教师就要引导幼儿学会协商，允许幼儿发表自己的意见，但要让群内同伴认可，可用表决、抛骰子、贴五角星等方法商议结果。其次是服从。大家为了一个目标，一定要服从群，教师要引导幼儿学习延迟满足，等一等、忍一忍，使群的合作顺利进行。再次是齐心。大家要一起努力，过程中会有幼儿放弃，不愿坚持，或出现意外受到影响，大家要一起努力互助，共同承担，一直到完成为止，使整个活动中大家都得到发展。

合作能力在人的一生中非常重要，越来越受关注，一定要从小培养。教师要学会评估真假合作，通过幼儿合作能力三步曲助推，使幼儿提高解决问题和人际交往合作能力。

以上三个案例，让我们看到评价在孩子成长过程中的作用。所以教师要有效地运用评价手段，提高自己的评价能力，教育机智就会像流水一样自然流淌出来。

评价，可以让我们看懂孩子的能力、品质、情感态度和价值观，会发现独特个体、独立思考、独特表达、独享动态的孩子，也使孩子在童年留下快乐又有意义的成长痕迹。成人应该更好地使用评价手段，评价是“花”不是“刺”，赋能于孩子，使孩子得到最大化发展！

做一名智慧型的教师

章玲，浙江省地理特级教师。1994 年毕业于杭州大学(现浙江大学)地理系，1999 年调入宁波市鄞州中学任教高中地理。曾兼任浙江省第十二届政协委员、宁波市第十四、十五届政协委员、浙江省地理学科指导委员会成员、宁波市地理兼职教研员。荣获浙江省教坛新秀、浙江省春蚕奖、浙江省优秀地理教学工作者等。积极探索课堂教学新模式，以“情境教学”为主题，初步形成独具一格的教学风格，同时积极开发校本课程，开发的“不必要的等待——绿色校园行”入选浙江省网络课程并在全省推广，“世界那么大”获宁波市精品课程。在全国中文核心期刊及省级刊物中发表论文 20 多篇。

做有智慧、有担当的地理人

章 玲

“老师,您就如纯澈、从容的秋,又时时有温暖的笑,好像秋一样的天朗气清,淡淡的笑中,牵扯着对我们的关心。”这是学生对我的评价。“长大了想成为像章老师这样的人,这是学生的愿望。希望老师注意身体,不要太累了,这是学生的希冀。”这些都是教师节学生给我的留言,厚厚的一本本留言和一颗颗的幸运星,表达了学生对我深深的爱,“章玲姐”是学生对我的爱称。每年的教师节是我最开心的日子,一张张贺卡、一条条短信,寄托了学生对我的感情。我想做老师最大的幸福就在于此吧。

从教多年,我一直思考,我们要培养什么样的孩子?未来是怎样的世界?最需要我们教的是什么能力?20年后的社会需要的是怎样的人才?我的地理课究竟能够带给学生什么?我也一直努力成为孩子们喜欢和爱戴的老师,成为他们成长道路上的引领者。

用地理的眼光去审视生活中的现象

美国教育家杜威曾说过:“学校最大的浪费是由于儿童在学校中不能完全地自由地运用他在校外获得的经验;同时,另一方面,他又不能把在学校所学的运用于日常生活。”这种把儿童当作知识容器的教育使儿童缺乏现实生活的能力,变得“恭顺,服从,小心从事”,缺乏首创精神和责任感。对此我深有同感,在我们的地理课堂中,大家更多的关注点是在高考中如何取得高分,如何让学生尽可能多的掌握相关的知识点和考点,而忽略了地理学科的终极目的和学科的价值。我在平时的教学中也深深地认识到学生最缺乏的是生活常识,我们的孩子没有感受到身边处处有地理。

我去过十多个国家,涉及亚洲、欧洲、北美洲、大洋洲四大洲,走遍祖国大好河山,用地理人的眼光去审视这个世界,用相机记录了身边的世界:特卡波小镇观星、米尔福德的峡湾、斯坦福大学的棕榈大道、波罗的海的白夜、瑞士的圣格达隧道、法国的塞纳河畔、越南的摩托、新加坡的海上钻油平台、繁忙的马六甲海峡、新疆北部的阿勒泰小镇、坝子上的丽江古城、黔西南的千户苗寨、内蒙古的呼伦贝尔大草原、繁华的维多利亚港,这一切都会在我的地理课堂上呈现。明朝画家董其昌曾说过,读万卷书,行万里路,胸中脱去尘浊,自然丘壑内营。我始终认为,读万卷书是学习、增长知识的过程,行万里路是实践、提升技能的过程。两者相辅相成缺一不可。在广袤的知识海洋里多方涉猎,渊博学识后,我们更要注重知识的发挥和使用,学、用结合才能推开人生智慧的大门。

我也深深感受到,教师对学生的影响有多大。在潜移默化中,我的学生慢慢地发生了变化。一名学生高考结束后骑着自行车从成都出发,沿着川藏线,用了将近一个月的时间骑到拉萨,行程两千多公里,然后在拉萨给我发了个短信:“老师,西藏的天空真的如您所说那么蓝!”正因为老师的一句话,这位学生有勇气在暑假里骑了整整一个月的自行车到达了拉萨。也有一名学生暑假从宁波出发去河西走廊,在飞机上俯瞰宁波的大地,看到了弯曲的甬江河道,就产生了思考:为什么甬江河道是弯曲的,河流究竟是怎么发育的?河流的凹岸和凸岸怎么辨识,与聚落和港口的分布有什么关系?他到了张掖感受到了真实的七彩丹霞,想到了课堂上丹霞地貌的形成原理。他看到了铁路两边的草方格沙障,想到了课堂上沙漠化治理中的生物措施,由此加深了对地理学科的兴趣和感性认识,并立志以后要成为一名地理老师,引领学生走进地理的美好世界。

教师不再是知识的化身,学校不应当是文化的孤岛,必须贴近生活世界,让学生学生活的知识,学生存的技能,学生命的意义,透过表面了解深层次的文化内涵,赋予其活力与生命,因喜欢地理而喜欢生活。

用地理的思维去解决现实中的问题

我们的教育其实并非为了高考。学生在职业最顶峰的时候，最需要运用一些从小到大学习的人际技能。所以今天所讲的人才，是要适应他 35 岁也就是 2040 年的社会，而不是适应 18 岁高考，这也是我一直在思考的问题。地理课的最终目的是让学生学会从地理的角度、用地理的思维方式和语言去描述、解释和思考自己生存的环境和生活中的现象和问题。

随着城市化的发展，宁波市中心很多中小学出现了入学难的问题。为什么会出现这个问题？如何缓解这个问题？我引领学生做了社会调查，从鄞州中学高一学生的户籍调查出发，以小见大地去发现问题、找出原因，进而提出缓解入学难的措施。中心城区交通拥堵日益严重，如何缓解？同学们分小组去各地进行交通流量的实地监测，结合数学建模写出了《关于城市公交系统的研究》的论文，为缓解交通拥堵提出了自己的思考和建议。

我会让每届学生看《航拍中国》，感受我国的大好河山以及其内蕴含的地理味。学生带着问题去观看视频，如新疆篇，我根据内容设计了以下的一些问题：请描述赛里木湖的形成过程；说说新疆棉花种植的优势区位，推测天山北坡峡谷的可能成因，简述伊犁河谷被称为“塞上江南”的原因，说说特克斯县八卦道路的优势，分析阿尔泰山有中国最低雪线的原因，描述哈萨克牧民转场的路线及原因，说说雪岭云杉的环境效益，分析火焰山炎热的原因，说说喀什地理位置的重要性等，或者让他们看片子自己提出问题。久而久之，孩子们养成了去哪里游玩都会仔细观察当地的地理环境并用地理的思维去思考和解决问题的习惯。孩子们在暑假的旅游过程中也会试着去思考现实生活中的地理现象并试着去解决地理问题。记得一名学生乘火车从宁波到北京，一路给我发短信，将其所见所思与我交流、共同探讨。

如果想从根本上提升地理素养，课内是无法达成的。我们更需要走进环境，体验生活，既用眼看，了解地球肌理，更用脑思，践行协调理念。只有这样才能把知与行相融合，才能用广博的知识，独到的见解哺育心灵，充实自身，回报社会，报效祖国！

学校教学能真正给予人的，绝不是现存的知识，而是忘掉知识后留下来的东西，"学以致用"才是最高境界。做有智慧的地理人，数字时代不需要记住信息，而是要学会运用重组信息，提出相应的解决问题的方法，学生是问题的设计者、探究者和解决者。

用地理的价值去强化社会责任担当

什么是教育？教育的英文是 Education，"E"是向外的意思，"decu"是引导的意思，"tion"是名词后缀，引导出来。教育应该是引导，是帮助孩子在未来的生活中更成功地寻求自己的幸福。教育应该是倾听孩子的声音，帮助他成为他自己。"教育的目标是学会做人。"教会孩子如何做人，培养孩子的健康人格，应当是教育的首要任务，也是根本目标。在教学中怎么利用地理的价值去强化社会责任担当也是我一直思考的问题。

地理学是研究地理环境以及人类活动与地理环境关系的科学，对于解决当代人口、资源、环境和发展问题，建设美丽中国，维护全球生态安全具有重要作用。地理学科蕴含丰富的德育资源，如何挖掘学科德育内涵和育人价值，落实立德树人的根本任务，培养学科核心素养？如何充分发挥地理课堂教学主渠道作用，将课程中的智慧、情感、思想和人格力量，以合适的方式潜移默化地渗透到学科教学的各个环节中？

学生的主要生活环境在校园，校园是他们熟悉的场所，因此我协同学生进行了针对校园的调查活动，并编写了校本课程教材《不必要的等待——绿色校园行》。让孩子们真正理解，我们是大自然的孩子，在索取的同时要爱护她；只有一个地球，如果它被破坏了，我们别无去处。若我们每一个公民都能从自己身边做起，每一个学生都能从绿色校园做起，我们的世界可以重回崇山峻岭、茂林修竹、清流激湍、世外桃源的意境。课程中结合学生校园生活中的衣食住行以及身边的能源资源问题进行调查审计及宣传活动，例如，学校能源调查，对能源问题的思考，如何从身边做起节约用电；学校师生交通方式调查，探讨交通与气候变化之间的关系；学校垃圾产生状况及分类状况调查、食品垃圾产生的情况；学校水资源审计活动，探查校园水浪费现象并绘制图表分析数据，思考节约水资源计划，学校可以如何节水？从学校层面、个人层面提出合理可行的措施。实践活动使学生理解人与自然、社会的关系，具有尊重自然、人要与自然和谐共处的意识、环境道德的意识、资源道德的意识、全球意识和可持续发展的意识，认识到走可持续发展之路是人类的必然选择，并初步认识到个人在可持续发展中应具备的态度和责任，同时落实在个人行为的变化上，成为具有正确资源观、环境观的公民。

做有担当的地理人。数字时代不缺乏知识，不缺乏智慧，更重要的是要有社会的责任，要有正确的人地观、价值观，基于自身的经验反思对自然、社会、自我意义的重新发现，教育的活动中有“心”的成分。

援加特教法来教学
做学术研究型教师

虞金龙，浙江省数学特级教师、正高级教师。浙江师范大学等高校兼职教授、硕士生导师，浙江省“虞金龙名师工作室”主持人，绍兴市名师、高层次人才、数学学科带头人，全国数学竞赛优秀教练，新加坡南洋理工大学和英国名校访问学者。参加高考命题及浙江省作业本编写，开发省市级精品课程、省级微课程多个，主持省市级课题 10 项，参与全国重点课题 3 项，完成全国基教网 2015“学科名师谈教学”系列课程研发。曾入选《中学数学》等全国中文核心期刊封面人物，在省级及全国中文核心刊物发表论文 300 多篇，出版《教学的感悟》《平面几何》等多部图书。

每个人都了不起：关注学生的个性发展

虞金龙

我感念，在路上播撒光明的每一个热忱的人，譬如我的父亲，因着他是教师的缘故，我从小就立志当一名好老师。高中毕业后，所有高考志愿我都填报了师范专业。1988 年 8 月，我走上了三尺讲台，30 多年来，我脚踏实地工作，尝到了当一名教师的酸、甜、苦、辣，我初衷未改，信念更坚。我由一名毛头小伙蜕变为一名勇立课改潮头的正教授级的数学特级教师，在成为一名学术型教师的道路上不断求索。我也致敬，向每一名奋斗的学生。我一直认为：每个人的经历都是一部独特的、无法复制的历史，都像浩瀚星河里的星星，都有自己的轨迹和故事。每个学生都了不起，每个灵魂都是独特的。

我要坐第四排

“我要坐第四排!”我顺着声音抬眼看去，这不是我刚任命的班级团支书劳同学吗？她是一名清秀文静、个子高高的女学生。这天是我刚刚接手高一(3)班，我正在给学生调坐位，听到声音，立马接上话茬，说：“可以啊！谁想坐第几排，谁想和谁坐一起，都可以告诉虞老师，我尽量满足大家的要求，但有一条，如果发现某两位同学坐一起经常讲空话，只好马上调开。”我当时自认这样说还比较有水平，但心里还是有点小埋怨，“你私下和我说，或者提前说多好，作为一名团支书，骤然提这样的要求，同学们会怎么看你?”事后，我跟劳同学进行了沟通。她说，她只是因为个子高，怕坐在最后一排而影响学习，没考虑更多就发表见解，这是欠妥当的。我肯定了她好学的想法，鼓励她努力学习，争取考上理想大学。

在确定班级团支书之前，我深思熟虑了一番，了解到劳同学的母亲身体一直欠佳，父亲非常顾家，经常兼双份工作来支付药费及家庭开支。虽家庭经济比较困难，但父母没有放松对孩子的培养。劳同学从小懂事，学习用功。选这样的学生当班长担心影响她的学习，因为班长相对协助管理班级事务多一点，而团支书的工作相对灵活一些，既可以锻炼她的能力，又能保证她的学习时间，当然关键是我看到了她学习方面的潜力。通过这件事，劳同学的行为从幼稚逐渐变得周到。半年后，她不仅学习上进步较大，思想上也成熟不少，有时还能帮助我做一些同学的思想工作。她偏爱文科，特别是地理、历史经常考满分，后来如愿从文，我还是一如既往地关心和帮助她，不仅帮她申请助学金，又资助了她近半年。

周边老师常说："虞老师带班有一套独特的管理办法，无论怎么难管的班级，一经接手，学生往往都特别服'管'！"这与我平时下的"苦功"有很大的联系。我相信其身正，不令而行，其身不正，虽令不从。纵使风云变幻，终究不离其综，如冬季锻炼，我总是先于学生到达操场，学生自然就不会迟到了。我认为，要当好一名班主任，首先要做个好学生。对学生无微不至的关心也是学生敬服我的原因之一。有的学生身体不好要吃中药，我常帮学生煎中药。有的学生经济条件比较困难，我也多次资助，帮他们圆梦。

爱出者爱返，福往者福来。每逢节日，我都会收到众多学生的贺卡与短信，学校也曾多次收到我的学生家长写来的感谢信。捧读那些温暖的文字，我倍感工作快乐与富足。渡人，亦是渡己。

你不能搞竞赛

季同学进入我班时，成绩是倒数的，让人瞠目结舌的是，他高中毕业考上了北京大学。

绍兴市区第一次拆、扩、并，东湖中学归绍兴一中招生，季同学就是东湖中学很少几个进入一中的学生中的一位。进入我班时，他的英语成绩全班倒数，总分也倒数。高一新学期开学两周后的一天中午,季同学突然跑来说:“虞老师,我想当数学课代表,我想参加数学竞赛辅导!”看到这男孩说出温和又坚定的话语,我问他这么想的理由。他笃定地说:“听了虞老师您半个月的课后,我对数学特别感兴趣,希望老师考虑一下我。”我一直坚信,生活能治愈的,是愿意好起来的人,学习也是如此。我问他在初中是否参加过竞赛辅导,他回答说没有。我一直在辅导数学竞赛,知道竞赛有一定的风险。我说:“当数学课代表可以考虑,但你不能搞竞赛!什么时候你英语成绩上去了,你就参加竞赛辅导!”一诺千金,季同学当了数学课代表。他非常欣喜,不仅工作认真,数学成绩稳定,英语成绩竟也突飞猛进。与一棵枝繁叶茂的参天大树相比,一粒微小种子是真正隐者,当种子经过呵护与灌溉,我不能不被生命的拔节所感动。我至今仍然常在沉思,不知湖畔那群种子中又有哪一颗成了小树,至少,我知道有不少已经长成,也在我的心之峡谷里蔚然成荫,教会我敬畏兴趣、敬畏信心、敬畏生命。

高二结束时,我告诉他:“季同学,这个暑假,虞老师就指导你数学竞赛,这本唐立华老师主编的《奥赛兵法》,你去看,不懂我教你!”不愤不启,不悱不发,一个暑假下来,季同学的数学竞赛水平大有长进。世上的事,只要肯用心去学,没有一件是太晚的。每个人都有自己的发展时区。在10月份举行的全国联赛中,季同学获得全国一等奖(浙江赛区第18名),高三时,他更加发愤,成绩更上一层楼,通过自主招生,达到北京大学分数线被录取。

朱熹说:“圣贤施教,各因其材,小以小成,大以大成,无弃人也。”因材施教,要求教师不端架子,深入细致地研究和了解学生,弄清每个学生的兴趣、爱好、性格特点、学习态度、知识基础、健康状况以及家庭、社会背景等,对学生典型作重点的个案研究,然后由点到面逐步推进,使学生充分发展个人的潜在能力和特长。同时照顾每个人的情绪,让对方感到和风般舒服。如季同学,要给予热情关怀和照顾,深入研究他的心理活动特点,从实际出发,完善“私人订制”。在这个过程中,学生不断地发现自身的潜能,获得一种不断超越自我的快乐,而一直支持快乐学习的动力就是兴趣了。子曰:“知之者不如好之者,好之者不如乐之者,诚如是也。”

我想考上北大

“我想考上北大。”这是王同学和俞同学从小的梦想,这两位都是我的学生,一个签订“父子协议”,一个“咬定几句有用书”,因为参加全国数学联赛双双进入冬令营而被提前保送北京大学。

王同学,从小家庭条件较好。他父亲告诉我:“儿子想要做的事,只要有他的正当理由,我从不干涉,何况他花的是自己挣来的钱。”从小学起,王同学的父亲便与儿子签订了一份“父子协议”。协议规定,儿子在校学习期间,父亲只负责儿子吃、穿、住的费用,至于学费、零花钱等其他开支必须由儿子通过学习成绩的不断进步而获得。为此,王同学的父亲制定了一系列奖励标准,如单科成绩获得 95 分以上奖励 100 元,全班综合成绩第三名以上奖励 200 元,全校年级排行第一奖励 500 元,等等。协议同时规定,儿子获得的所有奖学金以及压岁钱等收入须入个人专门账户,每月所有开支报账,说明用处。当然,儿子考砸了,父亲帮助其分析原因、亡羊补牢外,奖罚分明,将从其账户上扣除一定数额的钱款。“父子协议”签订后,王同学忧患意识大增,能自制方能做自己的主人。不论何时起床,他醒来后总会拥有 1 个小时左右的时间。这 1 个小时左右的起床后时间为一天其余的时间奠定了基础。它的意义是利用清晨去完成最重要的事情,再将这种“胜利”带入随后的工作中去。早上做了许多事,那么下午就是加分时间了。王同学以优异成绩考入绍兴一中。

俞同学出生在单亲家庭。自 7 岁起,他便和母亲一起生活,性格有些内向,不太说话,爱好体育。谈起对孩子的教育,俞同学的母亲坦诚地说,尽管对儿子报以很大的期望,对他的学习管得很严,但平时除了照顾儿子生活外,很少干涉儿子的学习。儿子其实有点“懒”,生活规律上,他每天 6 点半才起床,晚上 10 点睡觉,平时休息日电视照看，足球照踢，但时间绝不长，即便临近高考也是这样。俞同学上课注意力集中，脑子灵活，从不缺课，善于研究问题，懂得如何提高在校时间的利用率。我在家访时看到，在俞同学的书房里，很少见到五花八门的课外辅导书，事实上，家里的经济状况也不允许。俞同学说，咬定几句有用书，咬定一句，受用一句。掌握好教科书上的知识，且再选上一两本真正适用的课外辅导书就足够应对高考了。书籍的辉煌殿堂对每一位有志者都敞开，谁也不必对收藏丰富望洋兴叹，因为问题不在于数量。所谓的不记得、说不出、心下若存若亡，皆是不精不熟之思。读书不能仅仅停留在书本上、口头上，而必须见之于自己的实际行动，敬重知识，佐以心的教养，身体力行，并对书本材料进行“去粗取精”地加工改造，使其为我所用，形成自己的资料库，即使读过的只不过是薄薄一本，只要能融会贯通，借它山之石攻玉，也可受用无穷。

生活的理想，就是理想的生活。培养一名优秀学生，离不开学校、家长和社会三方共同努力。贯穿在三年的教学中，我时常是这样做的：第一年激发兴趣打基础，第二年扎实能力培养，第三年重视应试技巧，及早安排，及早落实。学生常说：“虞老师真的比班主任都了解我。”我经常买大量的专业书籍送给学生。每次全国联赛前，为了进行正规的模拟训练，每次都要考到中午 12 点，学生吃饭成问题，我都自掏腰包帮 30 多个学生准备好可口的饭菜。我用“家校联系法”“情感教学法”辅导数学竞赛取得了明显效果。

你可以考特长生

“加油！加油！”运动场上一片欢呼，我们班的马同学在跑道上正以惊人的速度冲向 3000 米的终点，斩获第一名并破校运会记录。

马同学是我班的体育委员，爱好长跑。记得刚进一中时，马同学长跑不错，高一参加运动会崭露头角，学习成绩位于班级中等，光凭文化课成绩考上好的大学有点难。针对他的特点，我主动找他说：“马同学，你可以考特长生，进名校啊！”他半信半疑："我还能考名校?"于是我帮他分析了他在长跑方面的优势，告诉他只要做个有心人，坚持长跑，既锻炼了身体，又可以参加高三特长生考试，一举两得。人生没有白走的路，每一步都将在某个时间点成为一种力量，助力走得更踏实更坚定，而唯有热爱，方能去向热气腾腾的未来。藏进鞋子的速度，尚在沉睡的梦想何不早日将它唤醒?

以后的日子里，马同学学习更刻苦了，天天坚持长跑训练。一日又一日的投入，一旦节奏得以设定，其余问题便迎刃而解。跑步之于马同学，不独是有益的体育锻炼，还是有效的隐喻。他每日一面跑步，一面积累参赛经验，一面将目标的横杆一点点地提高，通过超越这高度来提高自己。不驰于空想，不骛于虚声，与其敬佩别人的优秀，倒不如自己就成为那样的人。马同学终于在特长生考试时以历年来最好的成绩获得高考 20 分的加分，最后被复旦大学录取。真正爱自己，首先必须靠自己的力量，埋头于某件事中，必须靠自己的双脚，朝着高处的目标迈进。如果说人生是一次不断选择的旅程，那么千帆阅尽，最终留下的就是一片属于自己的、独一无二的风景。

事后，我也在思考，脑子里有一个非常单纯、强烈的想法支配行为时，会较易出成绩。第一，目标会非常明确，在每一次岔道口选择的时候，都会不断地选择向这个目标前进，这就是自己的潜意识在发挥作用。第二，这种强烈的意志和愿望也向四周的人散发了一种信息，我就是从马同学的特长上看到了他的潜力。也许自己还意识不到或是不了解这种力量有多大，但只要这个愿望足够强烈，并且愿意为目标付出努力，那么一定可以在领域中闯出属于自己的一片天地。

儿童心理学家认为，梦想是孩子自我形象的理想化。鼓励学生追梦，学生会产生强劲的内驱力，面对困难也会主动想办法去克服。梦想能使人在学习、工作过程中创造不辍，并获得愉悦的情感体验。在学习中要引导学生确立自己的目标。确立目标时不能定得太遥远、不能太简单，也不能太难。例如，数学成绩很好的学生，帮助他确立的目标应该是争取考第一名或者竞赛获奖，以赛促学。而对学困生,目标从每一节课、每一次作业中来确立:认真搞清楚每一节课学习的内容,作业能及时订正,把作业做正确。目标应该符合学生的实际,让学生跳一跳能够得到。

"教育不能没有感情,没有爱的教育,就是如同池塘里没有水一样,不称其为池塘,没有情感,没有爱,也就没有教育。"我把中国近代教育家(也是我们绍兴一中的杰出校友)夏丏尊的话作为结尾。每个人都了不起!每个人都是主角!

做学生喜欢的老师
上学生喜欢的课

袁优红，浙江省小学科学特级教师、正高级教师。任教于舟山绿城育华(国际)学校，兼任浙江省基础教育课程改革专业指导委员会小学科学组成员、中小学教材学科审查委员会成员、小学科学学会常务理事、省市名师工作室导师。曾获全国优质课一等奖，全国第二届中小学公开课电视展示活动特等奖。辅导学生科技实践活动获全国研究性学习一等奖。专著有《小学科学有效性教学策略探究——上学生喜欢的科学课》《新课程背景下小学科学有效教学》等，主编《智慧课堂——教学行动研究的探索》《课堂问道——有效教学的探索与实践》等，多篇论文在期刊上公开发表，多次在省市级上公开课、作讲座。

做学生喜欢的老师

袁优红

“做学生喜欢的老师”，这是我对教育教学朴素的描述，也是发自内心的教学追求。一位教师的快乐，莫过于学生喜欢我，兴趣盎然地愿意接受我的教学。在27年的教学实践中，我不断学习教育教学、儿童认知理论，长期实践于教学第一线，注重理论与教学实践相结合，从大量的教学原型中发现问题，寻求解决问题的最佳方法，吸取纯粹的经验。然后，我提取其中最能体现一般教学规律的经验，再构建有序的经验系统，形成自己独特的教学艺术风格：构建学生全面参与、主动探究的、简约真实的“活动化”教学。教学为学生的所想所急服务，为学生的心智自由发展而教，实现核心素养的发展。

从以前的自然课发展到现在的科学课，课程在不断变革。结合国际课程改革发展趋势和特点，从理论上讲，促进学科融合，发展学生综合素养是课堂之根本追求。而从外在或情感上判断，学生全身心参与投入到学习活动，亲历像科学家那样的科学探究全过程，并让这样的学习过程成为师生一辈子记忆时，是核心素养培养课堂的成功显现。近几年，我追求核心素养的培育，让学生成为心智自由的问题解决者，让自己从“教学者”转化为“有素养的教学者”。我想，只有我的教学思想与理念自觉生长了，才会在学生的心田里播下素养的种子，在长期的教学实践中把科学素养“浸”出来、“润”出来。

给大山的孩子上科学课

冷冷的深秋，我第二次赴贵州省毕节市纳雍县董地乡开展教育帮扶活动。早上7:30出家门，到贵州省毕节机场已经是16:30了，出站我就感到高原地带的一阵冷意，连忙穿上外套，乘上已经接站的公务车。一路穿越云雾缭绕、绵延不断的大山，从车窗向远处眺望，绵延曲折的山峰，环绕在四周，山与山之间架起了一座座大桥，车子不断地过桥、过隧道。大概1小时后到达了纳雍县。静静的纳雍河、霓虹灯闪烁的小县城、繁忙的小吃夜宵店、高低错落依地势而建的新金海饭店，勾起我阵阵回忆。纳雍，我又来了！

第二天吃完早饭，我们就去纳雍董地乡完成送教工作。记得上一次从纳雍到董地道路高低不平，一路扬尘，出发时我就已经做好一路颠簸的思想准备。谁知，现在的马路已经大变样，一路都是水泥路面，记忆中最糟糕的路面已经平整，在山土容易滑落的地方进行了混凝土加固，路两边都装上了护栏。汽车在大山中穿行大约1小时，就到了毕节市董地中心小学。学校位于董地乡街上村长寨组，共12个班级。这是一所群山包围之中的学校，共三幢楼，像80年代的老房子，还有我们这边已经不多见的半开放厕所。

董地小学教导处黄主任已经在门岗等候，一下车就径直带我去了教室。教室只有40多平米，50多名学生已经人挨人地坐在一起了，后面三排坐满了听课教师。我与师生们见面打了招呼，为了不让学生和听课教师久等，学校校长和教导主任帮我粘了小车跑道，一起快速完成课前准备工作。

“我是袁老师，要给大家上一节科学课，猜一猜，袁老师来自哪里?”“广州、上海、江苏、湖北、福建、浙江……”学生把中国沿海发达地区的省份说了遍，大概都与他们亲戚外出打工城市有关吧。听说我是浙江的，都用一种羡慕的眼光看着我，很多孩子说自己的家长就在浙江打工，浙江是他们向往的美丽省份。

“用气球驱动小车”是我送教的课题，我知道一节课不能教给孩子多少知识，但我要让孩子懂得技术可以改造生活，技术就在我们身边，学习科学可以帮助我们解决很多问题，激发孩子学习科学的兴趣。课前准备的时候，我就给每个孩子一只气球，让他们尽情地玩一玩气球。学生的拘谨感立刻消除了，这也拉近了我们彼此的距离。上课了，我直接提问：“把气球吹大，放开后会怎样运动？运动时有什么秘密?”

学生怔住了,看来刚才他们“玩气球”时还是缺少认真的观察与思考。在我的指导下,有目的地观察气球运动的科学活动开始了。孩子们或把手放在气球口体验喷气,或把手放在气球的上部感受气球把手顶起来的力量,还有孩子试着把气球往不同的方向运动。通过充分的体验和感受后,孩子说出了气球运动时的发现和感受,从“反推力”到“反冲力”,概念的建构也水到渠成。看来全天下孩子的聪明程度都相差无几。对于科学基础不是很好的学生,我让学生获得比较丰富的直观经验作为思维支架,鼓励他们动手动脑,从直观上升到抽象概念,是非常符合学生认知规律、不错的学习路径。

我又拿出了一辆小车,提问:“现在可以完成什么挑战?”学生马上跃跃欲试要组装一辆气球小车,利用反冲力来驱动小车。“玩中学”“挑战”是每个孩子的天性,挑战任务戳中了学生的兴奋点,此时,孩子们都感到兴奋不已。充分相信学生,让学生自主探究学习是我的教学理念。我很放心地把挑战任务直接交给孩子们,学生小组相互合作,有的吹气,有的把气球绑在小车上。我穿梭在小组之间,或给成功的小组送去赞赏,或给需要帮助的小组做一些现场指导,或给小组分发一张挑战温馨提示卡助力挑战。“哇,小车开了,开啦!”10多分钟后,教室里沸腾起来,成功的同学欢呼雀跃。有些学生竟然兴奋地跑到我的面前拉我去看他们的优秀成果。在学生充分实践体验的基础上,我抓住时机,引导学生静下来思考:小车是靠什么运动起来的?小车运动起来的时候,喷气的方向和小车运动的方向的关系是怎样的?这告诉学生学习科学除了要动手实践,还需要冷静的思考与分析,才能发现更多的科学奥秘。

“怎样让气球运动得更远呢?”探究永无止境。在第一轮活动结束后,我又提出了更难的挑战任务。“气球换大一些,反冲力大,小车就会行驶得更远。”“吸管换小一些,里面的喷气持续的时间会更久一些,小车就跑得远。”“我觉得吸管大一些,喷出的气会多,小车会更远。”大家各抒己见,情绪高涨。实践出真知。科学猜想是要经过反复检验的,为了让学生进一步论证自己的想法,建立科学证据的意识,我在器材区给学生准备了各种材料。学生根据自己的设计方案领取了相应的实验器材进行测试。测试中,有些小组发现原先的设计方案存在问题,马上要求换材料,再重新设计进行调试。在走廊测试区,孩子们一遍遍测试,一次次修整小车,一阵阵欢呼,享受着挑战成功后的喜悦,久久不愿离去。

课堂终究要结束,离别在即,我与孩子们俨然成了一群有着共同兴趣的玩伴了。“袁老师,我们可以加大垫板,放两个大气球,再用大吸管,肯定会开得更远。”一些学生还是意犹未尽地想继续调整方案。为了能让孩子继续探索的心愿能实现,我当场把气球、小车等材料送给了学生,他们欢呼雀跃。“老师,我知道了!驱动小车的反冲力,也可以驱动火箭,让火箭发射升空。”孩子的心智活动达到了最高点,思路进一步打开,在科学探究中自主建构的科学概念,学生能够融会贯通,灵活地解释和应用了。“科学太有趣了,我们只要关注身边的事物,勇于去探索,科学一点都不难。”相比我刚进教室看到的学生,前后截然不同。此时的学生两眼熠熠生光,满脸的自信。“我们今后要多读一些科普书籍了!”“科技原来就在我们身边。”

孩子们七嘴八舌地谈论着自己的课堂感受,质朴地表达着自己的真情实感。慢慢地,交流基调也变得略微沉重起来。有的孩子说学校没有专职科学教师,科学课不经常上;学校没有实验室和实验器材不能做实验;这么有趣的活动还是第一次体验;科普书籍很不容易买到,能买到的也只有《十万个为什么》等最普通的科普书籍……聊着聊着,我的内心泛起了一阵阵酸楚的涟漪。

为了调解气氛,我赶紧拉着学生到操场合影。学生们一溜烟跑到了操场上一棵大树下,摆出各种姿势。“咔嚓”,我和四(2)班全体同学珍贵的遇见从此定格。

但愿我们的相遇,能在你们的心中留下点点回忆;但愿我们的相遇,能让你们感受课堂带来的那份快乐;但愿我们的相遇,能让你们学会做生活的有心人。

我与学生在项目化学习中共成长

项目化学习是在系统学科知识学习的基础上,学生基于真实情境的驱动型任务，综合运用多学科学习成就投入到自主学习、解决问题的一种综合性学习，最终形成对问题解决的文案或作品，创造出新意义。项目化学习可以促进学习者大脑的发展，知识、能力与情感态度的整合。它是以学生核心素养发展为主线，着力建设和完善的基础教育课程体系，促使学生成为心智自由、全面发展的人。

我曾经对项目化学习一知半解，却又无比执着地坚信它的美好。我始终坚信项目化学习是基于核心素养发展的学习，学生在富有挑战的情境中洞察，经历像真正工程师那样的学习。我从最初的思考"项目化学习是什么"到后来的"项目化学习应该怎么做"，再到现在的"项目化学习怎样做得更好"。这些都是我亲历项目化学习的心路历程。作为一名项目化学习草根式摸索实践的教师，我与学生共同经历了由"未知"开始的项目建设，在反复体验和摸索中让项目学习的思路变得逐渐清晰，项目学习产品变得高级起来。同时，在项目学习中感受着师生共学共进的欣喜、互勉互励共进退的情感体验。

近期，我与孩子经历的"木结构桥梁模型"搭建，更是让我在项目学习中收获着那份因项目而建立起来的、深厚而又特殊的"金刚"级别师生情，感觉像是一种教学蜕变和生命中思维与激情的绽放，留下了终生难忘的印象。

木结构桥梁模型搭建规则是要用 12 根木棒，只能用胶水黏合，在 3 小时以内搭建一个重量不超过 22 克的桥梁结构。这是学校从未开展和突破过的项目，一开始，我心中其实也不知项目能不能成功，会有怎样的结果，在实施项目中会遇到怎样的问题与困难，有太多的未知等待我们去经历。

我在学校科技社团中招募"木结构桥梁承重"项目组成员，10 位同学成为第一批先行者。根据前期项目设计的进程体系，一开始从最简单的长方形和三角形框架搭建开始。谁知看似简单的任务，一搭就出"乱子"了。学生用美工刀切割木条实在太费劲，没切几根手就发酸、发软，切割斜角的时候还担心划伤手。粘木条时，学生没把木条粘住，偏偏把自己的手粘住了。更糟糕的是，一位学生不小心把胶水溅进了眼睛，从学校医务室到医院，折腾了半天才得以平复。一个个袭来的问题令大家有些茫然无措、懊恼无比，想起来还有些后怕。大家你看我我看你，一脸的无奈，情绪有些低落，心里都觉得这个项目会中途夭折。

我抱着再去动手试试的想法到了实验室，却发现10位同学都在实验室等候了。有的继续搭建框架，有的在议论昨天发生的问题。他们看到我异常地亲热，像是迷路走失后再次相逢的“难友”。在他们的脸上，我分明看到了大家共同解决问题的自信和决心。我一阵窃喜，满满的斗志再次油然而生。我知道项目学习就要与学生一起解决一个个真实的问题。于是，我与学生梳理问题并写在黑板上，共同商讨解决方案。

“搭建框架的时候要戴好手套和护目镜，这样就不怕胶水乱溅了。”“裁剪木头用刀割太费劲，可以试试用大剪刀裁剪和砂纸磨平的方法。”一位学生一边说一边示范，为自己刚刚“发明”的轻松裁剪洋洋得意。

“胶水干得比较慢，换一种胶水试一试。”我马上拿出手机，在淘宝网上买了5种胶水，总有一种会达到理想的效果吧。

方法总比困难多，问题在大家的商议下一个个解决了。大家信心满满，又重新上阵，小组同学成为真正的学习共同体，你帮我、我帮你，非常自觉地合作起来。一节课时间，一个个结构牢固、粘合度较好的简单框架新鲜出炉了。大家举着亲手搭建的框架，十分兴奋，相互欣赏和赞美，是那么温馨和谐，我连忙用手机记录同学们成功的第一步。

有了搭建简单框架作为基础，接着我们就要向搭建桥梁承重结构进发了。项目化学习流程的核心是思维设计，我引导学生进行桥梁承重结构的图纸设计，鼓励学生从框架的大结构到小结构有序思考，再从一个小结构到一根根横杆的搭建细节思考，让每一步搭建都变得有思维含量。立体图设计要求比较高，需要放慢节奏，我把自己定位为项目学习的一员，与同学们边画边讨论，边修改，边完善。

“整个框架要搭成下面大上面小的结构，这样就比较稳固。”“三角形框架是最稳固的，因此尽量搭建比较多的三角形。”“每根斜杆搭建的时候一定要与别的斜杆相互抵住，这样的结构承重能力大，不易被压垮。”“这个桥梁结构的宽度应该是多少呢？是宽的好，还是窄一些好，需要多搭几个大大小小的框架去试验吧？”“胶水也是有重量的，框架不能超过22克，制作到最后的时候一定要注意框架重量不能超过规定重量。”

听着同学们的设计表达，我由衷地感叹学生在真实情境问题中脑洞大开的状态，还有项目化学习带给孩子们的心智自由。投入、参与、质疑交流、深度思维，这不正是我们追求的核心素养课程的目标吗？

有了图纸作为搭建的支架，搭建桥梁模型正式拉开实操序幕了。孩子们戴上护目镜、手套，俨然一个个小工匠。可是，这项目确实考验孩子的耐心和恒心，完成一个模型需要三四个小时。为了挤出搭建的时间，学生从上午开始就要提前安排一天的各项学习任务，以便省出更多时间搭建，晚自修、双休日空闲的时间都用上了。W同学熬夜制作，第二天上学眼睛明显都红肿了，看到我还使劲遮脸，不想让我发现。坚持10多天后，个别队员做了逃兵，因为项目需要更多的付出，耽误了作业，家长逼着孩子作出了暂停项目的决定。我感觉到事情不妙，在训练的当晚马上召开会议，对项目组成员这一段时间的表现进行了表扬，对脱离队伍的队员进行了点评，指出：能同时把几件事情都统筹干好的同学，其实体现了一种综合能力，这种能力是需要平时不断磨砺的，项目化学习就是很好的锻炼载体，大家的付出一定会有回报的。同时，我与学生们讨论了怎样做到项目和学习两不误的方法。此时，感觉同学们与我的心靠得更近了，满满的正能量再次升级。会议结束，我自掏腰包给坚持的学生奖励了披萨和珍珠奶茶。大家捧着珍珠奶茶，一边喝一边制作模型的场面，让我感受到了师生间彼此温暖而坚强的力量。

“老师，明天要比赛了，我准备6点来学校，再练习一会儿，你能早一些来陪我吗？”一位A同学向我提出了申请。“好呀，你6点能起来，我肯定来陪你。”我心里答应着，不过心里想当然觉得A同学肯定只是说说而已，不会遵守这个诺言的。但是，我又不能破灭A同学的那份激情，万一她真这么早来了呢？第二天我还是6点到学校，竟然发现实验室的灯已经亮着了，A同学已经在专心致志地开工了。一见面，我们来了个大大的拥抱。此时无声胜有声，这是我对她的肯定和鼓励，祝愿A同学在今天的比赛中旗开得胜。项目化学习不断迭代的产品目标，真催人奋进，让人精益求精，它让学生的探索一直在路上，让学生学会了坚持与挑战。这样的学习经历，可以有效引导学生在学习过程中形成正确的价值认同、积极的学习品质和坚毅的人格特征。同时，更加体现出教育的温度和人文情怀，将时代发展所赋予的、培养合格社会人的目标紧紧地联系在一起。

比赛现场，辅导老师不能入内，我只能在窗户外守望，可能是我们的共同探索经历让我们彼此心有灵犀，他们一次次回眸，让我无比欣慰，因为他们用眼光告诉我，他们已经不惧困难，在任务和问题面前，他们已经学会了沉着冷静、一丝不苟、坚韧不拔地去对待。

我无比淡定与坚定，因为我始终坚信他们一定会取得令人满意的成绩。其实比赛成绩已经不是那么重要，经过这次项目学习的磨砺，他们已经获得了比成绩更为珍贵的东西！

项目化学习让我们亲历体验，师生共学共成长，这样的学习经历刻骨铭心；项目化学习，激起师生之间的情感共鸣，成为心灵沟通的有效桥梁；项目化学习，让核心素养的发展落地开花，真正让学生成为心智自由的人。

热爱我的热爱
坚持我的热爱

叶海辉，浙江省体育特级教师、正高级教师。任教于浙江省玉环市坎门海都小学。曾荣获第四批国家“万人计划”教学名师、全国优秀教师、全国课改杰出教师、浙江省农村教师突出贡献奖、浙江省教科研先进个人、浙江省体育先进工作个人、浙江省首届最美退役军人、台州市劳模等荣誉称号，是《体育教学》《运动》《青少年体育》的封面人物。从教近30年，用心爱每一个学生，让每一个学生都学有所获并健康快乐成长，也明确了自己的人生目标——做一名快乐的体育老师，把快乐带给更多的人。

体育不止于运动

叶海辉

众所周知，“体育”一词有两种解释：一种是增强体质的体育运动，英文为Sport或Sports；另一种就是身体教育，英文简称是P.E，全称为Physical Education。在我国，有一部分人还简单地将“体育”理解为体育运动。其实，体育的价值远不止促进身体发育、增强体质、强健体魄的功能，更深层次价值在于培养健全人格、促进人的心理健康以及提升感知世界的能力，从而充分调动我们所有感官投入生活，使心灵和身体更和谐。因此，体育不是简单的肢体运动，而是一种身体教育，“体”字里面深藏奥妙——“体”由左边“亻”和右边“本”组成，会意为人的“身体”，也寓意以人为“本”。“一撇”显“健康体魄”，“一竖”矗“健全人格”，“文明其精神，野蛮其体魄”，让体育焕发出无限的生机与活力。

从教近30年，大部分时间我在初中度过，与青春期的初中生接触最多。初中生正值“身心巨变”时期，其中初一、初二学生尤为明显。为此，与他们接触的许许多多的事，现在都成为我的珍贵记忆和宝贵教学经验。

惩罚也温情

一天下午，初二体育课上，我安排了篮球行进间单手肩上投篮教学。在复习、纠错后，进入了运用环节，我组织学生进行三打三半场比赛，并在场地之间巡视。突然，一名学生跑到我跟前喊道：“老师，张某某和李某某打起来了！”我立即跑向出事的篮球场，见到两个学生正在互相拉扯，还伴随着争吵声：“你为什么撞我！”“我没撞你，是你撞到我了。”我赶忙上前制止，把拉扯的两个人分开。经过了解，我得知了争执的原因，双方在争抢篮板球时发生肢体冲撞，所幸没有人受伤。其实，理论上，篮球运动是不允许身体接触的比赛项目，但激烈的对抗性已成为现代篮球运动的特点和发展趋势，争抢篮板球发生肢体上的纠缠是极其常见的，这种现象在比赛中是不可避免的，不是故意为之，也没有犯规，是一种正常的篮球运动现象。

从两名学生当时的表情来看，双方都在气头上，且有情绪失控的趋势。为了不让事情复杂化、严重化，我开始琢磨如何处理这件可大可小的事。我的脑筋快速运转：罚跑、冷处理、批评、说教、写检讨等惩罚方式一一闪过，突然脑中灵光一现，闪现这样一个念头——拉手走，为何不尝试一下？于是，我说：“给你们两种选择：第一个是每人绕操场跑十圈（300 米一圈）；第二个是相互牵着手，绕操场走两圈。”最终，他们选择了后者。

两人都碍于面子，勉强扯住对方的手，开始了第一圈，边走边聊天。第二圈开始，张某某主动拉起李某某的手一起开始小跑，最后 50 米时，张某某还背起李某某，走了一会儿后，两人就肩搭肩，朝着我们走来了。我问道：“现在你们怎么看待刚刚打架的事？”他们异口同声地说：“没事了，老师！我们和解了！”“我们刚才都为了抢球才撞在一起，不是故意去撞对方，不应该动手打人。”

“刚才你们都是下意识抢球，不是故意冲撞，这也是篮球比赛的对抗特点。”我说，“老师提议你们以拥抱的方式来告别这次不愉快。”最后，在双方相互拥抱和同学们的掌声中，事情就这样完美地解决了！

这次别样的惩罚收到了意想不到的效果。惩罚作为教育的方式之一，目的是让学生朝着更好的方面发展，而不是利用教师的权威，“逼迫”他们下次不再犯错。学生出现争执时，教师的最终目的是让双方和解，并在和解的过程中重获友谊。本次惩罚与传统的惩罚相比，首先采用二选一的方法，让学生主动选择相对容易的“惩罚”。学生既能容易接受，又能让教师从容不迫地解决问题。

教育需要创新，惩罚也需要创新。说教或双方“各打五十大板”等惩罚方式，只是墨守成规和因循守旧。惩罚如果善于运用各种创新手段，会达到“四两拨千斤”的惊人效果,也印证了“教学有法、但无定法、贵在得法”这句话。教育有规律,但也要因势利导、因材施教。正视教育惩罚,善待教育惩罚,以人性化审之、以育人化导之、以新颖化引之、以温情化暖之,凸显教育惩罚的多样化与艺术化,才能更充分地发挥惩罚教育的积极作用,让惩罚变得更有意义。

我也来领罚

我们知道,体育是一门以身体练习为主要手段的课程。由于学科的特殊性,大多数时间都以室外实践为主,不像其他学科基本在室内上课。如果学生在上课铃响了之后再从教室到操场,一般要占用 3—5 分钟时间,这样就导致不能有完整的 40 分钟或 45 分钟的全课时间。为此,我的体育课堂就有了特殊的“迟到”规定:迟到 1 分钟做 10 个俯卧撑,后面每 1 分钟增加 10 个俯卧撑,封顶 100 个俯卧撑。

这项规定执行以来,总有个别学生因迟到而被罚做俯卧撑,迟到理由基本是写作业、上厕所等,甚至有几位学生是屡教屡犯,归根结底还是因为他们规矩意识和纪律意识不强,导致他们在心理上没有引起足够的重视。

而我一般都会提早 5 分钟到操场,准备、布置上课所需的器材,然后等待学生们来上课。可世事难料,没想到我也“中奖”了。一天,我正准备去操场上课,突然,校长大声叫我马上到校长室一趟,似乎有很要紧的事发生。于是我小跑前进,校长交代完相关推选上报事项后,我快速跑到操场,学生们早已站好四列横队等候老师上课。

“老师,迟到了——”一位迟到较多的男生轻轻且拉长声音说道。

我看了一下手表,回答:“是的! 同学们,老师迟到了 3 分钟。对不起,让大家久等了。”并向全班学生深深地鞠一躬,队伍安静得出奇。

“这是我第一次‘迟到’,根据之前的规定,要做 30 个俯卧撑,但作为老师,我没能以身作则,给同学们做好榜样,所以增加 20 个,共做 50 个俯卧撑。”

说完,我俯撑在地上,当着全班学生的面自罚 50 个俯卧撑。

“叶老师真的罚做了。”“老师好样的。”安静的队伍中偶尔传来几句低语声。在我做完第50个俯卧撑起立的一瞬间，全班响起了掌声。“叶老师，今后我们不迟到。”很多学生说道。

在随后的体育课里，迟到人数极少，若有迟到，多数是因为被任课老师叫去辅导等原因。

古人云：“以身教者从，以言教者讼。”教师要求学生做到的，自己必须以身作则，率先垂范，立言立行。教师的身体力行是对学生进行鲜活的诚信教育，能有效引领学生行为的自律。一些教师在制订规则的时候，只知道一味要求学生，而疏于约束自己，严重影响了教师在学生心中的形象，当然也就不利于班级教学的管理。例如，校园禁烟令推行多年，但总有一些吸烟多年的男教师在打“游击战”或“捉迷藏”，甚至个别教师当着学生的面吸烟。国家要求校园禁烟和禁止学生抽烟，教师自己却明目张胆地抽烟。一个校园，相同规定、不同做法，会导致学生言行不一的坏习惯，混淆学生对规则的认识。

我们与学生达成的“约定”或“规则”，要求学生做的时候，同样也应该对教师提出相应要求。对违反者要一视同仁，“规则”才能真正成为学生心目中的行为准则。同时也诠释了“正人先正己”的内涵，体现出的是诚信与契约精神。无规矩不成方圆，身教重于言传，要求学生做到的事，教师首先要以身示范。这样的教育才是真教育，才能入耳、入脑、入心。

“山羊”勇敢跳

山羊分腿腾越(俗称“跳山羊”)是体育教学的基本内容。它是一项借助支撑动作的跳跃项目，是一项实用性很强的技能动作与身体锻炼手段，通过学习要求学生完成助跑、踏跳、支撑腾空和落地一系列动作，对发展学生的体能与技能，增强学生的上下肢、肩带和腰腹肌力量，提高其灵敏度、协调性和控制力等素质有着积极作用。同时，山羊分腿腾越的教学，可以培养学生良好的心理素质，使其克服胆怯心理和畏难情绪，逐步树立自信心，培养勇敢、顽强、果断等意志品质，体验参与成功的快乐。

我搬出学校“封存”多年的“山羊”，大胆尝试山羊分腿腾越教学。在整个单元5课时的教学中，让我印象最深的是一位女生小A。她身高1.55米，体形匀称，在前面的单跳双落、踏跳、支撑提臀及提臀分腿练习中一切顺利，可是在保护与帮助下进行完整练习就卡住了。只见她双手支撑在山羊面上，但两脚发软，不是推山羊，就是撞山羊，经过多次的试跳，始终不敢越过山羊，眼里也泛起了泪水。于是，我让她暂停练习，问起缘由，就是害怕、畏惧心理，导致不敢用力踏起。接着，我们在场地边上一边看同学们练习，一边做起现场评论：“小A，你看小B同学，能独立完成跳山羊了，她身高没你高吧？”小A点了点头。我接着说：“体重又比你重吧？”小A又点了点头。“知道为什么吗？”小A用困惑的眼神看着我。“其实跳山羊最主要是考验一个人的勇气，有敢于挑战自己、战胜自己的信心，能力不是问题，因为你在之前的练习已经做得非常棒了。”小A露出了不好意思的微笑。“相信自己，老师亲自给你做好保护与帮助，我们一起来战胜山羊，好吗？”小A再次点了点头，并“嗯”了一声。

我前后脚站立于落地区的体操垫上，两手张开准备，小A站于5米外的起跑点，小组同学站于场地两侧，边鼓掌边大喊：“小A，加油！小A，加油！”

助跑、踏跳、支撑，我立即两手抓握小A上臂顺势上提，随即后退一步帮助小A完成腾跃山羊动作，落地一瞬间，同学们立即报以热烈的掌声，小A也露出惊喜的笑容。于是我趁热打铁，小A又在保护与帮助下完成多次跳跃，她的情绪也变得轻松，不那么紧张与害怕了。见时机成熟，我说道：“小A，接下来在老师保护下，你独立来完成跳山羊。”

我站于山羊侧前方做好保护，小A助跑、踏跳、支撑分腿，只听见“啪”的一声，小A抿着嘴坐在山羊上，两腿夹在山羊两侧。

“好样的，都能骑到山羊背上了！接下来，两手直臂支撑，积极用力推手，就可以成功了。”我鼓励道，“再来一次，加油！”

小A再次助跑、踏跳、支撑分腿，只听见“唰”的一声，小A两条大腿和臀部擦着山羊跳了过去，分腿落地。

“成功了！成功了！”掌声和欢呼声在场地上空响起，小A对着我们露出了久违的笑容，眼角滑落着的晶莹，不是眼泪，而是胜利与成功的喜悦。

初次成功，小A显得格外自信，动力十足地继续一次次跳跃。没多久，小A顺利地完成了跳跃山羊练习，并能做到并脚稳稳地落地。

“叶老师，谢谢您的鼓励与帮助，让我成功地跳过山羊。”小A向我致谢，我的心里顿时荡漾起幸福的涟漪。

从胆怯、畏惧的心理状态，一步步地努力，直到独立成功完成跳跃山羊，小A收获了自信，变得勇敢了。其实，分腿腾越山羊除了锻炼肢体灵敏度与协调性这个显性功能外，更为重要的是它的隐性功能，就是培养学生克服困难、失败、挫折的意志品质，强化肯定自我、战胜自我、超越自我的意识，这样就能获得成功。

大球齐心抛

《义务教育体育与健康课程标准（2011年版）》提倡新型的学习方式，提出体育教师要注重培养学生自主学习、合作学习和探究学习的能力，以促进学生学会学习，培养学生的创新精神和实践能力，提高并增进健康的能力。

从教以来，我坚持“以生为本，服务育人”的教育理念，积极挖掘与拓宽课程资源，不断丰富课程内容，将“阳光历奇”特色教育全面纳入教学，在体育课教学、大课间、群体活动等层面进行广泛尝试，深受广大师生的喜爱与肯定。根据八年级教学计划，我安排了“网抛大球”项目，方法是将学生均分成两队，每队学生手拉住一张3×6米安全网的四周，然后通力合作把一个瑜伽球做连续上抛，球离网至少要1米以上，否则视为调整球不计数。球落地为结束，须重新抛球开始计数。在规定的时间内，看哪队连续抛球次数最多。

在热身活动之后，我讲解了“网抛大球”的方法及要求。学生分成两队，然后布置第一个任务——看哪队先完成10个球。一声令下，学生第一次玩这个项目，早就按捺不住了，迫不及待地抛了起来，边抛边喊。只听见“1—2—咚”“1—

咚”……还没连续抛到 10 个球,大球就纷纷落地,只能反复重抛。一些学生相互指责与抱怨,用时 5 分钟仍未能连续抛到 10 个球。“滴——”我吹哨暂停了抛球。“从开始到现在,已经用时 5 分钟,两队连续抛球最高数没超过 5 个球,引人深思啊。”我故意停顿一下,“俗话说:方法总比困难多,给各队 1 分钟商量时间,找到有效的完成任务方法。”

“网要拉平。”“人要移动。”“力量不能太大,要均匀用力。”“大家要合作。”两队学生纷纷讨论起来,共同出谋划策。

“同学们都说,网要拉平、用力要均匀。若球上抛后偏离网的上方,就要将网移动到球的下方,还要团队的合作。”我接着说,“既然同学们找到了解决的方法,那让我们行动起来,共同拭目以待。开始之前我建议,各队全体队员围圈搭肩,为团队加油助威!”

学生们搭肩边跳边喊:“加油! 加油! 奥利给!”在欢呼中开始了新一轮的尝试。

“1—2—3—4—5—6—咚”“1—2—3—4—5—6—7—咚”,果然效果不一样,学生们有了明显的进步。不到 2 分钟时间,两队顺利地完成了 10 个球,学生们也随之高举手臂欢呼起来,庆贺团队的胜利。

“挑战 10 个球成功了! 我建议,同学们用最热烈的掌声送给自己及团队!”在我的倒计时下,同学们鼓起来雷鸣般的掌声。

接下来,我让学生挑战连续抛球 100 个。有了之前的经验积累,学生们信心满满,斗志旺盛。在几次失败后,两队的成绩最终分别定格在 167 个和 204 个,都大大超越了 100 个的目标数。结束时,同学们彼此热情相拥,相互祝贺。

小结时,我问大家网抛大球最重要的秘诀是什么,学生们几乎是异口同声地回答:“团结就是力量!”是啊,网抛大球,从 10 个到 100 个,再到 200 个,抛出的不仅仅是数字,更是抛出了合作,抛出了坚持。

一个优秀的团队必须具备团结、信任与协作精神。只有集体凝心聚力,才能形成战斗力。网抛大球这项活动是真合作,不是伪合作,全体学生身临其境,亲身感受，大家眼往一处看、心往一处想、劲往一处使，才能形成合力，战胜一切困难，创造奇迹，赢得胜利。

规则学会守

为了积累小学体育教育的经验，这学期我调离初中来到附近的一所小学任教五年级体育。我这名教育战线上的“老兵”，来到小学就成了一名“新兵”，一切从零开始。正所谓，知己知彼，百战不殆，我开始了解自己的教学对象的特点：精力旺盛，活泼可爱，争强好胜，自制力不强，遇事易冲动。结合小学生身心发展特点，我积极采用多样化的教学方式来激发他们上体育课的兴趣，经常选用各种形式的接力比赛。一次基础跳绳教学内容结束后，我直接利用跳绳做接力物进行比赛。第一次比赛，学生依次将跳绳放在前方 20 米处的呼啦圈内；第二次比赛，学生再依次取回跳绳。第一次比赛开始后，学生求胜心切，各组都有几条跳绳扔在呼啦圈外面，当各组最后一名学生返回起点时，领先小组的学生都在欢呼雀跃，庆贺自己赢得了比赛。我吹响了哨声，学生们顿时安静了下来，我大声说道：“我宣布，第一次比赛成绩无效。”学生纷纷议论起来，为什么无效？接着，我将队伍调动到呼啦圈边上，队伍里就有人说道：“好多跳绳丢在呼啦圈外面。”“原来没有把跳绳放到位。”

“同学们，请看前面地上的跳绳，各组的呼啦圈内、外都有跳绳。这些丢在圈外的可能是不小心，也可能是求胜心切，但比赛规则要求将跳绳放进圈内。这样一来，对遵守规则的同学是不公平的，不遵守规则的人却获得了好处。这样，最终导致比赛的不公平，不公平就失去比赛的意义，也就是无效。”我稍停一下，继续说：“我希望看到的是一场公平公正的较量，而不是通过违规来取胜。赢，要光明正大；输，要心服口服。”“同学们，我们来一场遵守比赛规则的真正较量，要不要？”“要——！”全班学生给出了铿锵有力的回答。

比赛重新开始了，各组你追我赶，奋勇争先。个别学生不小心将绳子丢在圈外，立即补放到圈内，直到比赛结束，没有一根跳绳丢在呼啦圈外。

我露出来欣慰的笑容，点评时说："同学们，比赛有胜负，但在这次比赛中老师看到每一位同学都认真遵守比赛规则，没有一根跳绳落在圈外。为此，在遵守规则的比赛中，四组并列为冠军。""耶——"学生们大喊一声，个个欢呼雀跃，脸上露出了灿烂的笑容。

常言道："不以规矩，不成方圆。"规矩是人类生存与活动的前提与基础，人们总是要在规与矩所形成的范围内活动。世间万事万物都有规矩，小到日常生活、体育游戏比赛、课堂学习等，大到地方、国家法律法规等，我们都需要共同遵守。规矩有大有小，我们不能重大轻小，而是要一视同仁，这也验证了"小细节决定大格局"。

"体育教会孩子如何在规则下去赢，又如何有尊严和体面地去输。"白岩松的这句话深深地震撼了我。"赢"是人们参与体育的出发点，而"在规则下赢"又是组织者鼓励人们参与体育竞技的目的所在。只有强调"赢"的合法性、合理性，人们的输才是"有尊严和体面地"。"教会孩子如何在规则下去赢"这句话在今天的学校教育中，更值得我们去思考与践行，毕竟教书育人之根本在于育人，而育人的基础教育是守规矩。

体育不是简单的运动，它是一门学科，也是一门科学，更是一门艺术。它具有教书育人的价值，是教育的重要组成部分。体育可以教会孩子学会团结与竞争、理解与宽容、规则与自律、自信与勇敢、坚持与胜利。这些正是当代青少年应对社会必须习得的品质，也需要内化为必备的人生技能。

让我们为了每一个孩子，一起来关注体育、参与体育运动。生命因运动而精彩，生活因锻炼而美好。请记住：体育愉悦人心，体育强健体魄，体育塑造人格，体育丰富人生，体育点燃未来。体育永远是最基础、最美好的教育！

教育，

是一项向美而生的事业！

郑英，浙江省德育特级教师、正高级教师。连续 7 年同时担任两个班的班主任。教育部"国培计划"专家库导师、七年级新课标《道德与法治》(人教版)编委，《班主任之友》《班主任》《教师博览》《中学政治教学参考》等杂志封面人物。荣获全国优秀教师，事迹曾被新华社、《人民日报》《中国教育报》等报道。在《人民教育》等全国中文核心期刊上发表论文 100 余篇，在《班主任之友》上开设个人专栏，著有《班主任，可以做得这么有滋味》《课堂，可以这么有声有色》和《教育，向美而生》等。

唤醒孩子的内力

郑　英

《楞严经》里有一个极富禅意的片段：

佛陀问阿难："眼盲的人和明眼的人处在黑暗里，有什么不同呢？"

阿难答道："没有什么不同。"

佛陀开示道："不同，眼盲的人在黑暗里什么也看不见，但眼明的人在黑暗里看见了黑暗，他看见光明或黑暗都是看见，他的能见之性并没有减损。"

教育中，每个孩子皆具发展之性，都有发展的无限可能，只是有些孩子，尤其"低起点"的孩子，自信坍塌，怀疑自己的发展之性和向上之力。对他们，我们要做的，是竭力唤醒他们埋在心灵深处的尊严和信心，在他们心中播撒向上向光的种子，从而对自己、对生活有信心，唤醒内在的力量。一个人的内力一旦被唤醒，他便会自己奔跑，哪怕路边没有掌声。

涛涛（化名）便是这样的孩子。与他相处的三年里，我竭力为他培植起向上向善的信念，在自己力所能及的范围内为他营造局部的"晴天"，让他在有所追求、有所创造中体会到力量感和幸福感。

帮助他经营好关系

每个人都生活在一定的关系之中，这些关系就是他的生存环境。人只有生活在和谐的环境里，才能最大限度地释放自己的创造力和生命力，否则，将会离幸福生活很遥远。

涛涛是个矮小的孩子，但引人注目的是，他的表情常能瞬间切换，前一刻还在与人嘻哈打闹，一见到老师，刹那间就切换成“霜打过的茄子”，这让原本矮小的他看起来似乎低到尘埃里，可老师一走开，他又马上切换到原来的样子。

虽然涛涛仿佛身处热闹之中，但这并不意味着他的同伴关系有多美好。恰恰相反，他是生活在集体中的落寞个体，离真正的快乐其实很遥远。他与同伴玩闹时基本都是被追打的一方，对方追上后常不怀好意地重重拍打他几下，而他傻傻地继续招惹：“你来呀，有本事你来呀！”于是对方为了显示自己的本事便继续追赶，直到追上后又是重重打几下。有时，事情会转移到老师那里处理，面对老师，涛涛常常夸大自己所受的伤害和委屈，结果常常是被认定为撒谎。

于是年级里几个不怀好意又摸清涛涛底细的同学，常会借着玩的名义把他推来搡去，甚至拉到某个角落欺负一顿。这一切，加剧了涛涛的卑怯，让他在无法忍受孤独却又无力与人友善相处的两条平行线上做惯性运动。

涛涛又一次挨打却被指认是过错方后，我经过深思熟虑，与他进行了一次对话：

“你似乎常常挨打，想过与哪些原因有关？”

“大概……大概是因为我不太讲卫生吧。”

“这一点，你认为自己有能力改变吗？”

“可以。”

“还有哪些原因呢？”

涛涛沉默。

“知道画蛇添足的故事吧？”

“知道啊。”

“生活中也有太多这样的故事在上演呢，姑且称之为‘新画蛇添足’吧。”

涛涛莫名其妙地看着我。

我继续：“讲个小故事，一名女子控告邻居闯入她的房子侵犯她。‘你试图努力抗拒吗？’男方辩护律师问。‘是的，我还使劲踢他打他，猛力抓他头发。’结果，女子败诉了，因为那男的是个戴了假发的秃子。你看，即便百分之九十九的陈述都真实，只因多渲染了那么一点点，结果造成全盘失败，这何尝不是‘新画蛇添足’呢？”

我要让涛涛明白，为何他受伤后还会陷入尴尬和被动。

涛涛恍悟过来，“哦”了一声。

“涛涛，如果你受到了伤害，而对方并非故意，你的忍让是一种大度；如果对方是出于故意，你就要靠自己的勇气和智慧赢回自己的尊严，当然，前提是不招惹也不歪曲。关于后者，我愿意帮你处理，但我最多只能帮你三年，而且这三年里你有太多时候不在我的视线内。我的视线之外，你依然要独立面对这个问题。”

有些阴霾，必须由他自己去穿越，否则，他将一生“缺钙”。犹太哲学家马丁·布伯说过一句名言，“你必须自己开始”，这才是真正的开始。

涛涛良久才嗫嚅道：“我自己试试看吧。”

一段时期内，风平浪静。

终于有一次，那名常欺负涛涛的陆同学故意撞他时，涛涛果断还击。对方猝不及防，觉得自己吃亏了，心有不甘，便把涛涛扭送到我面前，让我为他讨公道。“我是跟他玩玩的。”陆同学反复替自己辩解。

我深知，涛涛固然需要精神补钙，陆同学何尝不需要精神输血。

“如果你对别人造成了伤害，即便不是出于主观故意，你都有诚心道歉的义务，但没有要求别人必须原谅的权利；如果别人原谅了你，那是人家大度。当然，如果是主观故意，你不但要诚心道歉，还要负首要责任。这样的距离，你还能撞到涛涛，而且是这么重，教导处会认为你是故意还是无意？”我语气淡淡却切中肯綮。陆同学虽然心有不甘，但因为担心节外生枝，便沉默。

我继续：“我们错了时，可以测试我们的勇气；我们对了时，可以测试我们的宽容。”有了这样的台阶，陆同学开口了：“对不起啊，我一开始是想跟你玩的。”涛涛没想到对方先开口道歉，赶紧借坡下驴：“我也不好，不该打这么重。”这起事件的共同经历，让涛涛和陆同学各自都有不同的收获。

这件事成了涛涛的转折点，他少了一丝嬉笑，多了一点欢笑。这是第一步，但是极为重要的一步，涛涛更需要确立的是“我也是别人的环境”的信念。于是，我继续为他支招，比如在《家校联系本》上经常性地反映班级的好人好事好现象，然后由我广而播之。

爱往者爱返。渐渐地，同学们对涛涛的暗中褒奖之举感激不已，慢慢接纳了他，甚至他的同桌还写道：“做涛涛的同桌真是幸运，借东西，找涛涛。”生活就是这样，你向别人表达善意时也是为自己储蓄幸福。

让学生先保护好自己，然后好好做自己。既为自己赢得良好环境，也让自己成为他人的良好环境，这不只是教育的远见，更是教育的智慧。

唤醒学生心灵深处的自信

涛涛的自卑是他的心结也是他的心劫。自卑，是精神上的矮化和自虐，终会使人选择匍匐的方式前进。人的行走姿势，是昂首还是匍匐，决定了他的人生高度。如果说“战争的艺术就是在某一点上集中最大优势兵力”，那么教育的艺术就是在“自信”这个点上集中最大优势兵力，然后全力以赴去突破。

涛涛是外来务工人员随迁子女，这个群体的孩子普遍对“民工子女”“农民工”“外地户籍”等字眼很敏感，我得小心翼翼地帮他们拔除这棵隐形的“稗草”。为此，我精心设计了一项活动，请外地学生用方言说一句话或讲一个笑话，其他同学来猜测。高潮出现在涛涛用自己的家乡语言为《简爱》的经典片段配音，方言的喜感加上涛涛的结巴，“笑”果显著，让人捧腹，悄然间淡化了他们对户籍地的敏感和自卑。

教育，存在于心灵距离最短的时刻。涛涛与我的距离越来越近，渐渐地，他会主动找我谈心，对我敞开心扉，诉说成长的烦恼和秘密。我则耐心倾听，遇物而诲，相机而教。其中有许多言谈如同酵母作用于红酒，在涛涛的内心发酵出神奇、美妙的质素。

凡物皆有可观

涛涛：是金子才会到哪儿都发光，可我不是金子。

我：那你认为自己是什么？

涛涛:是沙子。

我:如果我是一粒沙子,我会选择躲进蚌壳,让自己长成一颗珍珠,以珍珠的面目来发光,当然这需要忍受漫长的孤寂与黑暗。

涛涛:如果我连沙子都不是,我只是一抔泥呢?

我:那就投进熔炉,把自己锻造成“器”。万历年间,时大彬所造的茶壶要用等重的黄金才能换到,你看,泥巴也可以价比黄金,只是这需要经受烈火的炙烤。记住,凡物皆有可观,不论是微如尘土,还是凡如细沙,都有自己的价值。

你也可以有一份成功简历

涛涛:看到别人优秀,经常上讲台,连去厕所都有人一起,我也经常想象,如果我也那样,该多好。

我:有一首小诗,其中有一句是“苔花如米小,也学牡丹开”,不是开成牡丹,而是像牡丹那样灿烂地开,即便微小,即便素淡,也是世间的独一无二。再平凡的人,也有某一方面的成功简历,比如苔花,一点土就够,这样的生命力哪里是牡丹可比。人,可生如蚁而美如神。

这些交流,虽不能毕其功于一役,但能在涛涛的内心回旋起一点力量。涛涛原本接近干枯的自信找到了水源,渐渐恢复了绿色,并逐渐生动起来。

播下一颗愿力无边的种子

很多人在付出努力却看不到进步后,便开始怀疑努力与成功的关系,进而怀疑自己的能力,认为自己不可能,最后“果真”不可能。在精神上给自己设了限,才是真正无法逾越的障碍,因为一个人退到不愿超越自我的界限时,就会生出许多借口。

涛涛也尝试过努力,但维持的时间太短,仅仅停留于开学头几天,之后的表现便一溃千里。他总能找到逃避学习的借口或障眼法,如系鞋带、找东西、转书本、玩笔、喝水、起身扔垃圾或是去接水,有时还站起来拎裤子,上课铃响一刹那才飞奔去厕所。

学习成绩总是与学习热情成正比，所以他的成绩(常驻年级最后)一直让他本人也让他的身边人苦恼不已。学生时代，如果不能正视学习，他将离幸福生活很遥远。

“学习有什么用？什么代数，我又不搞数学研究！还有英语，我又不出国！”他诉说心中的疑惑，夹杂着愤懑。

“涛涛，对于大多数学生来说，今天的学习不是为了明天进一步的专业研究。”

“那为什么还要我们学习？”

“学习不只是为了获得知识，更是借助这个过程锻炼能力、培育素质，以便能更好地解决大量的非知识性的问题。”

“社会上不是有很多人没文化照样获得成功吗？”

“是的，学习与成功没有必然关系，但它可以大大提升成功的概率。它可以帮助我们更好地面对众多的行业，更好地适应陌生的领域，从而让自己拥有更多的选择权利。”

“其实我也想学好，可我真的听不懂。”他的眼里闪现着无奈与痛苦，我深信他那句“我也想学好”是发自内心的，但关键是“真的听不懂”。因为“真的听不懂”，课堂对他是煎熬，而人对痛苦总是本能地逃避，所以他总是做一些与学习不相干的事。

“有位哲人问他的弟子这样一个问题——如何除掉旷野上的杂草。你会怎么解答？”

“用手拔……哦，不对，用镰刀割……也不对，用火烧……”他认真思考并一一排查自己的答案。

我公布苏格拉底的答案：“种上庄稼。”

他恍悟：“老师，我知道你的意思了。上课时，我应该做一些与学习有关的事。可是除了语文、社会和体育，其他的课我一点都听不懂。能不能这样，能听懂的就认真听，不能听懂的就让我抄写或是看书或是做作业，可不可以？”我点头应允。

古人云：“能举七十斤者，举百斤则蹶，举五十斤则运掉自如”，让他做一点力所能及的事，可以葆有这种热情。

为了让涛涛对学科学习产生一点兴趣，我经常与任课教师商讨可行的方法。比如，涛涛回答出一个问题时，奖励他帮语文老师批阅古诗词的默写，他将全班的本子批下来，古诗词也已背得滚瓜烂熟；涛涛很好地完成一件任务后，奖励他抄写精题到小黑板上。渐渐地，效果显现出来，虽然他对学习一如既往地没有兴趣，但不再消极躲避，有时还会主动问询。

一次，我布置了作业后，涛涛马上问："老师，这道选做题要不要做？""不做也行，做了更好。""那我还是选更好吧。"我们对视一笑。这是一种积极、主动和成长的诉求，也是一种美丽的期许。

考试当天，我送给涛涛一张新的自制书签，写了一句："答卷如人生，可以有错误，但不要一片空白。"考试的最终结果是，语文破天荒考了 67 分，英语 33 分（我看过试卷，作文得了 4 分，并有阅卷老师的评语——离题了），数学和科学依然没有突破 30 分，但足以让长驻年级最后的涛涛超过了十几个人，初战告捷。

尝到甜头的涛涛对作业的态度也积极起来，总会从书本处摘抄他觉得比较顺眼的字句或段落，虽然很多时候离题千里，但这种不放弃的姿态让所有人都倍感欣慰。每次科学课前，他都会跑到任课教师那里，希望能帮忙搬器材。一次得知要做发动机实验，他特意买了几条吸铁石（其实实验室里有）。

最佳的教育，当如润物细无声的蒙蒙微雨，在"渐"的过程中滋润万物。涛涛何尝不是为我上了生动一课？纵令落后，依然驶而不息；纵令失败，依旧志如司南。

帮孩子找回失落的价值感

人犹植物，需要强根固本。价值感，是一个人的"根"，被需要，是一个人的"本"。这些因子一旦被激活，将在电光石火的瞬间孕育出无限生命力，让人渴求强大以便担当。

涛涛在第一排，离讲台最近。于是，我经常课间发布征集令——谁借我红笔？马上会有无数只笔递过来，而涛涛因为地利优势意料之中地成为最快的人之一。不过有个细节值得一提，他会细心地拧下笔盖后再迅速递给我，速度之快让人怀疑他是不是专门候着的。借红笔，是让涛涛体会到自身价值的最短路径，也是让关注悄然不留痕的最佳方式。

接受，是另一种方式的给予，借红笔可以让我的目光自然而然地投射到涛涛身上。而老师的目光如阳光，一落到学生心灵的枝头，那些枝叶便生机盎然起来。涛涛对我的善意和热情日渐蓬勃起来。我的眼睛虽不是彩色相机，但可以定格那些有颜色有温度的画面：

他经常会带一个苹果给我，而且是事先洗好的；偶然地，他也会带包子之类的早餐，装袋子里挂在我办公室的门把手上；春秋游，他会带上哨子，希望我在召集同学时不会太费嗓子；一个雨天，他跑过来为我撑伞，说是顺路，其实他家在相反的方向；又一个雨天，我刚出办公室的门，便收到他急急打来的电话，让我千万别走原先的路，因为在抢修施工中；

……

礼尚往来，我也会买几本书或是其他小物件作为回赠。在这些来往之间，我与涛涛不断叠加着情谊，也建立了信赖关系。

一个偶然的机会，我惊讶地发现涛涛的抽屉简直是微型五金店，小锯子、扳手、榔头、钉子、铁丝，一应俱全。对此，他不太好意思地解释道："我的理想是当一名木匠。"神情羞羞怯怯，似乎觉得自己的理想不够壮怀。孩子，理想固然有宏大有微小，但如果发自内心，不论多么微小，都有意义。我问涛涛，愿不愿意帮同学们修理松动的桌椅。"OK"，他甩了个响指后就去巡查了，一张一张地检查过去，一发现有松动的就用他的家什修理好。

一个人的"被需要"一旦得到满足，价值感一旦得以确立，成长的渴望便会无比强烈，其主动性和创造性便会像刚开瓶的汽水般喷薄而出。涛涛在一个平常无奇的日子带来一样作品——专用于放黑板擦的盒子，盒子用木片作框架，用铜丝来回穿插编成网状，以方便粉笔灰掉落，虽不是很养眼但很实用。他说他发现班级的黑板擦总会将讲台弄脏，所以想用自己的双手来帮班级解决这个问题，他还说他的创作灵感来自蚊香盘，当然在形状上做了改变。他说得似乎很轻巧，但语气掩饰不住地流露出自豪与兴奋。

不过,这个作品很快暴露了它的设计缺陷,由于两端没有封住,风一吹动,里面的粉笔灰又会飘散到讲台上。涛涛看在眼里,马上进行改良,第二天就拿来了改良后的作品,两端已牢牢封好。只是铜丝的端头还留在外部,如同一根倒刺,有一天扎到了粗心的我。涛涛又看在眼里,再次进行改良,用一张厚厚的包装纸将盒子包起来,以保证安全。细心的涛涛这一次改用了铁丝,理由是铜丝太脆,易断。涛涛似乎对此还是不满意,认为不够美观,希望我能与他合作,他负责制作我负责包装。我特意选用了绿色包装纸,一是与班级窗帘色调一致,二是绿色最养眼。于是诞生了终极版作品。

从此,班级的讲台一尘不染,这个盒子也成了一抹鲜亮的点缀,如同一处细微却生动的风景。涛涛对这个盒子的呵护不可谓不精心,有如《小王子》中那位小王子对玫瑰的用心。

涛涛的待人热情如同温度计受热般上升,无论见到哪位老师都会响亮地打招呼,就像一段欢愉的歌词嵌在节奏感很强的旋律里,全然不见了先前的卑怯。许多不认识他的老师受了这般礼遇后都有点小惊喜,纷纷打听这是哪个班的孩子。涛涛一时成了校园里的知名人物。

涛涛的制作热情如同带火星的木条放进了氧气丰沛的集气瓶,剧烈燃烧起来。他后来又制作了好多个盒子,送给别的班级,于是更多人感念他的好。他时常会做些竹蜻蜓、小车子之类的小制作,送给老师,送给同学。这些都如同一枚枚美丽的戳印,带着美好的记忆,永远存留在我们的心里。

后来,这个作品被选送到区里参加小制作评比,以其实用性胜出,最终获得一等奖,这更坚定了涛涛当一名木匠的信念与决心。

涛涛的眼睛越来越有神采。如果说眼睛是心灵的窗户,那么心灵便是眼睛的内景。涛涛明亮的眼眸,折射出的是他阳光充足的内心。

对起点很低的孩子,重要的不是施予同情,而是努力去唤醒,帮助他变得强大,以求担当,这才是一名教师最大的善。把学生唤醒,让他们发现自己,然后做更好的自己，这就是我的教育“秘诀”。

更进一步，教育中，我们要关注每一个学生，让每个学生都感觉到自己在老师的视线里。哪怕是最平庸、最困难的学生，我们也要去鼓励他们，为他们打开精神发展的领域，让他们展示自己，宣告大写的“自我”的存在。

这样，每个孩子都会发现自己存在的特殊性，笃定地做自己，对自己存在的状态有自信，不怕与别人一样，也不怕与别人不一样，各美其美。

音乐，是生命的盐；
爱心，是教育的根。

何春芬，1990 年参加教育工作。浙江省音乐特级教师、正高级教师。现任教于宁波市鄞州中学，兼任中国指挥学会会员、中国合唱协会会员、宁波青少年交响乐团团长兼常任指挥等。曾获长三角地区教育科研优秀个人、全国优秀指挥等业务类奖项 80 余项。主持撰写的课题“以‘阿卡贝拉’为载体丰富高中音乐选修课程的实践研究”获浙江省教科研优秀成果评比一等奖。出版专著《星空下的三分音符》，参编《微课实录丛书（中小学音乐卷）》等，在《人民教育》《中国音乐教育》等期刊发表论文 30 余篇，在报纸发表散文 20 余篇，先后在全国第二届音乐教育名师大讲堂、第五届全国基础教育课程教学改革研讨会等各项活动中开设公开课和讲座百余场。

什么是交响

何春芬

我一直对舞台心存敬意，理所当然地觉得，站在舞台上所展现的一切都必须是最好的，这样才对得起舞台，对得起观众。

从事音乐教育工作30年，我几乎任遍学校所有学生团队的艺术指导。从最初的钢琴兴趣小组、合唱团，到铜管乐团、口风琴乐团、阿卡贝拉社团，再到交响乐团。作为音乐教师的我常常化身为一名指挥，从讲台转身走上舞台，与学生们一起，共同演绎什么是交响。

从“混混”到“团柱”的华丽转身

我所任教的学校是一所拥有70年历史的浙江省学术性重点高中，拥有宁波市优质的办学条件和生源。2016年9月，学校组建了鄞州中学蓝青交响乐团。我至今难以忘记，当初我手握80多位有过乐器学习经历的学生名单，想象着第二天要对他们逐一进行专业考核，我的眼前就不由自主地浮现出一个正待启航的全编制中学生交响乐团，似乎我的指挥棒轻轻一点，就能汇成美妙的交响。那一夜，我兴奋无眠。可在第二天考核的时候，我每听一个就多一份失望：业余十级水平的学生，演奏出来的音几乎没有一个是准的，更揪心的是，学生们学习的多为钢琴、电子琴、萨克斯、爵士鼓等乐器，而非交响乐团编制的乐器，身为指挥的我，瞬间陷入了“巧妇难为无米之炊”的窘迫境地，这种无力感让我想放弃。

但是，面对学校领导的期望，面对学生和家长们的期待，我怎么办？那些学生中，不乏对音乐的真爱者，但又有多少人是从小被父母逼迫着学习乐器的？学生们参差不齐的演奏水平能组成交响乐团吗？然而，一条路要走下去，最初的梦想和精神一定要不偏不移。我相信，愿意留在乐团的学生，内心一定渴望舞台，渴望聚光灯，渴望来自所有人的掌声。因此，作为指挥的我，就得全方位了解学生，并尽可能地为学生提供艺术展示的舞台，以激发他们对音乐的热情，但前提一定是学生们的内心原本就有火苗。

于是，在经过开学第一周的排练和演出后，我从交响乐团的编制要求入手，尽快说服学生和家长改学乐器。

可是，改学乐器哪是那么容易的事啊！且不说家长又得花巨资购买乐器，重点中学繁重的学业压力下，学生其实就很难做到零基础再学。虽说乐器的学习有一定的相通之处，但要让学生改学交响乐团编制的乐器，对师资、学生的学习能力和演奏技巧均提出了更高的要求，且更考验学生的意志力和团队协作能力。于是，我先从音乐课堂入手，第一节音乐课就上《走进交响世界》，带领学生们认识交响乐团的编制及音色，从中理解交响的含义。

此时回想，为什么每年总会有那么多的学生和家长愿意配合乐团的编制需求去改学乐器？我想还是因为学生们的心中原本就藏着音乐的火苗。很多学生从小学习各种乐器，更多的时候是独奏，是自己和自己说话。虽然这也让人非常愉悦，但是其实学生们内心非常渴望和别人合奏，和不同的人合奏不同的作品，只是那时可能不具备合奏的条件。学校交响乐团的组建，为学习乐器的学生提供了极佳的艺术交流和展示的平台，虽然他们在演奏技巧上、音乐合作上存在着这样那样的问题，但是在合奏中，通过音乐的律动与人交流，这种感觉只要体会过一次，绝对会上瘾。记得 2019 届吴同学曾写道："在交响乐团成立之初，由于机缘巧合，我参加乐团进行了《蝙蝠序曲》第一次的排练和演出。自那以后，我深深地爱上了交响乐这种形式多样、内涵丰富的音乐表现形式，于是果断加入乐团并从钢琴转学低音提琴。何老师非常热心，尤其对一些热爱音乐、愿意学习音乐的同学总是鼎力相助，想尽一切办法让他们在音乐这条道路上走得更远，而我就是深受何老师大恩的一位学生。作为一名零基础甚至不知‘低音提琴’为何物的学生，何老师无条件地为我寻找最好的低音提琴老师、为我提供乐器、提供琴房，甚至让我免费学琴。2018 年宁波青少年交响乐团正式成立，作为乐团的创始成员之一，我也亲眼见证了乐团从无到有、从萌芽到成立再到壮大成熟的过程，因此对乐团组织运行之艰难更有深刻体会。何老师身为指挥，在音乐方面对我们的要求严苛，让我们努力地向完美靠近，但是在私下里，她非常体贴学生。何老师知道乐团的孩子要同时兼顾艺术和学习的不易，因此她尽可能地为学生们做好后勤工作。何老师为乐团背后所付出的远比我们所见到的多得多。”

像这样主动要求改学乐器的学生还有很多。他们始终坚持音乐的梦想，埋头修炼，努力做更好的自己！他们以自己是交响乐团的一员为荣，为了乐团的和谐发展和声部需求，努力服从指挥安排。这些学生中，有由钢琴改学低音提琴、竖琴的，有由萨克斯改学大管、双簧管、圆号、大号的，有由小提琴改学中提琴、低音提琴的，也有为了演出或比赛的需要临时由长笛改为短笛、由单簧管改为打击乐的。他们肩负“做一个不可替代的我”的责任，默默地提升自己，在与同学不断的磨合中创造合奏艺术听觉的丰满与和谐，用最短的时间实现了从“混混”到“团柱”的华丽转身。

在 2019 年 6 月宁波市中小学生艺术节器乐合奏比赛中，我们的参赛作品《红旗颂》中有一段非常重要的双簧管 Solo，但是，担任 Solo 的学生刚由萨克斯转学双簧管不久，发挥不稳定，并且因为在区赛时的发挥失误而留下了心理阴影。他担心自己的不稳定让团队所有人的努力付之东流，我常常看到他一个人躲在角落，默默而又执拗地练习那段 Solo。市赛那天，我特意嘱托一位老师陪在他身边，一遍一遍地听他吹奏，一遍一遍地帮他纠正，在渐趋完满的练习过程中给他鼓励、给他力量。那天从舞台下来后，我第一个冲这位学生竖起了大拇指，毫不掩饰地称赞：“完美，太棒了！”他激动得不知所措，其他同学也不约而同地以掌声鼓励。或许，人无力承受每一次的完美，但是，只有一起努力向前走的人，才会有那样快活的眼神。

2017 年 10 月，成立仅一年的交响乐团参加宁波市中小学生艺术节器乐合奏比赛，在几乎没有特长生的情况下获得了管弦乐的第一名。2019 年又相继获得了宁波市和浙江省中小学生艺术节器乐合奏比赛的一等奖。在不间断的排练和演出过程中，我和学生们一起感受着黄钟大吕的高妙，品尝着交响艺术的甘醇。

或许，最美的风景就是这样，我们给予了最肥沃的土壤，就会有不知不觉的花开和学生们五彩缤纷的成长。2020 年 8 月，交响乐团有多名学生考入了国内外顶尖音乐学院，其中一名由小提琴改学中提琴的学生被中央音乐学院中提琴专业录取，一名由萨克斯改学大管的学生被中央音乐学院附中大管专业录取，还有一名学生被中央音乐学院附中音乐学专业录取，另有单簧管专业的同学以优异的演奏被美国伯克利音乐学院、巴德音乐学院、辛辛那提音乐学院、密歇根州立音乐学院、曼尼斯音乐学院、英国伯明翰等顶尖音乐学院录取，并均获取高额奖学金。

从“Solo”到“领头羊”的角色转变

音乐的演绎方式不同会产生不同的意蕴。同样的乐曲，独奏有先声夺人的鲜亮，而合奏艺术更多的是给人以听觉的丰满与和谐。合奏体现着人们精神上的团结一致、互相谅解和音乐上的配合默契。

乐团成立初期，由于学生们从小所学乐器种类不一样，演奏程度不一样，给合奏排练带来了不少困难，尤其是一些基础相对扎实的各声部首席，常常会觉得乐团合排是浪费自己的时间，甚至会暗暗耻笑一些演奏水平较差的同学，笑话他们是来乐团“搞笑”和“捣乱”的。如何让那些满头长角、浑身是刺的音乐“小野马”，一点一点地在音乐演奏中逐渐规范，而又把独立思索、个性发挥、勇于挑战的思想锋芒与少年锐气毫不伤害地保留下来，成了我亟需解决的问题。于是，我根据各声部首席和优秀乐手的演奏乐器类别、演奏技能及特点等因素，综合考量,进行动态分组,为他们选择不同层级不同编配的作品,最大限度地展现他们的演奏能力。比如科普兰的《阿巴拉契亚之春》,是一首由小提琴、中提琴、大提琴、低音提琴、长笛、单簧管、大管、钢琴、竖琴共 9 件乐器 12 名学生演奏的室内乐作品;舒伯特的 Op.166 F 大调八重奏 D.803,是由单簧管、圆号、大管、两把小提琴、中提琴、大提琴及低音提琴组成的管弦乐八重奏;斯特拉文斯基的《敦巴顿橡树园》是为 15 件乐器而作的,由长笛、单簧管、大管、两把圆号、三把小提琴、三把中提琴、两把大提琴和两把低音提琴组成。像这样新颖的编制,各声部首席的强强组合,极大地激发了学生们的积极性,学生之间经常会自发地作一些不同演奏形式的小组合,如弦乐四重奏、木管五重奏、铜管五重奏、钢琴五重奏、管弦乐八重奏、管弦乐小合奏等,他们在不同的场合演奏不同的作品,展现了娴熟的技艺和自信的风采。

但是,在乐团排练中,各声部之间的相互呼应、穿插、对比、衬托,从中感受并享受交响音乐赋予他们的心灵感应,体会合作的重要和快乐,是乐团最重要的一课。协同合作是任何一个团队不可或缺的精髓,是建立在相互信任基础上的无私奉献,团队成员因此而互补互助。因此,我要求首席不仅仅是声部的 Solo 者,同时更应该是声部的管理者,必须在团队中发挥“领头羊”的作用。为此,我给予首席足够的权利,从声部的日常排练、管理到声部同学间力所能及的专业帮扶,在发挥首席个性和特长的同时,传递一种宝贵的团队精神,从而使每个学生在团队中都能获得成就感、归属感和责任感。或许,正是因为学生之间的这种差异,才有了真正的和谐。

圆号首席叶同学多次在省级及国家级重大的圆号比赛中荣获大奖。2018 年暑假乐团集训时,因为久坐,加上天气特别炎热,他的屁股上长了一个大脓包,疼痛难忍,每天只能侧坐着吹号,但是他一直坚持到集训最后一天结束才去动手术,还对他妈妈说,“圆号声部我不在不行的”。小号首席刘同学作为乐团当时唯一的小号手,默默地攻克艰难,以“一个抵三个”的力量和情感,出色完成了《红旗颂》小号声部的演出和比赛。每一次排练前,弦乐首席都会先主动帮助其他同学调准音，有些首席甚至手把手地教，一个乐句一个乐句地教。我想，这便是爱，这便是责任！很多家长反映，孩子参加乐团以后，练琴更自觉了，为什么？因为合奏让他更快乐，演出让他更自信，努力练好琴可以争取当首席。正如家长所说："这是一支有魔力的乐团。"

优秀的管弦乐作品除了旋律的美妙动人，和声的丰满起伏，多层次的立体音响等带给人美好的情感体验之外，更因为作品中内蕴着的积极美好的情愫而成为学生精神成长的健康食粮。《红旗颂》的气势恢弘、波澜壮阔，是对那段革命历史的描绘和对伟大祖国的热情讴歌；《阿巴拉契亚之春》柔婉如歌的旋律是对美好质朴生活的表达；《马灯调》中浓郁的宁波音调透着的是对家乡的深情；《加勒比海盗》《星球大战》的激越多变，呈示着电影的奇幻；《舍赫拉查德》的神秘美妙，更是一部爱与感化的交响。每每用心演绎，总有一种情愫可以触及学生的灵魂深处，使他们在人生的芳华岁月中捕捉艺术的神韵之美，领略音乐的缤纷色彩。

从"丑小鸭"到"天鹅梦"的和谐交响

在音乐团队中，总有那么几个不怎么起眼的"丑小鸭"，比如，节奏不稳定，音准不敏感，对音乐的感受力不强，演奏技巧欠缺等。其中，固然有学生乐器学习基础薄弱之殇、学业繁重考试压力之忧、无闲暇练习乐器时间之难等原因，个别敏感的孩子还常常因为对自己外貌、身材的不自信而内向自闭，不愿登台。更有甚者，面对团员之间演奏技能上的巨大差距，"丑小鸭"们在排练时常常不敢出声，因为一出声就有可能成为"冒泡者"。曾经有一个演奏小提琴的学生因为小时候的一场意外而轻微毁容，我注意到他特别自闭，排练时常常一个人静静地坐在角落，默默地看着别的同学演奏，那种怯怯的眼神，着实让人心疼。为了增强他的自信，我把他从小提琴的最后一排调整到了靠前的位置，并安排一位演奏水平好、个性阳光的学生与他同坐。同伴的悉心帮助，老师的随时鼓励，这位学生的脸上渐渐展露了明媚的笑容，琴声中透出了更多的自信，学习成绩也有了明显的提高。

很多人总是不理解,常问我为何要把那些演奏技巧有明显缺陷的学生纳入乐团中,因为这样做,除了增加排练工作外,更会影响团队的效果。我始终认为,效果固然重要,但是,音乐教育的目的,首先应该是对人的教育,它必须远离功利和实用。作为音乐教师,我们更应该以音乐为载体,在努力提高学生音乐知识和技能水平外,以音乐审美的方式实现对人的自我塑造和自我完善。无数次,我这样告诉自己:学生乐团就是由“渣渣”组成的,再恢宏的乐章也是由一个一个平淡无奇的小音符组成的,乐团需要优秀的 Solo,但要把一个个“冒泡的小音符”演变成悦耳的交响。除了需要老师不断激励,更需要老师满满的热情和关爱,以团队的力量温暖他们。为此,我除了充分发挥首席的引领作用,要求他们配合老师尽量缩小同学之间的能力差距外,更要求团队中的每位同学做到“不嫌弃、不放弃”。在一个团队里面,只有大家不断地分享自己的长处,不断吸取其他成员的优点,遇到问题都及时交流,才能让团队的力量发挥到淋漓尽致。一段时间后,乐团中再没有人嫌弃同伴,也没有人因为害怕自己是个“冒泡者”会拉乐团后腿而轻言放弃。为了让团队中的“丑小鸭”也能品尝到登台演出展现自我的喜悦,我们无数次地观摩、聆听、练习、提升。“再来最后一遍”成了我排练时的口头禅。正是排练过程中的精雕细琢、用心用情,让学生们享受到了渐趋完美的快乐,并真正体会到了“台上三分钟,台下十年功”的含义。每一次演出、每一场比赛,我都冒着人数超员、表现不佳影响效果等风险,带领全体同学一起登上舞台。那一刻,每个人的心中不再是“我”,只有“我们”,最后汇聚成一部青春的交响。

优秀的艺术团队在绽放艺术风采之外,又何尝不是在展示优秀的团队文化和团队精神?每次登台,学生们总不忘审视自己:我们做到力求中的完美了吗?我们能演绎出作为重点中学学子“学霸”兼“艺霸”的风采吗?作为指挥,在常年的组织、排练以及演出过程中,我有机会更深层地接触了更多的学生、家长、演奏家以及我的同行。在与他们频繁对话中,我学到了很多,并与他们结下了珍贵的友谊。这份友谊让我们彼此都有了更加开阔的视野、更加从容不迫的心境，去倾听那一曲曲涌动着青春的心灵的交响，使我们在忙碌中寻求平衡，在不安中找到寄托，在焦躁中觅得宁静，在孤独中收获勇气。

何谓交响？我想，这便是！

要做孩子的老师，
先做孩子的朋友。

王葵红，浙江省历史与社会特级教师、首批中学正高级教师。1991 年毕业于宁波师范学院地理系。现任浙江省象山县丹城中学党支部副书记，被聘为浙江省网络名师工作室负责人、浙江省教育学会中学社会教学分会第四届理事会理事等。曾获浙江省师德先进个人等荣誉称号。先后主持或执笔十多项省、市获奖课题，开发 3 门省级精品课程，30 多篇论文在《教学月刊》《中国教育学刊》《中小学管理》《地理教育》等刊物上发表。在全国各地开展过 100 多次教学示范课和学术讲座。个人事迹曾多次被《中国教育报》《中国教师报》《现代金报》等媒体报道。

多一“点”，一切皆有可能

王葵红

每天，我们面对的是一群不经修饰的学生。他们或聪明或淘气，或开朗或怪异，或积极或颓废。我们在这一方心田里播种、耕耘，期望一茬茬成长、一茬茬丰收，但也免不了一些迷茫与辛酸。每每把一届届的学生送走后，站在终点回首走过的路程，我都有几分欣喜、几分感慨。一路走来，我始终坚信与爱携手，用真心、耐心、细心、慧心一定能催生出美丽的花朵。正如教育家夏丏尊所说：教育之没有情感，没有爱，如同池塘没有水一样。没有水，就不成其池塘，没有爱就没有教育。

真诚点，成功就在赏识处

魏书生说，用真情走入学生的心灵，你就会发现那是一个广阔而又迷人的新天地，许多百思不得其解的教育难题，都会在那里迎刃而解。

2001 年，我“空降”初三，接手了一个特殊的班级。这个班级确实够乱的，几乎每天都有“突发”事件：午间休息时，学生在教室里打牌，影响其他同学休息；任课教师的自行车轮胎经常被戳洞；课堂上学生打闹、互相传纸条，任课老师常常被气得走出教室；学生厕所被恶意倒垃圾堵塞或反锁插销等。追究起来，这些都与一位名叫小渊的女生有关。有教师告知我，小渊是德育处的“常客”，是班里的“女老大”。

果然，她“不负盛名”：走到哪里，总有一群“铁哥们”跟随左右；走到哪里，哪里就是非不断。我虽不是班主任，但我想，这个“马蜂窝”非捅了它不可。

我决定和家长互相配合，共同教育她。经过和小渊母亲的几番深谈，我了解了小渊的成长过程,让我的心情无比沉重。小渊家庭的经济条件不错,但父母早年离异,她现在跟着母亲和继父一起生活。出于对女儿的补偿心理,母亲毫无保留地惯着她,对她的要求有求必应。继父对她则是不闻不问,但当小渊与母亲发生冲突时,他就会在一旁幸灾乐祸、添油加醋。原先乖巧的小渊在这样的家庭环境中,性格变得叛逆起来,渐渐地成了“刁蛮公主”。

了解了这些状况后,我和小渊的母亲商量,要改变对她的教育方法。不是说“赏识教育”对孩子很重要吗?我找来许多励志的名人名句,让小渊的妈妈贴在她的房间里,平时和她多谈心、多交流。除了满足小渊的物质需求外,我还让她母亲更注重孩子的精神需求,让小渊更多地感受到亲情的温暖。刚开始,小渊的心弦似乎被触动了,她的叛逆有所收敛。可没过多久,她又恢复了“原貌”。而且,不管是“严”字当头还是“爱”字在心,她仍然以当“女老大”为荣,依然沉迷于“前呼后拥”“制造祸端”的生活。

家庭教育的失败,我也感到很无奈,只好通过学校教育来纠正她的叛逆。我主动向班主任“钦点”她当我的课代表。几天的接触,我发现她有许多优点:她比较讲义气,答应过他人的事,肯定会办到;她的好奇心强,对周围的事物有程度不同的兴趣,一旦兴趣浓郁,她就执着追求。每次我在课堂上使用 Authorware 软件制作的课件后,她都会上来问我:会移动的小雨点是怎样做的?为什么按钮一按会跳到另一个界面?这打雷声是怎么弄进去的?

我终于找到了可以融洽我俩的“黏合剂”。我也时不时地传授她一些制作动画、交互、打包等简单的技巧。一次次交流过程中,我们孵化出了感情。在一次夜自修前,我约她一起到操场散步。想不到我还没说几句话,她就开门见山地说:“王老师,你约我散步肯定有话要说。你要我做什么?你说好了,你的话我们都听的,因为你是我们班公认的对学生最公平的老师,你从来没有歧视过我们这些差生。”这手势、这讲话的语调,很有“江湖人”的味道。听了后,我既生气又激动。生气的是她小小年纪竟染上几分江湖气,激动的是我得到了他们的肯定,我觉得这是学生颁给我的最大荣誉。

于是，我要求她先解决午间打扑克的问题。第二天中午，她提着一袋装有各种扑克牌的塑料袋，放到我的办公桌上，对我挤了挤眼说："王老师，这事我帮你摆平了。"

后来，我跟她及她的"哥们儿"约定，每周试着改变一个坏习惯，力争做一件好事。这样，你来我往，课内课外，这座"冰山"被融化了。她性情改了，优点显现了，不仅参加了学校模特队，还当了播音员。现在，她在上海的一家日资企业工作，干得很出色。

人之相交，贵在交心。所以，教师要放下架子，利用一切可以利用的时间、机会，听听学生们的心声，听听他们的想法，注意他们的情感变化，让学生充分展示自己的内心世界，使学生真切地感受到教师的关爱。

耐心点，转机就在拐角处

爱因斯坦说，耐心和恒心总会得到报酬的。

"李军数学作业又没上交！""语文作业也没交！"早上，办公室里各位老师又向班主任告李军的状。"唉，我也没办法，多次打电话给家长，他们总是有理由：'老师，李军每天放学不是踢球就是上网，我们骂也骂过，打也打过，都无济于事。你是老师，你想办法让他补作业好了。'每次还没等我说完，家长就把电话给挂了。"班主任无奈地向大伙解释道。

我清点了一下历史作业，发现也少了李军的作业。

由于刚接班，我还不太了解李军。第一节课后，我马上让学生把李军叫到办公室，问他为什么不交作业。他很委屈地对我说："老师，历史作业我是做过的，早上忘带了！"看着他无邪的眼睛，我完全相信了他说的话，提醒他明天带来补交。

第二天、第三天……他还是没交。一问他不是缄口不言，就是保证"明天带来"。

其他任课老师劝我放弃，我也曾打算放弃。但想起于永正老师说过的话："锁，只要不是锈得一塌糊涂，总能找到打开它的钥匙的。"所以，我时常告诫自己：

要冷静,要忍耐。他是一块顽石,几年来,他已经习惯了老师们的“电闪雷鸣”,具备了一定的“抗药性”。

以后的日子里,我几乎每天都温和地跟他说:“李军,一天之内,把作业补上,好吗？老师相信你能做到的。”这样的鼓励,让他浑身不自在。有时在路上老远看到我,转身就跑,他怕我充满信任的眼神。我在想,他就是一块冰,我也要把他给融化了。

有一天,他终于交作业了。我发现李军的作业中虽然有很多错误,但书写工整,字写得很漂亮。

发作业时,我说:“这次作业,我发现有几个同学字写得很漂亮,你们猜猜是哪些人?”同学们说出了几个人名,但没有李军的名字。我又说:“还会有谁?”同学们又说出几个同学的名字,还是没有李军,我用手举着李军的作业,有意拉长声说:“还有,李——军！请同学们传阅李军的作业本,欣赏一下李军的字。”同学们边看边议论:“比我写得好”“佩服”,有的人还竖起大拇指。我带头鼓起掌来,李军露出喜悦的微笑,两只小眼睛眯成了条缝,两手挠挠头,摸摸鼻子,不知所措。

接下来的一周,李军交了两次作业。我在他的作业本上真诚地写道:“有机会给你批改作业,我太高兴了,这是你对我的奖励。不写作业不是你的错,你写作业一定有困难,会几道题就写几道题,老师不会怪你的!”

第二周,李军也交了两次作业。我观察后发现,交作业的这一天,课间时,他在我身边转来转去,盼望得到我的表扬。上课时,注意力也特别集中,不交作业时,他会躲避我,用斜眼瞄着我。

第三周,李军交了三次作业。

期中考试后,我发现李军又开始不写作业了。于是问他原因,他说:“我这次期中考试考得不错,想让自己放松一下。”

好不容易让这块“坚冰”一点点融化,我可不能半途而废。于是,我在我的博客中特意开辟了一个“今日作业”栏目,让李军当这个栏目的版主,并在网上发了一个帖子,题目是:学生为什么要写作业？要求全班同学讨论。有 30 多名学生跟帖。有人说:学生要完成作业,这是学生守则的要求,人人都要遵守。有人说:学习是为了积累知识,发展能力,增长智慧,所以每天都要完成作业。想不到,李军也参加了讨论,他说:“我认为写作业是为了取得好成绩。”更想不到的是,李军的这一跟帖,得到了许多同学的点赞。

虽然李军现在还会偶尔不写作业,但至少比刚开始的时候进步了很多。看到他的进步,我真的很欣慰。我相信现实是可以改变的,惰性是可以改善的。为了学生,我应该学会用足够的耐心去等待,等待拐角处的转机。

细心点,改变就在兴趣上

苏霍姆林斯基说,在每个孩子心中最隐秘的一角,都有一根独特的琴弦,一拨动它就会发出特有的音响。

手机铃声响了,另一端传来了小凯妈妈伤心呜咽的声音。我知道小凯又出事了。小凯是班里的“超级网虫”。他对网络游戏的痴迷已经到了非常严重的程度:他的所有课余时间几乎都是在电脑前度过,晚上游戏打得天昏地暗,白天精神恍惚,到校就睡,还经常逃学,成绩一落千丈。为了小凯,也为了其他还没走到这一步的孩子,我深切感受到“防患于未然”的重要。

我先在课堂上开展“网络双刃剑”的辩论会;接着又进行班级网络绘画大赛、打字比赛、网络作文比赛、网络查找资料等多种活动,目的是让学生们明白网络的益处,创设一种良性的班级网络氛围。但小凯对这一切无动于衷,依旧我行我素,甚至变本加厉,发展到偷拿爸爸妈妈的钱去上网的程度。

小凯日趋恶劣的表现,让我陷入了更深一层的思考。我想,我总是在集体教育上下功夫,对小凯不仅没起到作用,反而愈来愈严重,说明我没找准对他的教育切入点。

我思前想后只有一个办法——转移兴趣。但转移兴趣谈何容易,我绞尽脑汁还是无计可施。于是,我再次去家访,发现他房间里摆放着许多仿真飞机,才知道他打小就喜欢玩飞机、拆飞机,长大还想要做飞行员。我眼一亮,心一动,何不让他参加教育局举行的航模比赛，利用兴趣来刺激他奋发学习呢？按惯例，他没有机会参加这样的比赛。因为当时县教育局的中考加分项目规定，如果学生在航模比赛中获奖，中考可加 6 分。所以，各班的班主任都会把机会给有希望考上重点高中的学生。但是还有比挽救一个人的心灵更重要的吗？于是，我强烈地向他的班主任推荐。

在小凯准备比赛的阶段，我们看见了他脸上久违的自信、骄傲。以后的日子里他上课认真了，课外除忙于“研制”飞机模型外，各门学科的作业也没落下。

当他取得第一名后，我跟他约好，下次上“科教兴国战略”一课时，让他给全班同学介绍飞机的种类、飞行原理等，以扩展同学们的视野。听到我的这个要求后，他一开始似乎不敢相信自己的耳朵。看到我信任的目光，他这才点头答应了。

小凯认真准备后，从螺旋桨飞机讲到喷气式飞机，从波音 747 讲到国产歼- 16 战斗机，给大家上了一堂非常新奇的课。在热烈的掌声中，小凯对着全班同学和我深深地鞠了一躬。我也趁热打铁说：“同学们，飞机的演变，见证了我国科技的快速发展，但从整体上看，我国还面临着科技发展总体水平不高、科技创新能力不强等问题。科技的发展需要高素质的尖端人才，我希望同学们现在学好各科文化知识，为中国实现现代化作出贡献。今天，小凯已掌握了丰富的飞行知识，我相信他一定能实现宏伟的理想——成为著名飞行专家。”小凯的眼睛闪着兴奋的光彩。我看见小凯虔诚地点头的样子，知道这一次真正打动了他的心。

近一年来，他再不像以前那般迷恋电脑了，课桌里还多了几本有关飞机的书籍，班级又多了一名健康、阳光的少年。

改变一个人的过程是曲折的，只要我们教师循循善诱、用心呵护，挖掘长处、寻觅闪光点，然后给他创造展现才华的机会，调动内驱力，调动他的兴趣。相信一定能拨动那根美丽的心弦，奏出悦耳的音响。

幽默点，融化就在笑声处

意・索菲亚・名兰说，幽默感也是魅力的一个组成部分。有了幽默感，人们可以在一种非常融洽的气氛中交流彼此的思想和看法。缺乏幽默感，生活就变得非常单调和枯燥。

在课堂教学或班级管理中，难免会遇到各种问题和挑战，如果我们利用“幽默”的武器，纠正学生的错误行为，有时能够起到“四两拨千斤”的奇效。

上课时，小威总是游离于课堂之外，要么睡觉，要么拨弄学习用品。为此，他还多次与任课教师发生冲突。有些任课教师多次教育他无效，就不予理睬，随他便了。有一次，我看到他在剪指甲，于是我说：“话说有一个职员在上班的时候出去理发了，领导很不高兴，他却振振有词：‘我的头发可是在上班时长的，所以我利用上班时间理，没问题啊。’那领导说：‘那你下班后就没长头发吗？’职员一脸无辜地说：‘是啊，所以我没把头发都理了啊。’气得领导没话说了。”说完，同学们哈哈大笑，我又一本正经地说：“这个职员啊，就在我们班上，不过他没出去理发，他在干什么呢？”同学们先是一愣，转而会心一笑，小威也不好意思地收起了指甲钳。

又有一次，我在上“雅典的民主政治”一课时，他睡着了。我说：“小威，别睡了，从爱琴文明开始你就睡，这都到城邦时代了你还睡着，睡了几千年，快成睡美人了。”同学们听到，都忍不住大笑起来。小威慢慢抬起头，也尴尬地一笑，说：“王老师，我下次不睡了！"

幽默是艺术，是催化剂，更是魅力。幽默的语言不但能唤醒学生的自尊心，避免师生出现剑拔弩张的情况，而且能收到了出奇制胜的效果，集中学生注意力，提高课堂效率。所以，教师必须是具有幽默品质的人，不断丰富铸炼自己的语言，才能让学生置身于浓郁的语言环境中，受到感染和教育。正如恩格斯所言：“幽默是具有智慧、教育和道德上优越的表现。”

常言道：“人非草木，孰能无情”“精诚所至，金石为开”。教育实践告诉我们，爱是一种最有效的教育手段，教师的情感可以温暖一颗冰冷的心，可以使“浪子回头”“野马驯化”。教师应当怀着真诚的爱生感情，从学习、生活等方面无微不至地关怀、爱护、帮助和体贴学生，真诚地信任、尊重、鼓励和教育学生，以情感人，以情育人。学生开始亲身体验到老师的一片爱心、真挚情感、殷切期望时,内心将发生突变。"亲其师,信其道",老师的教诲就能发生效力,影响和改变学生的行为,沿着老师期望的方向发展。

让学生成为自我学习的教师

张寰宇，浙江省语文特级教师、正高级教师。1997年毕业于温州师范学院。现任温州市第二外国语学校初中语文教师、副校长，兼任浙江省基础教育课程改革专业指导委员会成员、温州大学人文学院研究生实践导师、温州中语会理事。先后获温州市名教师、浙江省教坛新秀、浙江省教科研先进个人、全国中语会优秀语文教师、温州市园丁奖、温州市优秀教师等荣誉称号。致力于初中语文单元整合化教学的实践与研究，成果获浙江省课题一等奖，并被选为温州市推广与应用课题。在《初中语文教与学》等全国中文核心刊物发表文章十余篇，主持编写《初中语文课外阅读读本》，参与编写《语文命题技术研究》《〈论语〉选读》《话说温州》等图书。

在“说说”中“立人”

张寰宇

教学，当是师生生命中的一段旅程。旅程中的风景，是一番特别的遇见。美好的学习旅程，会留下完整而又诗意的生命体验。教师的作用，在于带领学生看见风景，欣赏风景，并在风景中获得生命的触动与感发。

从教学实际来看，语文作业亟待改革。碎片式、机械化的习题式训练，不仅挤占了学生大量时间，更破坏了阅读和写作本身的美好体验，最终影响了学生学科思维的形成和诗性生活的追寻。

怎样通过语文作业让学生得以磨砺文字、表达生活、锻炼思维、创造思想呢？

怎样让语文作业成为师生日常共赏旅程风景的平台呢？

2011 年，我开始尝试一种全新的语文作业——“说说”。“说说”是什么呢？就是类似于日记随笔又稍有不同的语文作业。它最初源于腾讯 QQ 空间的“说说”，不仅用名相同，其表达和交流的本质也颇为相似，有三个重要的特征。

追求自由

“说说”每天都写，但很自由。所谓自由，即字数不限、题材不限、文体不限，甚至要不要写也不限。

刚听说要每天都写，孩子们满脸愁容。我说：“如果今天学习太忙，作业太多，就只需写上‘今天太忙了！’”。他们睁大眼睛问：“真的吗？”我笑答：“当然真的。”此时，我看到了他们无比安慰的笑容。我又说：“‘说说’的关键是记录自己的生活，如果感觉今天的内容只能自己看，那就贴上一张便利贴，上书两字：私密。老师保证绝对不看。”孩子们又欣慰地笑了。

要拥有写作的动力，必须消除写作的压力。

就这样，“说说”这种没有束缚的作业，在悄然之间化解了学生对于写作的恐惧感。没有了束缚，就有了自由，有了自由的表达，就有了真实的写作。在之后的“说说”写作中，的确出现了“今天太忙了”，出现了“私密”，但我看到了更多记录真实、抒发真情的文字。孩子们一发不可收拾，越写越多，越写越有兴趣。他们在薄薄的本子上，用笔墨撑起了一个属于他们自己的大大的世界。正如一个孩子所说：“即使‘说说’可长可短，每天还是会花大把的时间和心思在‘说说’上，有时从早上睁眼开始，有时从路过的一朵花开始，有时从神志不清的交谈开始，脑海里就开始逐渐勾勒出一个框架，扯上偶尔文艺时想出的句子，再花费大半个晚课间或大半个晚自习来把东西写到丑得不能再丑的本子上，用丑得不能再丑的文字写着每天。”

拥抱生活

“说说”不为作文而作，而为生活而作。

我所在的温州市第二外国语学校，是一所寄宿制学校。看到孩子们久久地待在教室里，我就想着得让他们多出来走走。真正的教育，是要立足于人的环境的。温州二外的环境，那是多么美好啊。往东，能仰望大罗山；往西，能遥望白云山。学校紧邻温瑞塘河，欧式建筑，如梦幻般的城堡，爬山虎一年一年执着向上，颜色从浅翠变深绿，又从淡黄变深红；一年之中，桃花、樱花、栀子花、蔷薇、桂花、梅花次第开放；每到四月，清风就将整个三垟湿地的橘花柑花的香气送到校园，真是沁人心脾。因为天地很开阔，如果你会观察，还能看到南飞或北归的大雁，还有夜空的北斗七星。这样美好的地方，怎能不让孩子多多关注，多出去走走呢？教育，就是要解放人的心灵，要培养人对自然、环境的敏感能力。作为语文教师，我就想利用语文的作业平台——“说说”，将学生导向生活，导向自然，导向天地。

秋天来了，我将孩子带到秋天里，去晒秋日的暖阳，去看明媚的蓝天；桂花开了，我将孩子带去细赏桂花，他们知道了，原来桂花有金桂和银桂之分，而且颜色浓的往往香气淡些，颜色淡的往往香气浓些，这就是"香花不色，色花不香"啊。只有这样的时候，孩子们身上的各处感官才被真正地打开，正所谓"五官生五觉，五觉生文章"。

真正的自由打开了写作的天地，适度的引导则将写作引向深入。除了用生活环境激发写作外，我也用学生的语文学习和阅读体验激发写作，同时也用写作促进阅读。在保持"不限"的自由前提之下，适度的限制则可激发思考的深邃与思想的碰撞。遇到了一些特别的时候，教师不妨就统一下话题，让全班学生拥有共同的聚焦。校园银杏止黄时，作业就是"看银杏"；腊梅绽放时，作业就是"看梅花"；樱花盛开时，作业就是"看樱花"。于是，在孩子们的笔下，出现了许多银杏、梅花、樱花的生命姿态以及因此触发的生命感悟。遇到一些特别的课时内容，教师不妨就确定一下任务，比如完成忧乐情怀的古文整理后，就给现实困境中的自己或某人写一封信，帮他走出困境；又比如在体验项目化学习之后，就表达关于如何学习的思考。

所有的学习和生活都是用来触发的，教师要做的，就是要让学生有触发，继而将这些触发点燃，燃烧起更灿烂的思想火焰。在学习鲁迅的《故乡》之后，有学生写道："我和迅哥儿想的一样，在应试教育压迫下的我们应该有新的生活，为我们所未经生活过的。至少，总该消除'学霸''学渣'两极分化吧。"这是多么触动人心的话啊。这个孩子的想法不一定能实现，但他的文字却闪耀着思想的光辉。

自由的"说说"，与学习生活息息相关的"说说"，让我发现了每一个孩子都有思考上的亮点，只要有思考上的亮点，就必然有写作上的亮点。教师要做的，就是发现亮点，放大亮点，同时点拨、引导学生不断地增加亮点。有时候我想，很多孩子没有写作能力的高下，只有写作特点的不同。每一个孩子，在某一段时间里都是一位作家。

鼓励表达

既然有这么多"作家"，为什么不鼓励他们把"作品"保存下来，进行发表交流呢？一个写作者最大的荣耀，不正是有在公众面前言说的能力和资格吗？十年来，我先后教了六个班，引导孩子们先后创立了六个班刊，从《笔心》《光点》《黎明城》《乔木·梵音》《文风雅致》再到《青春纪念册》，其中，《光点》作为班级文学社还被选为“意林中国知名中小学文学社”。十年倏然而过，学生来的来了，走的走了，只留下我依然坚持着。

这些班刊，是“说说”的汇总地。其追求的不是表达，而是发表；搜集的不仅是完篇佳作，更多的是灵光乍现的日常碎语。只要有思考，均可有发表。尽可能让班级里每一个孩子的文字都变成铅字，让班刊成为每一个孩子的荣耀，成为各届学生最好的“青春纪念册”。

更重要的鼓励，来自教师本人。

学生每日都写“说说”的坚持，源自教师每日批改的坚持。这是督促，更是勉励。因为有了更多的思考上的发现，批改就渐成了一种鼓励、期待的目光。因为有了教师的期待与鼓励，再懒惰的孩子也会开始拿起笔来，并越写越多。“说说”已不是一种简单的语文作业，而是一个吐露心声的地方。一个孩子在“说说”上说：“我一直觉得自己是个没有毅力的人。以前写日记，潦潦草草地吐槽什么，坚持半年后就再没写了。九年级的第一堂语文课，你说要写‘说说’时，我觉得自己一定是随意完成这随意的作业。可是，到最后，我没有随意对待任何一篇‘说说’，而是绞尽脑汁，搜肠刮肚。你的几条波浪线，一个星，两排短短的评语或者是一个方正锋利的‘阅’，竟然成为我在一天中最惊喜的等待。”

有一日，我颇有感慨地在微信中写道：画几条波浪线，这是我一年中做的最有意义的事情，没有也许。但是，要画几条波浪线又谈何容易呢？阅读着每一个文字，究竟圈画哪些文字才能拨动学生的心弦呢？这考验着教师的眼力与能力。每天都要改“说说”，少则一个多小时，多则两三个小时，这考验着教师的精力与持久力。如果实在是太忙了，那么，“每天都改”的诺言就无法兑现，只能拖延。孩子们就抱怨了：“你怎么改得这么慢啊？”我只能说：“对不起啊，对不起啊！”又有时，家长会质疑：“张老师，孩子花了大把时间写‘说说’，其他功课的作业怎么办啊？”还有时，同事也会提醒：“每天改‘说说’，太耗时间，同时，也需要给学生几个作文题练练啊。”但是，因为我知道，写作能力的提升，依靠的是一种动态的过程，并不是专门的作文课。在这样的过程中，学生的语言表达能力、对周围生活的敏感能力都得到了提升。另外，教学其实是双向的，在我每一日批改说说的过程中，我对语言文字的敏感、鉴赏、引导能力也在提升。

一个孩子说：”其他班的同伴惊叹起班中同学写‘说说’的用心，是不解的语气，奇怪为何会有人用尽了所有心绪，只为这一白纸上一行行工整的黑字。为了可以写出更优秀的作品，为了可以在所谓的人生重大关卡上可以脱颖而出吗？为了做那个永远认真完成作业的“好孩子”，为了自己的名字可以出现在班刊的某一个角落？绝不是这样的，也绝不可以是这样的。你的生命中有那么多人匆匆路过或是相伴你走过漫漫岁月，有那么多形形色色的人与故事以多样的方式一一上演。于是你听到它们的声音。它们不想被错过，于是它们找到了你。你于是成为那个媒介，开始用笔写下那些不该被忘记的面容与光阴。”

更多的动力来自孩子们毕业之后的来信。一个刚高考结束的孩子说：“（是你）让我们重新认识语文，热爱语文，学会思考如何做一个有温度的人。”另一个在高中的孩子说：（自从初中养成了习惯后）云、月、花、星、草，都成为了高中螺旋式生活的慰藉。”一个大学读到一半，决定要从理科转系到文科的孩子，在做决定时给我写了一封信，她说：“一个老师，有时真的可以让一个学生‘起死回生’，又或者让学生‘开出一朵花来，并学会享受它的芬芳’。”

“说说”究竟是什么呢？是一项“自由中有追求、开放有引导”的写作作业，也是将学生与教师、学习与生活、阅读与写作进行交流融通的语文平台。在这些与“说说”相伴的温暖岁月中，我与学生彼此打开，共同成为心怀柔软、眼看世界的人。

做孩子们真实而优秀的榜样

郑小侠，浙江省德育特级教师、正高级教师。毕业于温州师范学院。现任浙江省瓯海中学班主任，兼任浙江省青联委员。工作 22 年来，一直担任班主任，坚守了 15 届高三毕业班。曾获全国模范教师、长三角班主任基本功大赛一等奖、浙江省最美老师、浙江省“三育人”建功一等奖、浙江省教育 2014 年度十大影响力人物、浙江省首届师德先进个人、浙江省教坛新秀、温州市劳动模范、温州市十大育人先锋、温州市名班主任、温州市最美老师、温州市青年岗位能手、瓯越先锋、瓯海区十大杰出青年等荣誉称号。著有《做一位优秀的班主任》，曾荣登《班主任》杂志封面人物。

为“人师”，我一直在路上

郑小侠

一位刚毕业的学生在高考后给我写了一封长长的信，最后说：“在遇到你之前，我不知道这世上真的有这样的老师和班主任，你真无愧于‘人师’二字。能成为你的学生，是我的幸运。”

孩子的话让我非常感动，这何尝不是我毕生的追求呢？我还在做“人师”的路上。

一位优秀的老师，要有智慧，还要有爱。

用智慧应对问题，帮助孩子们成长

校园卡遗失是很难避免的事。尤其是部分高一新生，首次使用校园卡，不善保管。为防止遗失的校园卡被人盗刷，学校采取了一系列措施。比如，一天消费上限为50元，失主挂失该卡后立即禁止消费以及在刷卡机上方安装监控摄像头。但是，这些措施仍然无法杜绝校园卡被盗刷的情况发生。尤其开学初是校园卡遗失和盗刷的高发期。

有一个星期，三位同学到学生服务中心挂失校园卡，其中两位同学发现他们的校园卡已经被人盗刷了若干金额。

如何定性这种盗刷校园卡的事件呢？

往大的方向讲，这是非法占有他人财物。如果走上社会，盗刷他人的银行卡是犯法的，到了一定数额，是要接受刑事处罚的。但往小的方向讲，毕竟是孩子，谁在小时候没有犯过一些错呢？

我读书时，要在食堂蒸饭。有一次，一位学生找不到自己的饭盒，估计是被同学拿错了，于是，他也随便拿了个。吃完后，他发现这是自己班主任的饭盒。他紧张与懊恼时，他的班主任出现了，用非常轻松的语气说：没事，明天你蒸两份哦。这样处理非常具有智慧，一方面缓解了学生当时的紧张，另一方面，学生准备两份饭后，再也不用背负心理压力了。

而一位非常著名的当代教育名师，非常真诚地公开讲述过自己年轻时在类似问题上的失败案例。一位女生丢了手表，怀疑是同寝室A同学偷了，但A同学不承认。上课期间，这位老师来到她们的寝室，趴在A同学的箱子上，听到了手表"滴答滴答"的声音，他觉得自己已经"破案"了。但几天后，A同学就到离学校和她家都很远的菜市场卖菜了，再也不回校园了。这是年轻的老师角色定位失误。老师是引领者、陪伴者，而不是警察。

我想，我也应该智慧地处理校园卡被盗刷的难题，不仅要留给孩子改正错误的机会，也要借机教育孩子，尤其是帮助孩子进行自我教育。

在每周一次的星期一晨会上，作为学生处主任，我开始了我的教育。

首先，我用严肃的语调描述了近期的校园卡失窃事件："非常遗憾，最近发生了几件很不愉快的事。小侠老师很少用这种沉重的语调跟大家说话。"学生很快被我的反常表现吸引，很想知道到底发生了什么重大的事。"上周有同学遗失校园卡，挂失后发现被人盗刷！"

操场迅速安静下来。

接着，我进行传统的教育："财富是靠自己的智慧与双手获得的，用这种不光彩的方式获取财富是可耻的。"虽说这种说教的教育方式常被人批判，但我觉得，对于大部分学生而言，他们是能够听进去的。教育的方式是多元的，不能非此即彼。

然后我说："同学们，你们知道吗？我们的刷卡机能准确记录每一笔刷卡的时间与金额，而且每一个刷卡机上方都安装了摄像头！每一笔消费都清清楚楚地被记录下来！脸上有几颗'豆豆'都看得清楚！只要我按照被盗刷的记录对应摄像机，马上就能找出这几位同学！"这时，我报了几笔消费的时间与金额记录。学生们议论纷纷。

我接着说：“虽然盗刷他人的校园卡与盗窃他人的财物一样是严重错误的，但是，我相信，这可能是这几位同学一念之差，老师愿意给这几位同学一次悔过自新的机会。老师在行政楼学生工作处的办公室，晚上5:30之后就没有人了，请你把消费了的钱装进信封，并给我写一封信。老师保证永远为这些同学保密，相关视频将在这个世界上彻底消失。”

问题即契机，许多教育问题都隐藏着难得的教育契机。我应该借这个问题再对全体学生进行教育。于是我继续：“全温州有11万个摄像头！在现在的科技文明之下，我们不经意的行为都有可能曝光在世人面前！每个人都要对自己的言行负责，做到慎独。”

我听到有掌声响起。这在晨会上不多见。

每天晚自修结束后，我都去办公室找信。但是，一个星期过去了，我一无所获。这让我内心很纠结。但我一直坚信，孩子会作出正确的选择。可能他还在犹豫和斗争，或者这个星期没有带足够的钱？

第二个星期的周一晨会上，我进行了“心理战”：“上周，小侠老师在晨会上对盗刷校园卡事件进行了教育，后来收到了两封信，信写得非常真诚。但是，凭我对监控的分析，还有两位同学没有给我写信，我非常遗憾。但我想，可能是这几位同学上周确实没有现金，老师决定再给他们一次机会，收信的地点还是行政楼学生工作处的办公室。”

第二周，我终于收到了两封信！

其中一封信的信封上写着“只给小侠老师”。摘要如下：

我不知道怎样来弥补我的过失。

对不起！这一声，我向失主道歉，我只能用这三个最朴实的字眼来表达我的歉意，抚慰我的良心。

大概在上周五、本周日、周一刷了卡中大概130元左右。其实我当初刷卡的时候就已是忐忑不安。然而，在开学的第一周，我也遭遇过类似的情况：卡丢了，被别人刷了 100 多。

星期一听到广播时，我吓得脑袋嗡嗡直响，一片空白。听到周围同学的议论，我顿时感到无比羞耻，更不用说后悔了。我不敢告诉别人，一个人也没有，一整天的课也都没听进去，神情恍惚，感觉全身都抖得厉害。虽然广播里的消费记录听着不像我的，可大概就是做贼心虚吧！我悔得肠子都青了，那种滋味，说又说不得。晚上就连觉也睡不好，不仅为自己感到耻辱，还有让我无比害怕的事，倘若事情被老师同学知道了，我怎么在瓯中里过三年啊！我一定会疯掉的。走在回家的路上，我都恨不得来往的车辆撞死我算了。我肯定这是我从小到大第一次做过的亏心事，让我那么害怕、羞愧。可我只能说对不起，除此之外，我想不出其他办法。我没有勇气去面对失主和您。说得严重一点，我觉得这已经是我人生中的污点。

其实我不大确定那人是不是我。不管是不是，我用了别人的钱，摸着我的良心，我就得还。于此，我谢谢您。我保证，我再也不会用别人的钱不劳而获，我一定踏实做人，踏实做事。

另外，我是一个女生，短发，背蓝色书包。

最后我想请求您一定要为我保密。拜托您了。请您原谅。

您若有问题要问我，请发邮箱××××。

另一封信的摘要如下：

小侠老师：

您好，很抱歉！为我所做的肮脏的事抱歉，抱歉，抱歉！

当时捡到这张卡，我的头脑竟充满了邪念，做出如此不堪的事！

一是贪心，二是我也被盗刷过。我知道被人盗刷的感受，那是很不舒服的，而我出于报复心理而牵连到无辜的同学，真是万分抱歉。现在细细想来，自己还真是愚昧，竟因报复以及贪心做出这样无耻的事！也多谢小侠老师提供的改过自新的机会，我一直不知如何表达我的感受，所以迟迟未落笔，真是抱歉！同时我也保证下次再也不做这些占小便宜的事了，勿以恶小而为之，这句话我一定牢牢谨记！我也忘了大概盗刷了多少，所以索性拿出全身家当，希望那位同学能平复受创的心灵；寄以我最真诚的歉意！也向小侠老师说一句：“对不起！谢谢！”若金额偏少，请小侠老师联系QQ××××。实在不敢留手机号，毕竟做的事太丢人了！

我会珍惜老师给的这次悔过自新的机会的！

——一个知错愿改的同学

第一封信里说“悔得肠子都青了”“晚上就连觉也睡不好”，我相信，这就是自我教育，是孩子成长的根本途径。第二封信里说“我会珍惜老师给的这次悔过自新的机会的！”“对不起！谢谢！”，我相信，再有类似的情况发生，他们一定会做出正确的选择。

第三周的晨会上，我对盗刷卡事件进行了总结。

我念了几段学生写给我的信。

晨会的队伍非常安静。我想，大家都是有触动的。

我再抓住机会，再来一碗“心灵鸡汤”：“但请同学们想想，你们现在面对的是老师而不是老板。老师会一再给你机会，但是，我们终将面对老板！老板是不会轻易宽容员工的！每一个瓯中人都要记住这次教训，踏实做人，忠实做事。”

我又听到掌声响起。

每一个教育问题，都可能是教育契机，把握教育契机的能力叫智慧。

但智慧的大前提是爱。只有真的把孩子们爱到骨子里，真正关注孩子的终身发展，我们才能在各种复杂的问题面前，找到最适合孩子成长的方式。

让智慧与爱齐飞，做美好的教育

班主任工作既要有爱，也需要智慧。爱与智慧兼备的班主任，便是孩子们人生成长的“贵人”。

小包是一位来自山区的男生，平时表现良好。但有几天，我发现他白天上课不在状态。作为老班主任,我很清楚,白天精神不佳,夜里多半有问题。经过调查,我发现他深夜躲在被窝里看电子小说。

第二天,我找他谈话,跟他讲纪律,他态度很诚恳,表示下次不敢了。但是过了几天,我发现他又犯了。这次我改用目标引领的方法,跟他谈梦想。我说:"你只要突破数学,完全可以上浙大。"他眼睛都亮了,说:"我们村里大学生都不多,我要是能上浙大,我全家都会非常开心。"这一次,他坚持了两个星期。第三次再发现时,我再改变策略,对他进行了严厉的批评,他眼泪都快流下来了,说:"老师,事不过三,不会有下一次了!"

第四次再发现时,我陷入了深深地自责与反思。是我此前的纪律教育、目标教育和批评教育没有真正起到作用,我选择了低效、无效的教育才会导致他一再犯错。跟他父亲分析的时候,我们最终一致认为,他的根本问题是缺乏毅力,扛不住诱惑。他父亲还提醒我:"老师,你不是经常陪孩子们跑步吗?要不,这次让这小兔崽子多跑些,你跑他三天三夜,他跑不死的,跑死了我不要了!"农村的父亲多么朴实。

于是,我出了"狠招"。我先在班级里公开批评他,并分析了小包的错误及其原因,然后向全班宣布,我要罚小包连续跑三天,每天 20 圈 8000 米。由于老师的教育失误,让小包越陷越深,作为班主任,我有责任,也要接受惩罚,这三天,我陪他跑!

第一天,天很热。我的身体稍胖,跑起来有些吃力,他超了我两圈。跑完后,他站在操场门口用复杂的眼神看着我。我跑到时,他转身溜了!看着他的背影,我特别难过。如果之后的两天还是这样,我这招是不是也无效?

第二天,天更热了。第一天留下的酸痛在我们的大腿上肆虐,20 圈是很需要毅力的。我一直观察他的表情,怕他中途放弃。最后他坚持下来了,还是超了我两圈,仍然站在操场门口,用复杂的眼神看着我,想说什么又没说出来。但是,我跑到时他又转身溜了。我好绝望,这两天会不会白跑呢?

第三天,天公作美,下起了小雨。很多同学出来陪跑,我喜欢这样的教育情境！而这时，我感觉肚子有一点痛，于是，灵机一动，使劲用拳头顶住胃部，好像很痛的样子，艰难地向前跑着。他慢点我就慢点，他快点我就使劲跟上。脸上的汗水和雨水也分不清了。这时，我听到后面有哭声。一位女生冲上来就拽我了：“小侠，你不能再跑了！再跑，我们就没有班主任了！”而我内心无比欣喜！我相信这一天，这个场景，一定会给这位缺乏毅力的同学和其他所有在场的人留下长久的记忆！

冲过终点时，他仰天长啸，大吼一声，湿湿的脸上不知是泪水还是雨水。

我让生活委员给我们准备了两份盒饭。我们俩在教室的一张课桌上面对面吃，教室里很安静。我想他是很想让我给他来一顿狂风暴雨似的批评，但我觉得此时无声胜有声！果然，一阵死寂后，他的眼泪一滴一滴地滴在盒饭里。忽然，他冲到讲台桌前向全班同学做了一次发自肺腑的演讲：“我对不起老师，我对不起父母……我会用一辈子去记住这三天，记住这红色的跑道！”他讲什么已经不重要了。后来他真的考上了浙江大学。每次来看我，他都会提起那三天，那三天红色的跑道，他说那三天是他一辈子的财富。

每每想起这孩子，我就思绪万千。

首先，犯错误是要被惩罚的，这是社会法则。我们当下的教育似乎只剩下赏识与宽容，而一味的宽容最终走向了纵容，这种懒惰甚至不负责任的教育，最终毁掉的是我们的孩子。孩子们终将走上社会，而社会是残酷的，他们终将面对的不是学生时代无限宽容的老师。当然，惩罚是一门艺术，不能简单粗暴地体罚。

其次，人的潜能是巨大的。每次接一个新的班级，我都会向大家预告：每位同学都将在这一年完成至少十次 20 圈的长跑。刚开始，许多学生瞪起了小眼睛，分明在说：“这怎么可能？我跑两圈就吐了！我们盼星星盼月亮，盼来了一个魔鬼班主任！”但是，当他们第一次挑战完 20 圈后，便能真正的体会到自己的小宇宙是多么强大，人生中许多困难都是我们自己想象出来的。

最后，做孩子真实的榜样，家庭教育是这样，学校教育也是这样。如果学校教育也能像家庭教育那样少一些管理、多一些垂范、多一些爱，那么，学校会是孩子们美好的乐园。教育不需要那么多冷冰冰地管理和说教，陪伴孩子一起成长的同时，在孩子面前展示我们的激情、善良、顽强还有责任感，孩子们在大人那里吸取正能量，潜移默化，便可以茁壮地成长。

用我们的专业、智慧与爱去帮助孩子们，我们就是走在了做“人师”的路上。

有教无类，

循循善诱。

刘晓东，浙江省高中数学特级教师、正高级教师。1984毕业于江西省宜春学院数学系。先后在江西省八景煤矿中学、浙江省湖州市织里中学、浙江省吴兴高级中学任教。曾获浙江省教科研先进个人、湖州市“春蚕奖”、湖州市教学明星、湖州市教学能手、浙江省湖州市首届教育领军人才、湖州市年代好老师等荣誉称号。从教36年，始终坚持“教书先教人，育人先育己”的执教原则，始终保持正身为范、严谨治学、无私奉献的工作态度。已在全国中文核心等期刊上发表论文70余篇，负责或执笔20余项省市级课题，主编或参编20余部图书及教学辅导用书。

一花一世界，一“生”一风景

刘晓东

每个学生都是一朵花，每朵花都有自己的世界；每个学生都是一片叶，每片叶都有自己的绿意。教师就是要让这每一朵花绽放，让每一片叶更加碧绿，构成一道道靓丽的风景。

太湖之滨的教师节

9 月 10 日对于每个教师而言都是特殊的日子。2020 年的这一天，更是令我难以忘怀，感动之余更觉责任重大。

2020 年 9 月 10 日，和往年的教师节一样，慰问的电话、微信、短信不断。我突然接到远方刚子同学的电话：“刘老师，您好！节日快乐！今晚我准备来湖州太湖之滨与您共度佳节，怎么样啊？”我说：“好啊，我正想看看聪明、帅气的刚子现在怎样了。”我心想，离这么远，你公务那么繁忙，还真赶过来，纯粹是安慰我，所以我并未当真。下午再次接到刚子的电话，告诉我他快到湖州的时候，我才相信是真的。于是，我处理好手头的事情，急忙驱车前往。一进门，刚子就向我献花问好。看着眼前的刚子，成熟干练、幽默健谈、聪明“绝顶”，这还是 20 多年前的刚子吗？我在脑海里努力地搜索着，是的，是“升级版”的刚子！

当时我还在矿山子弟学校，学生清一色是矿山子弟。刚子是中途转至我班上的农村孩子。学习环境及生活环境的改变，打破了刚子原有的平衡，他与同学的关系总是隔着一层纱，虽然成绩优异但总是心存自卑，成天沉默寡言，不愿与同学多交流。于是我就和刚子说：“刚子，你是一个聪明的孩子，我们不仅要成绩好，更要全面发展，只有把自己融入团队才会更强大。你要自信，每个人都有自己的优势，也有自己的不足。我们就是要发挥优势，克服自身的不足。只有这样我们才能取得更大的进步，以后才能更好地适应社会，为社会做出更大的贡献。我相信你一定能做得更好，加油！”这次聊天以后，刚子便有意识地与同学交流，我也有意识地为刚子搭建平台，提供更多展示的机会，如让他向同学们分享学习经验，介绍农村生活的风土人情等。我还利用春游、秋游的机会，带领同学们去刚子的家乡实地考查，体验农村生活；业余时间带领刚子和其他同学一起打球、玩耍。慢慢地，刚子变得开朗起来，自信、阳光、帅气、成绩优异的刚子，成为了同学们的偶像。

回味过往，感叹岁月流失，但那些美好的记忆却永存着。不知何时窗外下起了雨，细细的秋雨，淅淅沥沥，敲打窗棂，低吟浅唱，似在诉说着秋水长天，又似在传唱春华秋实。正如陶行知先生所言：培养教育人和种花木一样，首先要认识花木的特点，区别不同的情况施肥、浇水和培养教育。杜威先生也说过，“教育不是把外面的东西强迫儿童去吸收”。每个学生的个性都是不同的，作为老师，我们的任务就是要根据学生的差异，进行个性化的教育。只有这样才能扬长避短、长善救失，才能用个性化教育这把金钥匙开启学生内心的大门。

“巧合”的魔力

著名教育家苏霍姆林斯基说过，每个孩子都是一个完全特殊的、独一无二的世界。教师要善于发现每个学生的不同个性，精心呵护这些生命，走进他们独特的个性世界，让每一个学生都享受爱的阳光雨露，在温暖、滋润的环境中健康成长。

小静同学进入高中以来，成绩一直名列前茅，是班上的学生干部。可是到了高考前的一个学期，数学突然出现了一些状况，几次考试成绩都不理想。家长、学校和她本人都很焦虑，这是典型的高考综合症。我也多次和她交流，但效果总是不理想，不过从和她的交谈中我了解到，她对初三时的班主任数学老师很是钦佩，于是我就对她说：“小静同学，这个周末放松一下，去看看你初中的数学老师吧。”

"马上要高考了,学习很紧张,等高考后吧。"小静回答说。我说:"没关系,就当放松放松,说不定有意外之喜呢。"小静看到我一脸神秘,就说:"好吧,反正就在隔壁小区,很近的。"

周末晚上,小静同学如约而至。"欢迎小静同学,谢谢你来看我。"小静回答道:"陈老师,我早就想过来看你了,由于学习太忙,数学又出了点状况,所以就……"陈老师说道:"没关系的,所有问题都难不倒我们的小静同学,办法总比困难多。""陈老师,你还这么相信我啊,现在高中了,竞争很激烈的。"小静说道。陈老师说:"你的情况我很清楚。"于是,陈老师把小静进入高中以来的学习、生活情况一一道来,并不时进行点评,当谈到数学出现的状况时,她笑着说:"你有数学天赋,近期就是压力太大,太想考好,其实按照你的实力和基础,放稳心态,一定能取得好成绩,如果患得患失,反而发挥不出自己的水平。"小静说道:"陈老师,您怎么这么清楚我的情况啊?太神奇了吧!"听到她们谈得差不多了,我就从书房走出来笑着说道:"有内应啊!""啊!刘老师,您怎么也在这?"小静惊奇地说道。我说:"这是我的家啊,我当然在这啦!""啊,怪不得陈老师这么了解我的情况,原来……"我说:"是啊,陈老师一直很关心你的学习,经常向我了解你的情况,为了使你有平常心,不让我告诉你我们的关系。"小静惊喜地说道:"你们两个都是我的数学老师,真是太奇妙了,太不可思议啦!"由于这种"巧合",小静同学没有了任何的顾忌,我们一起又聊了很久,慢慢地打开了小静的心结。告别时,小静还不住地说,太神奇了,太巧了。此后,小静的数学很快地恢复了正常,高考取得了好成绩,考取了心仪的大学。

教育机智是一名优秀教师的必备品格。俄国教育家乌申斯基说过:"不论教育者是怎样地研究教育理论,如果他没有教育机智,他不可能成为一名优秀的教育实践者……"教师要具备这样的智慧和能力,首先源于对学生的无限关爱和真诚尊重。其次,我们常说:要给学生一杯水,我们就要成为源源不断的活水,开凿一眼泉。也就是要求我们,要终身学习、不断积累、勤于反思,在教育教学活动中驰骋自如,找到偶发事件与教学任务之间的联系,迅速地切入主题。只有这样,教师才能令学生佩服，才能长久地“傲立”于学生中间。

选择与努力都很重要

著名的皮格马利翁效应，向我们传递的教育信息就是，以欣赏者的眼光对待学生，才能产生积极的效应。宋代大儒程颐说：以诚感人者，人亦诚而应；以术驭人者，人亦以术而待。教师对学生的真诚是一种教育力量，学生只有感到被信任，才愿意去接纳老师。教师与学生之间，就像高山与高山之间一样，你对着对面的高山呼唤：我尊重你，我信任你，那么对面山谷的回音也会是同样的内容。

高考成绩出来了，小慧以优异的成绩夺得学校文科第一名，最终被浙江大学法律系录取。

小慧是一名全面发展的女孩，各科成绩均衡。梦想成为科学家的她，高二分科时选择了理科，虽然很努力，但成绩始终无法达到心中的预期。因为当时我所在的学校是农村中学，学生基础无法和重点中学相比，按她当时的成绩，考取大学不是问题，但想考上理想的大学还是比较困难的。我当时担任文科班的班主任，任教文理两个班的数学，所以对小慧非常了解。小慧的理想是当科学家，但文科功底比较好，也比较喜欢法律，虽然理科功底也不错，但不是最好的，更何况还要和那么多重点中学的学生竞争，显然没有优势可言。于是我和理科班的班主任及家长反复商量，仔细分析小慧的学习状况，最终达成共识：“弃理从文”，发挥文科功底好的优势，将理科“劣势”转化为优势。因为当时文科数学的要求比理科低一些。小慧听了我们的分析后，觉得很有道理，但改了文科就无法实现当科学家的理想了，心里有点不舍，也不甘心。我说：“小慧，学文科可能无法实现科学家的梦想，但是你不是很喜欢法律吗？以后我们的社会是法治社会，急需法律人才，你学法律一定会大有用武之地，为社会也能做出很大的贡献。”小慧听后默默地点了点头，但是担心文科综合跟不上。我一方面鼓励她说：“小慧，你文科功底好，政治、历史、地理学考成绩都很优秀，说明你文综基础扎实，只要努力，你一定没有问题的。”另一方面，我主动与政治、历史、地理老师联系，对小慧进行个性化辅导。经过几个月的共同努力，小慧同学很快就成为了班上的佼佼者，最终考上了浙江大学。

努力很重要，但选择同样很重要，选择甚至大于努力。没有风帆的船，只能随波逐流，选择好方向，再去起航，选择好路线，才能去跟风雨搏斗，正确的选择加上自己不懈的努力才能到达成功的彼岸。当然，如果能站在了巨人的肩膀上，就可以享受巨人的高度。作为教师，我们虽然不是巨人，但我们可以用我们的身躯搭起学生走向成功的阶梯。

笃行臻美，美美与共。

徐军，浙江省美术特级教师、正高级教师。曾任教于湖州市吴兴实验中学，浙江师范大学美术学院硕士生导师，在华东师范大学、南京师范大学等多所高校担任特聘导师，民盟浙江省委社会服务委员会委员、中国教育学会美术专业委员会理事。获南太湖教育领军人才、第五届全国美术优质课大赛一等奖、第八届全国美术教育科研成果一等奖、浙江省教育科研先进个人等荣誉称号。人民美术出版社高中《绘画》《设计》教材编委。

钟情美育 执着坚守

徐 军

乐做一名有温度的美术教师

从教26年来，源于对南太湖这片土地的热爱，我更喜欢利用乡土地域文化创制学具、变革学法，这样能让我的学生更形象直观地了解教学具的产生、发展与运用，在教学中也自然达到了深入浅出的教学效果。以美育人，这也让“文化理解”“审美判断”“创意表现”等理念，在我的课堂里落地开花，蓬勃生长。

爱是最好的教育。我爱学校，爱学生，爱我的美术教育事业。的确，在我的教育手记中也记载着我和学生的许多过往。记得我在农村中学任教时，一位学生因长期吃家中带来的咸菜导致营养不良晕倒在地，我得知消息后，悄悄把自己一整年的一份菜送给了那名孩子，我就和同单位的妻子共吃一份菜。当我发现那一双双渴求艺术知识的眼睛，为了鼓励学生对艺术梦想的追求，我就想着法子把自己购买的材料奖励给学生使用。有一次，我研发了一节艺术与科技相结合的跨学科的课“古建筑密码——斗拱”，在课堂上我把木质榫卯模型分别发放到几个小组。拆解组装探究环节结束后，一名学生悄悄走上讲台，用手触摸我讲解使用的大的斗拱。斗拱形制是上大下小，稳定性不够，这一触摸导致整个斗拱轰然倒地，摔得粉碎。这个突发的教学事件让我有点懵，那位同学也受到巨大惊吓，整个身体好像凝固了，整个教室也好像凝固了。我回过神来，连忙示意大家舒缓一下紧张，接着我表达了两点意见：首先，我要表扬这位同学，他拥有强烈的好奇心。纵观人类历史，许多伟大的成就往往源于好奇心，因为不满足小组桌面上的清式斗拱，上来看看我这个宋代式样的斗拱，这是一种探究的动力。第二点我想说的是这个斗拱破损了，我也不会让你负担的。不过你以后要汲取教训，可以提前跟老师说一声。我后来想，如果当时老师惦记这个自费几千元买来的模型，怒火中烧，严加斥责这位学生，对他今后的行为和心理将会带来很多阴影。

常态教学中，为了让学生能欣赏到最美的中国书画名作和工艺作品，我觉得自制学具是最快捷有效的，我经常用自己的工资购买作品，创制学具。作为民盟盟员，我积极响应民盟中央的“烛光行动”，与两山理论发源地——安吉县3名美术教师结对，推动他们围绕吴昌硕故居和折扇基地的资源优势，深入挖掘地方资源，使课堂教学和课程开发在省内拥有了一定的知名度。植根乡土，我引导学生开社团、办画展、观非遗。在我的引导下，每年学生获奖众多，更有不少学生走上美术之路。作为一名美术教师，我也时刻关注着中西部地区、浙江沿海及山区的美术教育，并义不容辞地加入了送教、支教的队伍，如去丽水庆元、松阳、云南西双版纳送教，去四川青川县短期支教等，以及为教育部“国培计划”数次去云南、湖南、安徽对中小学薄弱学科进行师资培训，将自己的教学视频、教学设计文本与老师们一起分享并交流教学得失。结合自己在农村中学11年的工作经历，分享如何调取学生生活经验和自然资源，丰富美术课堂。

我长期执着耕耘于课程研发、思辨着教学创新。我执教的“书籍装帧设计”一课，以“探赏式教学”和全新的学具介入，获得第五届全国美术优质课大赛一等奖第一名。我先后在浙江、上海、山东、湖北、福建等地教研室主办的活动中进行课堂教学或讲座100多场，并被评为“浙江省教育科研先进个人”“湖州市教学明星”“湖州市吴兴区首批‘享受教育特殊津贴学科教学人才’”。

乐做一名善变革的美术教师

20多年来，我全身心地投入美术课程、教学与评价等多方面变革，探索了具身认知视域下的美术学科教学方略，构建了具有中国气派的系列“地域美术文化课程”，设计与制作了获国家专利或正式出版、展示研讨的学具、课例，从而形成了“探赏式学习”的美术教学主张和操作进路。

触摸根脉，留住记忆

湖州独特的地理位置造就了她深厚的人文内涵。在这里，铜镜制造、雕版印刷、湖笔、羽扇、折扇、丝绸织染等传统工艺均历史悠久且延续至今，每一种类型都体现着工匠对材美工巧的理想追求，从而产生了大量丰富多彩、做工精致的艺术品。每当我阅读文本或是到现场考察时，都感到非常激动，因为这些都可以作为美术课程资源深入开发并融进课堂。如今，传统美术文化在中小学教科书中都有一定的比例，如何让这些凝聚了祖祖辈辈生活智慧的内容走进学生的内心，是我们美术教育工作者需要思考并去研究和实践的。对于那些文化积淀较深、时间跨度较长、与学生生活经验相距甚远的内容，尤其需要教师考虑运用适当的方法。因此教师需要考虑挖掘传统文化的力度，以及如何解构、呈现，才能走进今天的课堂之中。此外，2001 年开始的新一轮基础教育课程改革，调整了基础教育的课程体系、结构和内容，对继承和发扬中华民族的优秀传统和革命传统提出了新的要求。课改前的教学中，教师讲得多，学生体验、探究少，师生互动也少，资源整合意识不强；课改后，教师在认识和实践上都有了很大改变。自身的兴趣、政策的推动和课改的要求给了我将传统文化引入美术教学的动力和机会。

通过解构和呈现，我让传统文化走进美术课堂。我选的主题，以及后来精雕细琢的内容，多为我身边的资源，或是我平时感兴趣且有一定积累的素材，有成品，也有半成品，还有能还原工艺流程的零件等。我在课堂上追求有带入感的效果，往往通过观看实物让学生动起来，从而形成多方面的感受，这样才会产生不一样的理解。譬如，我在开发“最美的书”一课时，收集了大量能激发学生创意的材料，因为所谓最美的书在形态上是有多样性的，而有创意的材料可以拓展学生的视野。此外，我开发的关于羽扇、明式家具、木版年画和斗拱等内容的课，细节常隐含在整体形态中，以实物模型、静态图片、动态影像等形式解构那些优秀的传统工艺，能够让学生对中华优秀传统文化的认知更加充分。

我曾经在课堂教学中围绕木作工艺进行课程整合，形成一系列研究专题，注重活态化演绎，利用可拆卸家具、榫卯模型，运用对比法和观察法考察不同学生的接受程度。因为语境的缺失，学生理解这部分内容有一定困难。对此，我先将实物家具解构，同时呈现榫卯构件的拼合方式，使学生能直观地认识中国传统家具的构件，了解它们的组合方式，以及其中所蕴含的古人的智慧。到了学生动手操作环节，我再创设问题情境，引发学生的问题意识和对中华优秀传统文化的探究动力。这种活态化实施路径，使学生的探析有物可触、有法可用、有章可循。如此，教师让学生在触摸、把玩、拆解、重组、安装学习材料的过程中，逐步解决教学重点，有效激活学生自主探究的热情。我的课堂教学过程也逐渐形成了这样几个特点：①创设匠作情境，激发学习兴趣；②设计思维悬念，点拨欣赏思路；③突破生活局限，启发思维创新；④还原匠作现场，唤起文化保护意识。

躬耕美育，守正创新

推进优秀传统美术作品进教材，对树立文化自信、弘扬传统文化具有特殊的意义。作为教材和教参的编写者和使用者，我一直信奉“点亮优秀作品，厚植文化自信”，这也是我对推进优秀传统美术作品进教材的认知。我们现在使用的教材是依据课程标准编写的，包括文字和视听两大类。《普通高中美术课程标准（2017年版）》对作品的选择给出了明确的建议，要求用于美术鉴赏的美术作品应具有典型性和多样性，古今中外美术作品应保持适当比例（中国美术的比重应略大），尽可能选择具有启发性和范例性的美术作品或图片。优秀的美术作品历经岁月洗礼，应该以静态与动态相结合的方式解读，教材需要提供可视化的作品解析图、教学提示、核心阅读导览、步骤图、创作年表、评价表、延伸阅读提示等。此外，优秀的作品进入教材，不能只是静态的展示，还需要活态化解析，其中艺术家的构思创作过程草图尤为关键，同时应该重视优秀艺术家的口述史。这样，才能让学生充分理解经典艺术作品和传统文化，树立文化自信，形成传承和保护传统文化的意识和能力，并能“像艺术家一样创作”。

教学中，我始终以学生发展为本，关注学生的学习需求与审美需求，守正创新，积极探寻信息技术与传统美术课堂教学融合的路径，这也是现代教育理念对美术教师的要求。作为美术教师，“守正”就是要深刻揭示出美术作品中所蕴含的传统思想文化的精气神，挖掘作品中的传统思想文化的内涵，解读作品背后的优秀传统文化的自信；“创新”就是不墨守成规，敢于突破思维定式、出奇制胜，能运用自身的独特艺术观念、艺术语言、艺术风格创新形式并全方位加以诠释。例如，我对“组装式”美术教具的创制与运用，直接利用各学科的教具，利用废旧材料进行重组，是一种很好的创制思维训练。想要产生这样的灵感，就需要教师经常进行事物间的联想训练，将不同事物自由重组，以达到创造性思维训练的目的。教育技术革新给美术教学不断带来变化，所以我还将“组装式”教具创制与运用跟现代教学手段融合，从而使美术课堂更加精彩。以“中国古建筑密码——斗拱”课堂教学为例，就这节课的教学内容来说，斗拱在建筑中的位置、产生的作用、有哪些类型、历史沿革等，都可以通过文字和图片进行解读，也有实物供学生欣赏，但在有限的教学时间内，学生不可能对几十个零件一个个地组装；若仅为学生提供部分零件进行观察和体验，又有可能造成学生断章取义、知识习得不连贯的后果。为了让学生简便、完整、清晰地了解斗拱的知识和组装方法，我采用了动画演示结构图的方式，用电脑制作的斗拱动态图来解读经典斗拱的结构关系，同时还用动画对古建筑整体进行动态演示。学生通过观看动画很快就对斗拱的榫卯关系有了比较直观的理解，对框架结构和斗拱在整体建筑中的位置和作用也有了充分的认识，这就给传统的教具插上了信息技术的“翅膀”，让教学更具实效性。

祖国各地都有具有地域文化特色的美术精华。我曾先后9次自费奔赴敦煌莫高窟进行写生、临摹，还曾辗转于湖州周边各地，寻历史遗存，访非遗传人，亲手制作一系列“可变式教具”。经过较长时间的积累，形成了如“书”“斗拱”“敦煌艺术欣赏”“明式家具”“木板年画”等较有影响力的地域美术文化教学经典课例。整合形成的拓展性课程“菰城印象”（此课程获浙江省优秀拓展性课程），与南京师范大学合作的课程获国家级精品课程奖、江苏省精品课程奖等。多年来，我一直坚守并致力于体现工匠精神的可变式教具研制，从而增强了美术课的体验性、探究感。学具“木板年画制作原理的课堂教学方法和装置”已获得国家实用新型专利。先后为浙江人美版教材编写教参 15 节课，并对高中美术课程标准工艺模块进行解读，并参与编写人美版高中《绘画》《设计》教材，为南京师范大学徐悲鸿美术实验班长期开设教具制作课等。

乐做一名广引领的教师成长导师

坚守初心，度己度人，以智育师。我觉得，一个人的发展要倾听内心的声音。刚走上工作岗位时，不同类型的人都会来关心你，画画的劝你做艺术家，理论研究者希望你做课题、写文章，教学名师鼓励你坚守讲台。每个教师都有自己的专业优势、师承渊源、乡土背景，有的教师读大学的时候在专业技法上就已经有很高的起点了，可以聚焦于专业技法研究、实践和教学；有的青年教师在读书、写作方面用力甚勤，对教学思考得较多，则可以在教学研究方面多深入，往研究型教师方向发展。美术教师与画家不一样，教学才是教师的第一要务。然而，很多美术教师把精力都投在画画上了，不但收效不明显，还影响到后来的教学实绩、职称评定和业务评优。当然，也有教师在专业上取得骄人的成绩，如参加各种美术展览并获奖，但那毕竟是少数。因此，身为美术教师，我们要多关注身边的教学资源，根据自身的兴趣多开发一些课例，以科研促进教学水平的提高，多思考，多上课，多交流，勤动笔，从而提高个人综合素养。我其实是非常喜欢画画的，高三时就休学半年去敦煌莫高窟临摹敦煌壁画，家里积累了几大捆敦煌壁画线描临摹稿。后来我开发了几节以敦煌艺术为内容的课例，因为我认为教学始终是我的“主业”。跟大多数美术教师一样，我平时也怕写文章，但我知道教师的专业发展离不开写作，写作会让自己思路缜密、清晰，能促进思考，尤其是对教学的思考。写文章应该写自己熟悉的、自己正在做的内容。所以，我写的教学研究文章也是与我开发研究的课程有关的。为了保持写作的惯性，每次带学生外出参观、考察，我都会写一篇随笔，然后投稿发表。名师工作室成立之后，为了充分发挥“名师”的辐射作用，我利用教育主管部门搭建的平台，通过课堂研讨、科研带动、讲座引领、阅读铺垫等方式，帮助工作室成员提升专业素养。这几年，我与部分高校互动较为频繁，在开展工作室活动的时候，我充分利用这一资源优势，带领团队成员参与一些项目研究和大型活动，使工作室成员在业务拓展上获益很多。

在“项目研究—深度备课—展示研讨”中带领工作室成员卓越成长

在项目研究中孵化研究型美术教师。我认为青年教师科研项目研究能迅速提高美术教师的教学水平。2014年，我的名师工作室正式成立后，定向指导了一批青年美术教师的业务发展。为带动区域内中小学美术教师改变教育观念、实现转型发展，我积极搭建平台，邀请美术教育界有影响力的专家来工作室讲学、交流，鼓励工作室成员参加各种美术教育学术活动。这不仅让他们了解了美术教育教学的前沿动态，为他们带来全新的教学理念，还给他们开展教学研究提供方向引领和方法指导。我还利用工作室之间相互交流的机会，互通有无。比如，与一些知名特级教师工作室合作搭建区域美术教育论坛，进行常态化的交流互动，并利用这个平台，让青年教师执教示范课，主持微论坛。经过五年多的共同努力，工作室成员获得了良好的发展，有的已是省、市、区美术学科的“教学能手”或“教坛新秀”。近几年，不少成员在全国和省级教育科研成果评比中获得一、二等奖，并有多项成果发表在《中国美术教育》《中国中小学美术》等重要学术期刊上。值得一提的是戴泽华老师，他是工作室的首批成员，长期扎根农村，利用学校附近的吴昌硕故居开发教学资源，开展场景式教学，在有限的条件下拓展乡土资源，深耕教学业务。2019年，他荣获“全国优秀教师”称号。同年5月，我的省网络名师工作室成立，目前已有200多名美术骨干教师加入。他们借助这个平台，与同道共同探讨美育话题，实现资源共享，推进精品资源建设。4个多月来，工作室网站的访问量超过36万人次，发表、转载文章6900多篇，共享资源7000多项，其中精品资源达到128个，名师课堂近5590个，话题数超过5725个。这些数据彰显了工作室成员坚持不懈的耕耘精神，表明他们对未来的发展充满期待、对教育问题的研究与思考。

同时，我结合自己承担的省市课题，引导成员申报子项研究，引导学员学会研究。同时，为提升团队成员教科研能力，我邀请美术教育名家、省市教研员进行指导，如华东师范大学博士生导师钱初熹教授、南京师范大学美术学院秦华教授等，为教师们带来前沿研究动态。经多年耕耘，学员撰写的论文获湖州市一等奖以上的有 7 篇，申报省市级课题 9 项，省优秀拓展性课程 4 项。

在深度备课中培育“会创课”的一线骨干美术教师。我通过剪报、摘录、撰写读书笔记和教学心得等办法，为工作室教师装备了许多的电子书和视频资料，引导教师进行深度备课。例如，为让工作室教师上好“青绿山水”一课，我协助教师搜集资料，下载文献，请教相关专家。几年下来，工作室教师们研发了近 20 节有深度的教学课例。我们相互学习，互为点拨，经历一次次地磨课，促使所带的青年教师迅速成长，在展示研讨中推出会上好课的美术教师。在培养青年教师成长的过程中，我总是不断地为他们提供各种活动和展示能力的舞台。

在美术教育国培与各种讲学中发挥区域辐射作用

作为美术教育国培项目参与者，我通过国培平台向外省传播经验，展示课堂教学新成果，借助教师继续教育网把自己及工作室教师的课程在更大平台上展示，从而促使区域内更多教师乐于进行美术教育观念的转变和课堂教学的创新。同时作为一名研究型的美术教师，我始终在心爱的美术教育道路上前行着，不仅以满腔的爱“以美育人”，更以博爱的行动广泛“以智育师”，从而为美术教育实践作出自己的努力。

愿我们以教育者的责任担当，放眼世界，立足本土，发掘内涵，守正创新。

贾龙弟，浙江省中学语文特级教师、正高级教师。现任浙江省平湖市独山港中学学校教科室主任，兼任中学语文学会名师教研中心研究员，全国名师工作室联盟理事长，首批入库专家。荣获浙江省初中语文优质课比赛一等奖第一名、浙江省“万人计划”教学名师、浙江省优秀教师暨农村教师突出贡献奖、中学语文学会首届学术先锋人物等称号。近年来致力于“基于深度学习的学科教学”研究，让核心素养真正在课堂上落地，取得了显著成绩，并推出了系列成果。170 多篇论文发表于《中国教育学刊》《语文建设》等全国中文核心期刊，多篇论文被人大复印资料全文转载，专著《语文教学本体论》由浙江大学出版社出版。

因为爱，所以爱

贾龙弟

教育不是急匆匆的追赶，更不是急吼吼的教训，而是在不紧不慢间发现学生的成长点，并对学生提出更高的期待，那是因为爱。爱是唤醒，是一场美好的遇见；爱是分享，是一次美丽的成长。

爱是唤醒，是一场美好的遇见

上完语文课回到办公室，我一眼就看见桌上有一张封面为风筝的节日贺卡。我忍不住多看了一眼：很好！田野上，一群活泼的孩子，一只只飘飞的风筝！

这是哪个孩子寄给我的节日贺卡呢？我马上看了贺卡背面，一首小诗跃然眼前：

你持住我手的方式

那时你以天使的宽容
熟悉接近我的未知轨迹
你持住我手的方式
让我惊觉我已偏离了那么久
我几乎沉醉了
风筝渐渐飘飞
我心慢慢明白
它被信任被期待的浅浅的静态
它被唤醒被鼓励的深深的动态

……

风筝故事里的男主角——小凯

回忆瞬间泛滥成河，风筝故事里的小凯顿时闪现于那一年的三月，谢谢小凯的贺卡！读着诗句，想起那节课，庆幸自己没有错过。的确，讲台很小也足够大！

那节语文课上的是鲁迅的《风筝》，我正启发学生讨论：思考开头结尾为什么都写到“肃杀的严冬”，《风筝》的主题是什么。突然，小灵说：“贾老师，我同桌小凯在睡觉！”坐最后一排的小凯，竟趴着睡着了。

上周的单元测试，小凯还差点不及格，课堂上竟如此明目张胆地呼呼大睡！看着他的模样，我放下语文书，拿起讲台上的教鞭。全班同学都看着我走到他的位置旁边。

教鞭在手，很想挥鞭而落，但是，见他的疲惫模样，我不觉迟疑了一下。小灵叫醒了他，他抬头，眼睛里布满了血丝。一见我手里的教鞭，他出其不意地吼了一句：“你打呀，你怎么不打？”他的神情，真是伤我心！

此时的你最不可爱，但我怎能因你不可爱而简单粗暴地对你呢？

此时的你最不可爱，恰是最需要我好好表达对你的爱时！

我强忍着不愉快，迅速调整好情绪，俯下身，用左手拍了拍他的肩，微笑着示意，轻轻地说：“睡了一会，感觉好一点了吗？”看得出，他很吃惊，想说什么但欲言又止。我再次拍了拍他的肩，然后告诉全班同学：“我知道小凯同学是感冒头晕了，加上昨晚睡得少，只是以后，大家如有身体原因想趴着睡一会，那请先在语文课前对我说一声。”说完，我笑着看看他，四目相对。很快地，他低下了头。语文课还在进行着，谈风筝、谈鲁迅。突然，小凯竟举手了，我一阵欢喜，请他发言。谁知他说：“贾老师，我们何时去放风筝？”他的话音刚落，全班同学哈哈大笑。有同学笑说，你是不是在做美梦呢？此时，我惊奇于他举手的坦率，当然，我不能因为这份坦率而被学生当笑话。“为什么不能去放呢？当然可以呀！小凯，你来设计一次全班放风筝的活动，好吗？”全班同学又一阵惊呼，他也又一次吃惊不已。

何时何地适合放风筝呢？小凯问自己，更多的是问同学们。最后，他决定在班会课时到学校操场放风筝。那一天，我还特意带去了金鱼风筝、蜈蚣风筝，这些风筝是请在潍坊工作的高中朋友特意寄回的。小凯与两位班委的活动设计方案完美出炉："放风筝与谈理想"巧组合，"说风筝的历史与画风筝的故事"对对碰。一次活动一次遇见，一次遇见一次收获。班会课45分钟里，操场上，同学们的欢声笑语汇成了一首歌，一只只风筝在操场上飘飞，放飞了同学们的一份份梦想，也放飞了我自己帮助学习相对落后学生的信心，还放飞了师生之间的彼此信任、彼此祝福。小凯开始理解老师，开始被唤醒期待。真没想到：我对小凯的一次"放任"，对全班同学的"放松"，可以给班级带来那么多的积极作用！

此时此地此身，我是谁？我是你的语文老师，是你的班主任，更是你成长的陪伴者！相信就能看见！当你最不可爱的时候，一定是灰尘暂时蒙了你的眼，是你最需要爱的时候！

而后，从指导小凯与另两位语文课代表一起写活动设计方案起，我惊喜地发现，他上课的眼睛越来越明亮，作业的字迹越来越端正，作业订正越来越规范。于漪老师的话响在耳畔："爱我的学生能让我产生教育智慧。"是的，成长有快慢，教育有方法，感谢小凯，让我有幸多了一次思考、一次成长！

讲台很小也很大，想着风筝的故事，读着贺卡上的诗句，此刻，我情不自禁一读再读：

我几乎沉醉了
风筝渐渐飘飞
我心慢慢明白
它被信任被期待的浅浅的静态
它被唤醒被鼓励的深深的动态
……

爱是分享，是一次美丽的成长

在神圣而温馨的浪漫时刻，站在舞台中央，随着掌声雷鸣，我左牵小悦，右牵小宇，恭喜他们多年来的念念不忘，今日喜结良缘！

我受新郎小宇、新娘小悦的重托，担任此婚礼的证婚人，倍感荣幸！

此时此刻，想着15年前，我有幸在课堂遇见了这两个孩子，成了他们的班主任。15年前，这两个可爱的孩子，朦朦胧胧的感情有点调皮。一路走来，感谢师生情缘，感谢你们让我在这美好婚礼上当你们的证婚人！15年一首歌，感谢师生情缘欢奏出幸福而奇妙的歌谣，感谢小宇小悦信任我，我感到很庆幸，庆幸自己没有错过对你们的渐渐了解与慢慢引导。如今，看着他们情牵一线，缘定一生，携手走过红毯，即将走进幸福的婚姻殿堂，真是有情人终成眷属啊！此时，作为证婚人，我真感到激动不已，高兴不已，欢喜不已！

这一刻，说完了证婚词，我近乎泪流满面。

15年前，八(5)班，小宇坐最后一排，是爱打篮球、阳光又帅气的体育委员；小悦坐第二排，是爱阅读、文静又勤奋的学习委员。有学生告诉我，他们走得很近时，我凭直觉总多次否定，不可能吧？他们成绩滑坡时，我也曾对自己说，不会是真有其因而失意考场了吧？

我也曾担心两位班委的形象，担心以后班干部的工作怎样开展，担心他们的做法在班级里又会带来多少不利的因素。苏霍姆林斯基说，每一个人都有一颗成为好人的心。那么，班级里，每一个学生也都有一颗成为好学生的心！很多时候，我想着自家的孩子会遇见怎样的老师，我就想自己要努力去做一名这样的老师。

“亲其师，信其道。”教育从来不只局限在知识与技能层面，而是一种充满着感情的事业。所以，良好的师生关系是创建良好班风的积极前提。试问：为构建良好的师生关系，我曾努力做了什么？尤其9月份接手这个班级以来，面对青春期的孩子，面对班级里出现的这一情况，既当语文老师又当班主任的我，是否真正做到了温柔而坚定的陪伴？

那天放学后，教室里，只有我们三人：我、小悦、小宇。就这样面对面地坐着，他们坐着听我说，听我说自己的故事。当年读书时，我收到了女同学的第一封所谓的情书，收信后紧张地跑去找班主任张老师。记忆中，张老师笑着说我长大了，说我被人喜欢是值得开心的事。但是张老师很认真地对我说："男孩子要志在四方。只有自己强大的时候，整个世界才会给你让路。你应该在认真读书的时候就要做最有价值的事。"过了近 15 年，我与那位女同学一起参加同学会的时候，我们说起这青春萌动的曾经，那位女同学说，当时写信只是觉得挺好玩，也没什么特别的感觉。我听了，是不是有点伤感？实际上，少年时代的这份好感如果放在心里，默默努力，岂不是更好？但是，那天的教室里，他们听我说完，竟异口同声地说："15 年后，我们会在一起的！"那一刻，我有种哭笑不得的感觉，小小年纪就如此斩钉截铁地宣告，你们的"勇气"让我这个班主任不禁多了一份沉甸甸的责任。

"好，感谢你们的坦诚。但是，你们想过如何实现吗？"我知道堵与压不是办法，他们不是一点都不懂，而是一定在这关键时刻遇到了情感上的麻烦。我除了分享我的经历，还必须以长辈的理解、信任、包容去引导他们。我要让我的情感去影响、改变他们的情感，开辟一条"以情育情"的师生生命成长通道。我还期待他们能从我的言语表达里感受被尊重、被信任的快乐，能渐渐明白这不是亲情却胜似亲情的关爱与引导。这样一想，我倍感责任之大，要全力以赴、好好呵护他们"面对一份最真的好感而怦然心动的情怀"。那就三人相约，向终极目标出发吧。我们互相写下"渴望 15 年后，遇见怎样的彼此"的愿望，因为梦想有多近，就在于你想得有多远！我们写下"找差距、比奋进"的分级目标，因为有梦想，谁都了不起！我知道这一路他们追梦，很累也很辛苦，但是一个人重要的不是置身何处，而是身在福中要惜福，学会感恩，学会自强自立！我们写下"让爸妈放心、孩子在校会用心"的承诺，因为爸妈一定是最爱孩子的，他们如果知道了这事，一定比我更担心了。所以，孩子要学会对自己负责，必须非常努力，才能看起来毫不费力！而且，成长不是靠颜值说话，而是凭才华！我也写下对他们的信任与期待目标。我想用我的目光照亮这两个孩子有点迷茫、有点困惑的路。我勉励自己好好表达我的期待、我的要求，让他们因为我的陪伴而幸福成长！

然后，这些写下的内容放进了心愿瓶里。我们三人拉钩。我很认真地告诉他们：学习是要有点意志力的，更要有点自控力的！

我很欣慰小悦小宇的父母是民主与宽容的，遇上这样的家长是我的福气！他们懂得我的引导，配合着一起做这两个孩子的思想工作。在班级里，结合班会课，我相继开展了有关青春期成长的系列班会。我努力着，以向善向上的班风，让他们渐渐感到学习的重要性、目标的坚定性、自我成长的主动性。八年级期末时，这两个孩子都有进步，家长们也更信任我的教育了。九年级一开学，我邀请了往届生中的优秀学生进课堂，以学长的身份与同学们零距离交流，有意识互动，增强"在最美好年华做最有价值的事"的积极性，让他们在潜移默化中远远地欣赏、默默地奋进。遇见中考，不是为了让全世界看到你，而是为了让你看到全世界！让他们努力学会好好呵护自己的纯真和美好。中考结束了，小悦小宇都考上了县里最好的高中。我们三人再相约，仍然在教室里，我送他们每人一本《做最好的自己》。我分别题词，感谢两年前他们的承诺，我们三人都小心翼翼地坚守着。

此时，15 年的承诺已开花正艳。此刻，我们三人再相约，见证你们的幸福时光，我激动万分。

再次送上我的证婚词结束语吧！

最长情的告白莫过于"我陪你，从校服到婚纱"！最不浪费的等待莫过于 15 年的心心念念。相信爱情，相信彼此，最幸福的时光不慌不忙地与这两个孩子紧紧相拥！你爱他，生动而明亮！他爱你，深刻而清晰！恭喜这两个可爱的孩子在那天当着我的面大胆地说出来了，并且一路走来，勇敢而幸福地做到了！是缘、是情，让你们在最美好的年华有小鹿乱撞的情窦初开！是懂得、是相信，让你们在 15 年的爱情长跑中有磐石无转移的情深意长！祝福你们从相识、相知到相爱、相牵，心心相印，两情相悦。所有的日子都将变得美好而又明媚，所有的平凡都将闪亮而又传奇！

岁月静好，当老师的辛苦，因为爱，所以爱！时光可缓，当老师的幸福，如果爱，请真爱！

爱是唤醒，是一场美好的遇见；爱是分享，是一次美丽的成长！

在每个时光缝隙里，我欢天喜地捡拾起辛苦与幸福，怀揣着这份当老师的敬业与乐业，镌刻着那些感动与惊喜！

有温度的语言，可以直抵心灵。

汪啸波，浙江省语文特级教师。1982年毕业于浙江师范大学中文系，其后在浙江省衢州第二中学任教至今，曾任衢州二中工会副主席、衢州市人大法工委委员，兼任浙江省作协会员、杭州电子科技大学新媒体传播研究院特聘教授。擅长作文教学，曾举办百余场省内外作文讲座，写作指导个性鲜明，风格独特，举重若轻。撰写了近百篇写作论文，出版作文教学专著《少波讲作文》、散文随笔集《微笑着，活在红尘里》，主创了颇有影响力的微信公众号“晚上八点”。

每一个意外都是契机

汪啸波

从教多年,或许是我的心态好,备课比较认真,又或许是我任教的是重点中学,学生素质高,所以在记忆中,我几乎没有什么“大型翻车事件”,与学生的关系也甚为相得。课堂上、校园里,也大都算得上春和景明,云淡风轻。可是,几个小小的“意外”,凝神细思,还真是很值得咀嚼回味。

一堂“草泥马”的起始课

那是我精心准备的一堂“起始课”。我展示两次进藏拍摄的精美照片,然后让学生与我一起,用准确生动的语言拟出精彩恰当的标题。

尼康专业相机非常出色,尼克尔镜头也的确犀利。“藏地行走”系列照片,影像锐度高,色彩还原好,明暗层次分明,光影细节丰富。一张张照片,再现了雪域高原狂野与壮美的风光物态,有五彩的经幡、鲜红的寺院、雪白的塔影、氤氲的佛光……

课堂气氛充分调动起来了,大家欣喜惊叹,啧啧称赞。我慢慢敲着回车键,展示了这样一张照片:一匹棕色骏马,在雅鲁藏布江大峡谷幽深的密林和茂盛的草地上徜徉。

突然,教室一角发出一声怪叫:“这张可以叫‘草—泥—马’!”霎时,教室里爆发一阵狂笑,直似人仰马翻的战场。同学们前仆后仰者有之,拍桌打凳者有之,捶胸顿足者有之。严谨的氛围和浪漫的诗意,瞬间彻底消失。

一股无名之火直冲顶门,可我立刻冷静下来,思考适宜的应对手段。

有经验的老师都知道，在一个陌生班级发火，好比在一片陌生水域跳水，看起来碧绿清澈、温柔宜人的水面，底下说不定就隐藏着坚硬的岩石。因为摸不清学生对我的认同程度，我只能边走边看，随机应变。虽然他们对我展示的"藏地行走"系列照片颇感兴趣，但是起始课就批评人，总是容易忤逆"民意"。开学伊始，我不能把自己塑造成一个缺乏包容、不能触碰的人。

我停止展示，对着全班同学说道："刚才好像有人在说什么好笑的话。"课堂突然寂静下来，窗外蝉声断断续续飘来。同学们不知我打算如何处置，露出紧张的神色，面面相觑，却又不朝说话的人张望。这是一群多么善良又单纯的好孩子啊！他们不愿意看到老师尴尬，但他们又绝不出卖那名略显冒失的同学。

我笑眯眯地对大家说："这张照片，摄于西藏林芝，这是国家级风景区南伊沟。画面上有草，有泥，也有马，叫'草泥马'很贴切，大俗大雅，极有创意。哪位同学这么有才啊？"同学们纷纷转头去看后排一名高个子男生，本来有些忐忑的他竟然红了脸。

这是我常用的招数——"故作善意法"，就是故意听不出学生话语中的"潜台词"，看不懂学生行动中的"恶作剧"，笑眯眯地把"讥讽"理解为"玩笑"，把"捣蛋"看成是"友善"——因热爱而放肆，因配合而亲密。只要老师有足够的自信，面对无礼不失礼，明知敌意不在意，学生的敌意很快就会冰雪消融。因为师生没有宿怨，老师的善意，学生很快都能理解接受。

可是只用"故作善意法"化解窘境，老师也会被认为软弱可欺。接下来我再用一招"展示学识法"。我素来喜欢动植物，存储了很多资料与图片。

于是，我说："这位同学竟然知道'草泥马'这种动物，知识面很广啊！'草泥马'，学名叫'羊驼'，脖子长，两耳尖，眼大尾短，毛长质优。据报道大都生活在亚马孙河上游的安第斯山脉，全世界现存约300多万只。"顺便，我就展示了几张原先保存在电脑里的羊驼照片。

渐渐地，欢快热烈的气氛重新回到了课堂。一次危机，被我消弭于无形之中。

网络时代的学生思维方式，远比我们做学生那时复杂。面对课堂突发事件，教师应该正面应对、坦荡正视、理解包容、故作善意、展示学识、幽默自嘲、“当头棒喝”等,用多种方式处理。语文课,应该有善的润泽与美的陶冶,决不能反应迟钝、毫不作为,更不能为了迎合而随波逐流。

起始课很重要。心理学认为,几十秒钟就能决定对一个人的好恶。那么,你第一次真诚告白,应该让学生感到温暖;你第一次温柔注视,应该让学生感到亲切;你第一次动情诵读,应该让学生感到陶醉;你第一次由衷赞美,应该让学生感到自信;你第一次认真板书,应该让学生产生惊艳;你第一次幽默谈吐,应该让学生为之倾倒。老师,要成为学生心目中的“男神”“女神”。

亲其师,信其道。教育总是伴随着复杂的情感活动。起始课是知识之旅的起始,更是师生亲密情谊的起始。

两次“看不惯”的肢体冲突

2016 年金秋国庆,我的八六届学生回故乡开同学会。在一碧万顷的九龙湖畔,师生相见,畅谈阔别 30 年的情景。

席间,一位在日本的林同学忽然忆起一件往事。有一次在语文课上,他调皮捣蛋,我把他拖到教室之外勒令反省。拖拉撕扯中,我们发生了肢体冲突。欢乐的宴会上,我好一阵羞愧,依稀记得确有此事。

我略微沉思,诚恳地说:“啊! 是的是的。我没想到我当年竟如此‘胡作非为’,真是年轻气盛,年少无知,不可原谅。”已经人到中年的学生们很兴奋,也很睿智,有人打趣:“幸亏汪老师冲冠一怒,才把林同学赶到日本发展去了。现在他娶了日本姑娘,一儿一女,过着无比幸福的生活。”林同学当即站起身,向我敬酒:“其实真应该感谢老师严格要求! 那时我顽皮懵懂,对老师的穿着和言谈有些看不惯。如果您当初不严加管教,我哪能有今天?”

我们都曾经年轻,也都曾经冲动冒失。虽说学生能原谅我,可我终归还是惭愧不安的。接着,我还想起了让我更愧疚的另一桩事。

20 世纪 90 年代,我在一所文化补习学校执教,学生是来自厂矿企业的职工。

他们年龄不一、际遇不同，学力差异很大，文化素养与道德修养都不如在校的高中生。课堂乱糟糟，无论老师怎样努力，仍有学生违反课堂纪律。这不，我讲课正起劲，一名学生却趁我转身写板书之际，点起一支香烟，旁若无人地吞云吐雾起来。

此人桀骜不驯的做派让我发怵，语文课爱来不来，对老师爱理不理。我压住不满，停止讲课，平静而又严肃地说："上课请不要抽烟！如果实在烟瘾难熬，麻烦到走廊或卫生间去吸吧。"他狠狠地吸了几口烟之后，把烟放下。我沉默片刻，用余光扫一扫他。他发现我还在看他，把拿烟的右手放在了身后。我于是继续讲课，心里还暗暗感激他能够给我面子，今天的语文课该会顺顺当当了吧。

埋头讲了一段课文后，偶一抬头，我眼前出现了一幕奇景：一张似笑非笑的脸，堆满了轻蔑与讥讽；一缕长长的青烟，正在这张脸的后面袅袅升起。霎时间，我热血上涌，大踏步走到他旁边，抓住那瘦瘦的拿着香烟的手使劲一扭，然后用力把香烟揪出，"噗"的一声扔在地上，随即一脚踩住，狠狠地磨得稀烂。

这名学生拎起座椅，冲上来打我，我也抄起座椅回击。一开战，彼此间的不满情绪就通过肢体宣泄而出。我怒火中烧，只几个回合，就把他的椅子打落，顺势用椅子脚把他摁倒在地。他仰面躺着，奋力挣扎，却无济于事。班里学生一拥而上，把我们拉开了。

后来，学校处理此事，我们各自做了自我批评，他还写了书面检查。有人后来告诉我，他原生家庭父母离异，父亲对他的要求特别严格。

打架之事慢慢远去，我却始终难以释怀，真不该与他在课堂上大打出手。既然早已察觉他的隐隐敌意，该专门寻找机会，及早与他沟通化解。可是，因为我的心胸不够宽广，缺乏悲悯情怀，才会对他傲慢无礼的举止神情很不满，故而对这"隐隐敌意"选择了"鸵鸟政策"，以为视而不见或冷淡处理，也许能侥幸躲过麻烦。

我想通之后，打算再找他推心置腹谈一谈，可是，他从此不来上课了。遗憾！我也就永远失去了和他和解、交心的机会。

教师与学生打架，在我任教的学校里是极为罕见的，可师生因为个性差异而形成的"性格不合""情感不和"的现象却并未绝迹。我逐渐明白，以独生子女为主的当代中学生，自尊心与平等意识都比较强，对批评教育的理解力与耐受力都与我们那时不同。这就需要老师更有耐心，更讲艺术。老师如何强调纪律，老师如何教育学生，成了必须具有高度教育智慧的新课题。

只有真正豁达仁爱，在情感上热爱学生，在言行上尊重学生，时时处处留心，提前发现问题，抓住教育契机，才能建立融洽的师生关系，把师生冲突化解于无形。要做到这一点，老师应该拥有一颗宽容博爱之心，拥有美玉一样的品德。

要像玉一样温润。“润泽以温，仁之方也。”玉光芒闪烁，触手温暖。老师也应如此。良好的师生关系，决定了教育的成功。在与学生互动的角色扮演上，教师是主动者，是良师亦是益友，是慈母也是严父。教师不仅应关爱学生身心的全面健康，也应温婉而又明确地指出学生的缺点与错误。有温度的语言才能抵达心灵，好的教育是带着感情的教育。

要像玉一样智慧。“其声舒畅，专以远闻，智之方也。”敲击玉石会发出悦耳动听的声音，并且能传到很远的地方，教育的语言应该如玉之声，清脆悦耳，富有艺术性。成长需要时间，学生终究是孩子，需要老师耐心教诲，春风化雨。教师的尊严不靠尖刻与锐利获得，如果不顾学生感受，而只考虑自己的面子而“针尖对麦芒”，占尽上风之日即是大败亏输之时。

要像玉一样勇敢。“宁为玉碎”固然是一种勇敢，但只适用于对敌斗争，而和孩子相处，真正的勇敢，反倒是“锐廉而不忮”的宽容。即使老师有充足的道理，也还可以包容忍让。“自出洞来无敌手”的秘诀，不是天下无敌的武功，而是“得饶人处且饶人”的胸怀。“仁者无敌”，只有首先维护学生的尊严，教师才能最终赢得属于自己的尊严。

师生出现争执与龃龉，实属寻常，但老师对此要包容，尤其要少一些“看不惯”，多一些理解包容。唯有以“爱心”为本心，才是消融坚冰的良策。温润如玉，以柔克刚；温润如玉，春风和煦。

一时的不快终会过去，懵懂的孩子终会长大。假如老师留给他们的印象好，也许若干年后甚至终生，他们还会回访、请教，让我们开解面临的人生难题。

一个“怎么办”的悲泣电话

午夜，万籁俱寂。

我手机的铃声突然响起来。哦，是一名多年前毕业的学生。简单的交谈问候之后，她突然抽泣起来，诉说了一件棘手的事。

她现在深圳读大学，即将毕业，从大一开始与一位高年级的师哥相爱。那位师哥两年前毕业，在一家网络公司任职，工作出色，单位器重，前程似锦。不料，前几天宿舍失火，他被烧成重伤，现在仍然在医院治疗。

这场大火，烧成了他们爱情道路上难以逾越的“火焰山”。

女生的父母，开始全力阻拦他们相爱。父亲说，如果继续下去，立马和她断绝父女关系，断绝经济来源；母亲呢，则打算辞职去深圳实地监视，不允许他们继续来往。

女生说：“父母亲整日催促我摊牌断交，都快把我逼疯了！”

电话里响着断断续续的呜咽……

我问道：“那个小伙子情绪稳定吗？”

她说：“不稳定！他一天到晚想自杀！我怎么办？”

这个电话，来得有点突兀！仓促之间，我该怎么回复？作为老师，我该给予她什么样的建议呢？

我当然不能纯粹出于道德的考量。毕竟，以后家庭的马车绝不能靠所谓高尚的道德来拉。我也不能纯粹地从感情上去约束，感情似彩云，美丽却易变。略有悲观的我，知道感情从来就不遵循固定的道路。另外，换作我们是女方父母，真能眼睁睁看着自己的宝贝闺女嫁给一个残疾的男人吗？

沉吟片刻，我谈了自己的意见。

首先，现在绝不能弃他而去。在他最绝望的时刻遗弃他，不仅是忘恩负义，更是落井下石。

其次，暂时不谈分手，而应与他携手走出困境。帮助他渡过几个难关：能不能接受这样的现实？将会有什么样的后遗症？如果毁容，今后能否手术治疗？身体机能是否可以胜任今后的工作？

而最终的去与留，只能让时间来做决定了。你首先要与自己的父母平心静气地沟通，不说一定要嫁给他，而是目前先好好陪他治病，帮他重新站起来。以后，假如他无法恢复正常，你又无法接受，可以选择在适当的时候离开；他若不想拖累你，也可能会主动了断这份感情。那时离开，没有心理负担。如果他伤势痊愈，恢复良好，你们两情相悦，情比金坚，那么，经历了烈火考验的爱，该有多么美丽！

眼下，最好的做法是等待。等待并不是消极冷漠，更不是任性的放弃，而是期盼与坚守，是温暖与关爱。

电话那头的她，停止了哭泣，静静地听。

常识告诉我们，美艳的春花，甜蜜的秋果，醇厚的美酒，坚贞的爱情，所有这一切，都需要足够的时间，唯有时间才能让它们闪烁诱人的光泽，散发出异样的芬芳。

午夜的电话传递着信任，传递着爱戴，传递着考验，也承载了师生交流的急智，注定会打破黑夜那无边的寂静。

我推崇一条治教格言："真爱自有奇迹。"我始终认为，遇到一些小小的意外，听到一些刺耳的杂音，正是老师及时做出反思，有效提升教育教学能力的好机会。碰撞、质疑、考验、挑战，既影响着学生，也成就着老师。对好老师而言，每一个意外都是教育契机，而每一个教育契机皆应该缘爱而生。

回首平生，我似乎并无多少缺憾，可自得欣喜之余也想，自己的教育教学生涯中，一定还有其他因无意、轻忽而导致的瑕疵，有因鸡虫、睚眦而导致的不悦与失误，可惜一切都已经无法重来。

中小学教育，事事关涉柔嫩的童心，怎能不慎而又慎？

每个学生身上都有太阳，
主要是如何让它发光。

陈建姣，浙江省初中科学特级教师、正高级教师。1996 年毕业于浙江师范大学化学系。现任教于衢州华茂外国语学校，担任学校科研处主任，兼任浙江省 STEM 教育协同中心兼职研究员、浙江师范大学化学与生命学院兼职教授。曾荣获“浙江省教坛新秀、浙江省教科研先进个人、全国 STEM 种子教师等称号。在科学教学中，有志于科学探究和科学本质的研究与实践，在科学探究开放性、体现科学本质的科学教学、STEM 教育等方面进行了较深入的实践，并取得了较好效果。

让科学探究教学走向深入

陈建姣

浙江省初中科学课程改革已走过30多个年头。我从1996年毕业至今一直任教初中科学，“科学探究的教学改革与实践”是我吸引学生的重要法宝。科学探究是如何发挥魔力的呢?

扶放有度:大气压的存在如何证明?

2012年，我的徒弟郭浩佳老师参加了衢州市初中科学优质课评比。这次比赛课的内容是《大气压强》，我作为师父全程参加了磨课。这节课有很多实验可以开展，如覆杯实验、瓶吞鸡蛋、马德堡半球实验等。这节课学生也有一些前概念，如吸饮料、吸盘挂重物、胶头滴管吸液体等与“吸”相关的应用。因此，我们设计这节课时，将以往的教师演示实验或学生按教师提供的方案进行活动改成学生自己选择仪器证明大气压的存在。我们设计了“吸饮料比赛”，揭示其中的原理，还设计了将覆杯、吸了液体的滴管、变瘪的矿泉水瓶、吞了鸡蛋的瓶子放入钟罩并对钟罩进行电动抽气，产生杯中水落下、滴管中液体回到烧杯、矿泉水瓶复原、瓶子吐鸡蛋的神奇现象。活动开放且热闹，比赛出乎意料，演示驾轻就熟现象神奇有趣，郭老师凭借扎实的基本功演绎了一堂精彩的课，并荣获第一名。

这节课真的如此完美吗? 通过课堂观察，我发现学生在“证明大气压存在”的环节时像是“无头苍蝇”，对教师的演示只有惊叹而没有思维的发展。下课后的调查证实了我观察的正确性。我找了几位学生问了几个问题:证明大气压的方法是你们自己想出来的吗？你是怎么想到用这样的方法的？钟罩实验证明大气压的存在与你们设计的实验方法有相似之处吗？结果发现，学生运用的方法要么从教材或教辅上搬来，要么从其他组同学那里学来，缺乏清晰的寻找方法的思路，也自然不清楚他们展示的方法与老师演示的方法有何相通之处。这节课的设计存在问题！但当时我们却想不到解决的办法。

2013 年 6 月，浙教版初中《科学》教材进行了改版，在《大气的压强》这部分增加了一个瓶中取袋的学生活动：将一只薄膜塑料袋放入广口的瓶中，使塑料袋尽可能贴近瓶壁，将袋口沿瓶口翻过来，用橡皮筋紧紧地扎在瓶口上，试着将塑料袋从瓶内拉出。这个活动启发了我对这节课的重新设计构思，并进行了实践。

教师先让学生通过"瓶中取袋"活动真切感受到塑料袋被压着而拉不出来，学生通过活动感受到了大气的压力，说明大气能产生压强。教师再演示，不用橡皮筋时，教师轻易地将袋子取出。设问：用不用橡皮筋，外界的大气并没有发生改变，那为何我们的感受是不同的？学生很难用语言表达，只能讲到"内外平衡"的大概意思。我让两位学生上台来模拟，甲、乙两位同学蹲马步面对面站立，两同学手掌贴手掌，让其他同学判断这两位同学是否施力。其他同学建议一方向后退，观察另一方的手是否运动，便可做判断。教师从中抽象出"瓶中取袋"的实验思路：用"使塑料袋尽可能贴近瓶壁"来赶走袋与瓶之间的空气，即减小袋与瓶之间（物体内侧）的气压，来体现外界大气压的存在。

教师再让学生根据这样的思路，自己选择教师准备的仪器证明大气压的存在，要求在展示时说一说：你们用什么方法赶走空气？你们证明的大气压的方向如何？教学中发现，学生活动时不再是"无头苍蝇"了！学生能清晰地汇报，分别用水、热空气、挤胶头、挤吸盘等多种赶走空气的方法。科学史上著名的马德堡半球实验也用了同样的思路。

还有不同的方法来证明大气压的存在吗？——反证法，即使外界气压消失或减小。将水不会掉落的覆杯、吸了液体的滴管、变瘪的矿泉水瓶、倒置的吞了鸡蛋的瓶子放入钟罩中,用真空泵向外抽气,产生的明显现象佐证了大气压的存在。

最后教师进行归纳,无论是立证,还是反证,都是采用一定的方法使物体两侧产生压强差,使实验产生明显的现象,从而得出结论。这样,将各种各样的证明方法归为统一的思想方法,体现了科学这门学科思维的深刻性、简洁性和完美性。科学探究不仅“有形”而且更应“有神”,为发展学生思维而教的科学探究是核心素养背景下课程改革的方向。

没有“扶”的探究很容易成为假探究,找到适度的“扶”作为探究的支架,则能在探究中激发学生的创新性,使学生经历深度学习。而科学思想方法是科学探究的灵魂,是“扶”“放”策略中首要考虑的因素。

体现本质:质量守恒定律的教学

2016年,我有幸参加了浙江省初中科学探究教学与科学本质高级研讨活动。此次活动,让我认识到,科学史与科学探究是落实科学本质教学的两把“金钥匙”,于是,我对科学探究又有了新的认识,并产生了努力实践的强烈愿望。活动结束后,我设计并实施了“质量守恒定律”一课。

本课在梳理相关科学史的基础上,将科学的发展作为课的线索:从德谟克利特的“无中不能生有,任何存在的东西都不会毁灭”引入新课,中间贯穿了施塔尔的燃素说、波意耳的实验发现、罗蒙诺索夫的反复定量、拉瓦锡的精确定量、朗道耳特和曼莱的高精度测定等史料,并从理论上得到了论证。此部分教学体现了质量守恒定律发现的艰难过程,这是科学事业的本质;也体现了科学知识的产生依赖于观察、实验证据、理性论证及怀疑态度,这是科学知识的重要本质。学生对简化而又丰富的科学史料表现出极大的兴趣,这些科学史料也激发了学生的科学学习兴趣。

对于本节课的探究这一重要环节，我也采用了与常规教学不一样的处理方法。我请学生选择所提供的药品和器材进行探究：双氧水、二氧化锰、硫酸铜溶液、氢氧化钠溶液、锥形瓶、小试管、气球、塑料瓶、烧杯、药匙、托盘天平等，并提醒学生注意：①小组内先讨论探究方案，制定好方案后即可开始实验。②硫酸铜溶液与氢氧化钠溶液会发生化学反应，实验中请同学们找到它们能发生化学反应的证据。③氢氧化钠溶液具有腐蚀性，请小心使用。④二氧化锰取用量不要过多，只需取半药匙即可。学生进行分组探究，讨论方案大约5—8分钟，边实验边改进方案直至完成探究，约再需20分钟。合作交流阶段，各小组汇报探究过程及获得的结果。

开放的探究，产生了很多意想不到的情况。在实验思路上，很多小组都经历了这样的思维历程：将反应前的物质分别进行称量，实验结束后称量生成物质的质量。可是每个反应都有水参加反应而且又很难计算反应前后水的质量，另外，参加反应的物质不一定完全反应。所以将方案调整为：称量反应前后装置的总质量。但是学生原来的思路不就是从罗蒙诺索夫就开始采用的实验思路吗？我们的孩子具有与科学家相同的想法，这是放开让学生各自设计方案才产生的想法，若有可能，这样的方法显得多么清晰！

而在交流环节，同学们描述了如何解决实际碰到的一系列问题：因为实验前考虑不周到，实验前忘记称量，想放在试管里进行实验又无法将试管放在天平上称量，实验前分别称各成分质量而未称量实验前装置总质量导致因测量次数过多误差增大；天平始终调不平衡；因物质一混合就反应，而无法测量实验前总质量；因气球鼓得太大，组内出现了观察天平是否平衡结果不一致。学生碰到了太多的问题，问题更激发了学生探究的兴趣。学生将问题一一解决，收获了由此带来的愉悦。学生还认识了科学探究的本质：科学探究过程并非只有一种方法；科学研究过程包括提出问题、解决问题的过程；科学研究中观察是受理论指导的；科学探究中要获得充足的证据。

科学史是一部科学探究的发展史，学生亲历的科学探究是一部学生探究的现代史，将两者融为一体，通过为学生提供适切的科学史资料及可开放探究的多样化实验资源，便可把课堂还给学生，让学生真正成为课堂的主人，以提高学生解决问题的能力，促进学生的真正发展。科学探究教学不仅是学生获得科学知识的重要途径，而且也是学生认识科学本质的重要途径，从而可以落实“引导学生逐步认识科学本质”这一课程基本理念。

转变方式：浮力复习课

在新授课中开展科学探究是习以为常的，但复习课的学习方式往往比较陈旧。我曾尝试在复习课中以探究的方式组织学生学习，“碱和盐”“从双氧水忆化学”“浮力”等复习课都在相关送教活动中进行过展示，并获得了听课教师的高度认可。

浙江省 2019 年学业水平考试对浮力的考查要求为：知道浮力的概念，描述阿基米德原理，直接运用阿基米德原理或公式变形进行简单计算，认识物体浮沉条件。针对这些要求，我设计了如下活动。

活动一：证明“放入水中的木块和金属块受到浮力的作用”。

设计意图：一方面，通过实验与分析，回忆浸在水中的物体，无论是否完全浸没，均受到水对物体的浮力作用；同时，也可以从量的角度，回忆浮力大小的两种计算方法——二力平衡法和称重法。而在判断木块是否受到水的浮力时，有的学生是采用将漂浮在水面的木块浸入水中，此过程中感受到木块对手产生了向上的力而推知浮力的存在；有的学生是将木块浸没于水中再放手，可观察到木块会上浮来说明浮力的存在；有的学生则是通过分析“漂浮在水面的木块处于平衡中”推知木块受到一个与重力平衡的力的作用。因此，本活动虽是立足基础而设计，但也体现了一定的探究元素：从“现象的观察”到“分析与推理”，体现了科学探究是实验活动和逻辑推理交互作用的过程。

活动二:自选器材探究浮力大小与排开液体体积的定量关系:弹簧测力计、盛有水的烧杯、溢水杯、小桶、划有刻度线的圆柱体(恰好能放入小桶中)、相同型号的同种金属圆柱体若干个、细线、量筒。

设计意图:本探究是典型的因变量与自变量定量关系的探究。让学生通过自选器材进行探究,体现了探究的开放性。学生既可以选择"划有刻度线的圆柱体"为研究对象,也可以选择"相同型号的同种金属圆柱体"为研究对象;学生既可通过观察圆柱体哪条刻度线在水面处,也可通过量筒测量溢水杯中溢出水的体积来度量自变量的值;学生既可以改变浸没于水中的金属圆柱体的个数,也可以改变同一个圆柱体浸入量筒水中体积的多少来改变自变量的大小。本活动体现了探究过程是解决问题的过程,而解决的方法是多样的。

活动三:一号泡沫箱放入水中可以承载一个质量50千克的人吗?

设计意图:本活动需要学生运用刻度尺获得泡沫箱的长、宽和高,并运用阿基米德原理公式计算最大浮力,再根据最大浮力与重力的大小关系进行判断。此探究活动中创设的情境不仅体现了计算的价值,也激发了学生的兴趣;这样的探究活动体现了动脑与动手相结合,从而提高了学习的有效性。

活动四:重为1.5牛的水产生的浮力可以超过1.5牛吗?

设计意图:学生易将"排出"与"排开"混为一谈,因此会认为1.5牛的水产生的浮力不会超过1.5牛。为此,教师设计探究活动,让学生眼见为实。为了降低探究的难度,教师可提前为学生准备好"横截面积不同而质量相同的陶泥",让学生通过探究得出结论,并思考为何横截面积大些的陶泥受到的浮力较大,从而体会不同的横截面积会产生不同的"排开"效果。

活动五:探秘浮沉子。

设计意图:为学生提供现成的浮沉子(在胶头滴管内放入质量适合的螺钉即可做成浮沉子),并将浮沉子放入装有较多水的矿泉水瓶中,旋紧瓶盖。让学生仔细观察挤压矿泉水瓶时产生的相关现象,并解释浮沉子下沉的原因。学生通过挤压，可明显观察到浮沉子下沉。根据以上现象，关联浮沉条件等知识，从而解释浮沉子下沉的原因。此活动也是实验活动与逻辑推理相结合的探究过程。

提高科学探究的开放性，学生才拥有更多创新的机会，但教师需要基于学情，扶放有度，才能有效发展学生的思维能力。通过科学史和科学探究开展体现科学本质的教学，可使课程理念真正落地。将科学探究作为学习的主要方式，实现了学习方式的转变，大大促进学生科学素养的形成。

教师，
要走出自己的教学特色。

傅淑玲，浙江省小学英语特级教师、正高级教师。1990 年毕业于浙江师范大学英语系。荣获衢州市教科研先进工作者、三届衢州市名师、两届江山市专业技术拔尖人才等称号。善于在实践中发现问题并用创新方法解决问题，教学特色有故事法教学、主线型教学、拟声教学等。近年来，主持并执笔多个课题，其中“小学英语‘故事法教学’的研究”获浙江省第四届基教成果一等奖，另有“小学英语家庭作业设计与管理的研究”“小学英语‘主线型教学设计’的研究”等 5 个课题获衢州市一等奖；发表论文数十篇，其中《小学英语“故事法教学模式”详解》《搭建“脚手架”，让学生攀登英语的高峰》《图表转换策略在小学英语教学中的应用》等 13 篇发表于全国中文核心期刊《中小学英语教学与研究》，前两篇被全文转载于人大复印报刊资料《小学英语教与学》。

就在那灵光一闪时

傅淑玲

教师的工作是富有创造性的，而这创造往往“就在那灵光一闪时”：它源于实践，是在困惑之中找出路；它用于实践，拥有非凡的生命力。担任小学英语教师20多年，我积累了一些灵光一闪的做法，在此略作分享。

灵光一闪1：拟声教学法

英语与汉语在发音上有相似之处，也有迥然不同之处。那些汉语中所没有的音就成了小学生的学习难点，而模拟声音进行教学往往能巧妙地解决这类难点。

有一次，我教laugh（大笑）一词，发现有的学生口形不够大、元音不够长，听起来有点像love。我灵机一动，像电影里表演的那样仰头大笑，把laugh读成了/lɑː hɑː hɑː hɑːf/。学生顿时来了精神，也模仿我/lɑː hɑː hɑː hɑːf/了起来。我“开火车”逐一获取反馈，发音非常到位。

又有一次，我教lion（狮子）一词，发现有的学生读成line或lime，没有读出/ə/，尾音m/n不分。这个单词要经历两次滑音，先从/a/滑向/ɪ/，再从/ɪ/滑向/ə/，最后嘴唇不能闭，否则就成了/m/。我又灵机一动，模仿狮子张牙舞爪，粗重而缓慢地发/laɪ/，再加上/ə/，最后龇牙咧嘴、瞪大眼睛发/n/。放慢速度、夸张动作主要是为了突出发音要领，狮子的动作和声音也是学生所喜欢的。学生马上与我对视，张牙舞爪、龇牙咧嘴。我又“开火车”进行检验，发音难点突破了。

这种方法用多了之后，有一天我突然顿悟了：这是一种多么好的方法，教师富有激情，学生饶有兴致，教学效果立竿见影，必须把它写出来共享！于是，《小学英语“拟声教学法”》就发表于全国中文核心期刊《中小学英语教学与研究》。

灵光一闪 2:形音义一体教学法

“拟声教学法”是根据单词的意思来模拟声音,是词音与词义的创意结合。如果再结合上词形,那就升级成了“形音义一体教学法”。它对于区别近音词、近形词有很大的作用。比如,“house”与“horse”,两个词“长”得很像,发音也很像,意思就容易混淆。由于小学低年级学生“字母组合”接触不多,对于他们来说就是 u 和 r 的区别。我突发奇想,在黑板上写下大大的 house 和 horse。我在“u”的上方画上“屋顶”,添上烟囱和炊烟,成了“房子”;我又在“r”上添了马儿奔跑时上扬的尾巴。这一写一画,把词形和词义结合了起来。接着是朗读:读 house 时,把嘴巴夸张成“房子”那么大;读 horse 时,一边模仿马儿奔跑一边用假声读出马儿的嘶鸣声/hɔː ɔː ɔː ɔː s/,词音就结合起来了。

有时,区分开词形和词义,词音就能不攻自破。比如,“grass”和“glass”是近音、近形词,用“画图法”可以发现“r”像“草”而“l”像玻璃杯里的“吸管”,读的时候用双手做出小草生长的动作、用双手做出用吸管从玻璃杯里喝水的动作。又如,“sun”和“son”是同音、近形词,“u”是太阳“落下又升起”的轨迹,而“o”是妈妈怀儿子时“圆圆的肚子”,读的时候做出太阳运动的轨迹、孕妇捧大肚子里的儿子的动作。

小学英语教学,有时就要把抽象的表音文字变得形象起来。有时可以让学生各抒己见,说说他们的“聪明法”,这是学习方法的培养。我用这类方法区分了大量的近音、近形词,《小学英语“形音义一体教学法”》也就这样产生了。

灵光一闪3:故事法教学

“故事法教学”即“用故事的方法进行教学”,是我的招牌教学法。事实上,这种教学法不是通过课题研究出来的,而是像以上教学法一样,先有灵光一闪的教学突破,然后总结出做法,之后再经过课题研究使之更加完善。

首先是早在2005年的一节教研课所产生的困惑。教材内容如下:

Teacher: *Are you helpful at home, Chen Jie?*

Chen: *Sure.*

Teacher: *What can you do?*

Chen: *I can sweep the floor. I can cook the meals.*

Teacher: *Great! You're helpful!*

这是一节对话课,教材既缺乏情境又缺乏趣味:老师为什么冷不丁地发问?且纯机械性问答不能激起学生参与的热情。苦思冥想之后,我脑洞大开,编了一个《机器人展销》的故事(划线部分为教材内容),内容如下:

Seller: *Robot, robot! Very cheap!*

Tom: *Robot! If my mother has a robot, I can go to the park and play.*

(To Robot 1) Hey! <u>Are you helpful at home?</u>

Robot 1: *<u>Sure.</u>*

Tom: *<u>What can you do?</u>*

Robot 1: *<u>I can cook the meals.</u>*

Tom: *Sorry! (To Robot 2) <u>Are you helpful at home?</u>*

Robot 2: *<u>Sure.</u>*

Tom: *<u>What can you do?</u>*

Robot 2: *<u>I can cook the meals and wash the clothes.</u>*

Tom: *Sorry! (To Robot 3) <u>Are you helpful at home?</u>*

Robot 3: *<u>Sure.</u>*

Tom: *What can you do?*

Robot 3: *I can cook the meals, wash the clothes and sweep the floor.*

Tom: *Sorry! (To Robot 4) Are you helpful at home?*

Robot 4: *Sure.*

Tom: *What can you do?*

Robot 4: *I can cook the meal, wash the clothes, sweep the floor and clean the room.*

Tom: *Great! You're so helpful! (To Seller) How much?*

Seller:(出示价格牌:*9999 yuan*)

Tom: *Oh, my God! Let me do housework for my mother.*

这个故事看起来很长,可每一名学生只分到几句,表演难度不大。这个故事具有如下优点:①紧扣教材,反复运用,尤其是机器人的"接龙式比武"更为巧妙;②喜闻乐见、乐于表演,机器人的语调和动作是学生所喜爱的;③教育意义融于其中,买昂贵的机器人不如自己帮妈妈做家务;④故事难度增而不难,刚好能让学生"跳起来摘桃"。"机器人展销"的故事改善了教材,使得机械对话变成了有趣的故事,学会了故事就学会了教材。教研课获得了成功。

再后来就是实习生的汇报课。这位实习生平时跟的是语文老师,汇报课却想上英语,通过导师找到了我。她的英语教学零基础,这可把我难坏了。她上的是农场里的动物,有词汇"sheep、hen、lamb、goat、cow、horse"和句型"What are they? They're goats."教材里,以英语为母语的小学生在农场里问农夫:"他们是什么?"四年级了,又不是幼儿园的小朋友,这么常见的动物,傻不傻?老师们通常见怪不怪,教学设计同样缺乏"信息沟",明知故问。为了让这位实习生在多门学科的实习生中出彩,我又想到了用故事来改善教材,帮她编了一个《怪物》的故事:外星怪物不知道地球上动物的名称而发问就显得合情合理。精彩的故事使实习生在汇报课上夺得了第一名,留在了城区学校,任专职英语教师。故事如下:

Monster: *I'm a monster. I'm hungry and thirsty. Oh, who are you ?*

Farmer*：*I'm Old Macdonald.

Monster*：*What are they?

Farmer*：*They are hens.

Monster*：*(扑向 hens)Ah...!

Hens*：*No, no, no! We're yucky.

Monster*：*What are they?

Hens*：*They are lambs.

Monster*：*(扑向 lambs) Ah...!

Lambs*：*No, no, no! We're yucky.

Monster*：*What are they?

...

Monster*：*(扑向 farmer) You!

Farmer*：*I'm yucky, too. (指着石头) This is yummy.

Monster*：*(吞下石头) Oh, no!

在这个故事里,怪物每当要去吃一种动物,那种动物就会说"我们很难吃"并推荐它去吃别的动物。最后,怪物被骗说石头很美味,结果吞下石头死了。后来,我参编《小学英语同步阅读》,把故事进行了改编:

Old MacDonald：*Hello! I'm Old MacDonald. This is my farm.*

Monster：*I'm hungry. (To Old MacDonald) Let me eat you.*

Old MacDonald：*Don't eat me. Eat the animals.*

Monster：*(Point to the hens) What are these?*

Old MacDonald：*They are hens.*

Hens：*Cluck! Cluck! We are too small.*

Monster：*(Point to the sheep) What are those?*

Old MacDonald：*They are sheep.*

Sheep：*Baa! Baa! We are not yummy.*

Monster*：*(Point to the horses) What are these?

Old MacDonald*：*They're horses.

Horses*：*Neigh! Neigh! Chase me, please.

Monster*：*(Point to the cows) What are those?

Old MacDonald*：*They're cows. Very yummy!

Monster*：*Ha ha! Yummy cows! Let me eat you.

Cows*：*Moo! Moo! Eat me, please!（图示怪物被牛踩在脚下）

Monster*：*Oh, no!

改编后的故事不再像单节课的课堂教学一样只专注于“What are they?”，而是结合了“What are these/those?”，适合单元阅读，也适用于单元复习课的课堂表演。

之后是同事的赛课。自编故事每每让我的同事在赛课中获得一等奖，并有人一路赛到省里。比如，2007 年我同事参加江山市课堂教学比赛，内容为词汇“pork、tofu、mutton、cabbage、tomato、eggplant、greenbeans、fish、potato”等食物和句型“What would you like for lunch? I'd like some tomatoes and mutton.”教材的游戏部分出现了“Sorry, no eggplant.”我们磨课很长时间都没有突破。突然我换了思路：先设想别的选手会怎么上。知己知彼，百战不殆！我估计其他教师肯定先上单词、后上句型，最多进行一次采访。如果我们也这样上，肯定没有胜算。联想到我自己之前上课的场景：两人一组合作时，有一组学生笑得很开心。我走过去查看，发现他们编的对话是“吝啬鬼”的故事——甲不断地问乙“午餐想吃什么”，可每当乙说出想吃什么时，甲都说没有。想到这里，我提议编一个《小熊请客》的故事（画线部分是关键句型）：

Dog/Cat/Rabbit*：*(Knock on the door)

Bear*：*(Open the door) Hello, friends. Come in, please.

Dog/Cat/Rabbit*：*Thank you.

Bear*：*Sit down, please. What would you like for lunch, Mr. Dog?

Dog：*Woof，woof! I'd like some pork.*

Bear：*Sorry，no pork. What would you like for lunch，Mr. Cat?*

Cat：*Meow，meow! I'd like some fish.*

Bear：*Sorry，no fish. What would you like for lunch，Mr. Rabbit?*

Rabbit：*I'd like some cabbage.*

Bear：*Sorry，no cabbage.*

Dog/Cat/Rabbit：*(Unhappy) Then what do you have?*

Bear：*I have bread and water for you.*

Dog/Cat/Rabbit：*Ah-oh!*

小熊请客人吃饭，客人尽兴而来、败兴而归。学生非常喜欢这个故事，课上得非常精彩，夺得第一名。这是“故事法教学”在校外的第一次亮相，引起了轰动。当年，我的论文《小学英语“故事法教学”》获浙江省二等奖。之后，我申报课题进行更多领域的研发，“小学英语‘故事法教学’的研究”课题于2011年底通过了浙江省专家的答辩，获浙江省第四届基础教育教学成果一等奖，论文发表在《中小学英语教学与研究》上。现在，“故事法教学”已经研发出了13种课型或运用领域，有故事法语音教学、故事法TPR教学、故事法词汇教学、故事法句型教学、故事法对话教学、故事法故事教学、故事法说唱、故事法语法教学、故事法文化教学、故事法综合复习、故事法才艺展示、三明治英语故事、故事法同步阅读等，并且已经升级成了“主线型故事法教学”，故事情境更贴合教材情境，且由“单一故事”发展到了“多集联播”。

灵光一闪4:主线型教学

“主线型教学”在某种程度上是“故事法教学”的升级版。之所以说“某种程度”，原因有三:“故事法教学”所编的故事不一定从教材情境出发，而“主线型教学”更加尊重教材，一定从教材情境出发;“故事法教学”每节课是“单集”故事，而“主线型教学”是“多集联播”，一节课里有两集或更多集，这些故事像“电视连续剧”一样有故事情节的推进，为的是把教材所提供的素材巧妙地衔接起来，使课更具完整性和艺术性；“主线型教学”的有些课不需要自编故事，是“纯主线”的。

之所以进行升级，是因为教材换新了。新教材在情境上有了明显的改善，比如“对话课”基本不需要自己编故事了。有一次，我的工作室组织活动，我自己示范对话课的教学。为了让学员看到不一样的教材处理，我在教材的原情境上加了“前序”和“后续”，变成了“七集联播”。虽说有七集，但整节课干净利落，学生有听故事般的享受，我自己也很享受这节课带来的欢愉。后来的多次示范课，我又有了“两集联播”“三集联播”等诸多设计。2019 年 1 月，课题“小学英语‘主线型教学设计’的研究”获衢州市重点课题一等奖。

举一个“三集联播”的课例：

教材为新版 PEP 小学英语三(上)第五单元的词汇课。三年级是 PEP 教材的起始年级，学这一课的时候，学生只有前面四个单元的英语基础。教材的第一板块学习“water、cake、fish、rice”四个词，放在句型“Can I have some ________, please? Sure.”中运用，情境为四个小朋友在餐厅点餐，憨熊 Zoom 和松鼠 Zip 当服务员；第二板块是一个 TPR 活动，把上述四个词汇放到动词短语“Drink some water. Eat some fish. Eat some rice. Cut the cake.”中运用，形式是有节奏的说唱和做动作。

我的“三集故事”如下：

教材如图第一集是《打工的 Zoom》：目的是运用第一板块的词汇和句型，情节是 Zoom 为四个小朋友服务，得到了老板的表扬。“老板”是我添加的角色，教材中没有。

Story 1:《打工的 Zoom》

Chen: Can I have some <u>rice</u>, please?
Zoom: Here you are.
Mike: Can I have some <u>fish</u>, please?
Zoom: Here you are.
Wu: Can I have some <u>cake</u>, please?
Zoom: Here you are.
Sarah: Can I have some <u>water</u>, please?
Zoom: Here you are.
Boss: Zoom! Good!

第二集是《偷吃的 Zoom》:目的是运用第二板块的动词短语,情节是 Zoom 在工余时间偷吃,后来被老板开除了。它使得教材的 chant(说唱)不再浮于纸面,而成了活生生的可以运用的语言。

Story 2:《偷吃的 Zoom》

Zoom: I'm hungry.
Eat some rice.
Eat some fish.
Zip: Zoom! No!
Zoom: Cut the cake.
Eat some cake.
Zip: Zoom! No! No! No!
Zoom: Drink some water. Oh, no!
Boss: Zoom! You!

第三集是《失业的 Zoom》:目的一方面是滚动运用前节课所学的语言"Here you are. Thank you. You're welcome.",另一方面是用比教材更为有趣的情境创新运用新知。情节是 Zoom 失业后"卷铺盖"走了,回到"熊窝"忍饥挨饿。仙女出现了,许它三个愿望。他先后要了米饭、鱼、蛋糕,但这些东西太干,于是要了一杯水。这第四个愿望使仙女收回了所有食物,Zoom 还是一贫如洗。

Story 3:《失业的Zoom》

Zoom: I'm hungry.
Can I have some ______, please?
Fairy: Here you are.
Zoom: Thank you.
Fairy: You're welcome!
…
Zoom: Can I have some ___, please?
Fairy: No! No! No! Goodbye!
Zoom: Oh, no!

在课的结尾,课件演示 Zoom 像三毛一样流浪去了:"Zoom is as poor as Sanmao."教育学生:"Don't learn from Zoom!"三集故事使教材的两个板块成为情节上有关联的整体。送教下乡时,农村三年级的学生能在一节课里充分掌握。

跟"故事法教学"一样,"主线型教学"也是为了改善教材,它使教材提供的素材不再支离破碎。

灵光一闪5:趣味语法教学

我高中的英语老师每每讲解“条件状语从句”的题目,总会用一句语法条文来“验算”:“主句是一般将来时,从句是一般现在时。”我每每听得迷迷糊糊,到现在都背不熟主句是什么时态、从句是什么时态。要知道,英语的主句和从句是可以换位置的,比如“I'll stay at home if it rains.”也可以说成“If it rains, I'll stay at home.”我教中学时,用的是老师“祖传”的方法,当时我自己需要用例子先“想一想”。在小学教学中,我总是用形象的方法讲解抽象的东西。有一天,我突然想起一句诗:“少壮不努力,老大徒伤悲。”嘿!这不就是“条件句”的最好例子吗?“(假如)少壮不努力,老大(将会)徒伤悲”呀!加上“每天”二字,时态就更有标志性了:“(假如)少壮(每天)不努力”是条件状语从句,一般现在时;“老大(将会)徒伤悲”是主句,一般将来时。从句与主句换一下位置,时态还是对的:“老大(将会)徒伤悲,(假如)少壮(每天)不努力”。

套用这句诗,学生还用记“主句是什么、从句是什么”吗?到了中学,学习“非真实条件句(虚拟语气)”时,只要把时态在原有基础上“往过去倒退一步”就行了,“少壮不努力,老大徒伤悲”仍然适用。

以上是我诸多灵光中的几个例子。举这些例子只是想说明:创新,不是“写”出来的,而是在实践中、在困境中被“逼”出来的,正所谓“山重水复疑无路,柳暗花明又一村”。用敏锐的眼光去发现问题、用独特的方法去解决问题,教学的灵光就能不期而至。

教学相长，
师生共进。

邹碧艳，浙江省语文特级教师、正高级教师。现任舟山中学党委副书记、副校长，兼任浙江海洋大学客座教授。荣获浙江省“五一劳动奖章”，舟山市首届模范教师，舟山市首批高中语文挂牌名师，舟山市第七届、第八届、第九届专业技术拔尖人才等称号。长期执教高中语文，教学成绩卓然，在高中写作教学方面拥有丰富的教学经验和独到的专业见解，多篇教研论文、课题报告在国家级、省级刊物发表、获奖。曾多次受邀在省、市级示范授课与讲座。

永不缺席的成长导师

邹碧艳

学生高三毕业，往往意味着师生之间的分离，意味着班主任工作的结束。但在学生尚未真正踏入高等学府的日子里，如果学生遇到了问题，那么成长导师的工作要不要继续？学生已经离开了学校，导师和学生之间少了见面的机会，那么如何开展教育引导？我想提供一种现实可行的方法，也传达一种教育理念：教育应着眼于学生的未来，少一点功利心，多一份关切情。

毕业班的最后一次思想教育课

高考结束之后的某个夜晚，我接到了一名家长打给我的电话，哭诉孩子在高考结束后沉迷于游戏的情况。家长的诉说，或许只是出于对我的信任，通过诉说来寻求安慰。但对我而言，我却更多想到自己作为班主任的责任。

然而，孩子们已经离开了学校，我的班会课已经缺乏载体。那么我该如何为孩子们尽到一份责任与心意？我想到了写一封信发布到班级 QQ 群的方式。

这是一封班主任写给毕业学生的信，也是毕业班的最后一次特殊的思想教育课。这封信里，记录着对班级文化的回顾和总结，包含着对班级文化久远影响的希望、对孩子们自律的期盼，更反映着班主任对以往教育的教训总结和反思。

这封信发布后，QQ 群里先是沉默，20 分钟后，出现了一位同学的点赞，紧接着越来越多的同学通过点赞、流泪的表情表达着他们的认同。我现在还记得有一位同学私信给我："谢谢老师，我们永远不会忘记您和您的教育，不会忘记 2 班带给我们的精神信念,这会是我们一生守护的宝贵财富。”

如今这些孩子已经大三了,他们在各自的大学里继续着属于他们的精彩生活。但每一学年结束,我会准时收到每个学生的大学成绩单,分享他们获得的荣誉和美好,也倾听他们的烦恼或困惑。

我是多么幸运和幸福！虽然他们毕业了,可我还有幸继续成为他们的成长导师。如果能够加一个期限,我希望是永远！

亲爱的2班的同学们:

自从毕业典礼结束以来,我已有很久没有见到大家了。除了几位同学最近还有联系,其他同学的消息,我只能通过家长、通过若干辗转的渠道才约略知道一些。我知道大家都已经收到了大学录取通知书,再过半个月或者一个月,你们要背起行囊,远赴各个大城市了。我祝贺你们！这是我们2班同学奋斗了三年,不,是十几年的美好结果！这样的过程值得铭记。

今晚是周一的前夜,回顾曾经的三年里,多少个周日晚自习,我都会费尽心机准备明早周一思教课的内容,争取点燃你们下一周学习的激情。按照常理,随着你们毕业,你们成人,老师也不用再讲什么了。然而今晚,我还是想准备点什么。明天早上,当你们醒来读到此文,就权当又听了我这个班主任的一节“思教课”吧。

今天我想跟你们谈谈关于对“2班”的理解。

记得很早以前有人问我:“你觉得你带的班和其他班有什么不一样?”我当时自豪地说:“我自信我教过的每一个学生以后不会走上变坏的路。”是的,我自认为高中三年带给学生的一定是积极向上的情感,是对生活的热爱,对知识的追求。特别是我们2班,我觉得我是用生命、文化和理念来带领。从建班开始,我们把对2班的共同理解写进了《我们的宣言》,大家可还记得那段话——“2班人将把‘2班’看作代代传递的荣誉与使命。百年舟中的历史上,‘2’是一个有着优良传统的班号,无数的学长们用他们的传奇留下‘从严求实、追求卓越’的2班精神,我们将接过这神圣的接力棒,怀抱理想主义的情怀,秉承实干主义的作风，携手共进，在舟中的史册上写下属于我们的辉煌。”我们建设“从严求实、追求卓越”的班风、“德智兼修、学问结合、动静相宜、知行合一”的学风；我们提出“挑战、坚持、自信、超越”的口号，唱响《奔跑》班歌；我们提倡“自行规划、自主学习、自我管理、自觉成长”十六字的自主文化。这些都是属于2班这个称号的精神内涵。

一直以来，我以2班为豪，你们在高中三年里的表现，也让老师忍不住为你们感到骄傲。你们从高一开始努力在各方面都拿第一，你们为高三运动会登顶而落泪，你们为当好新高考的第一届“小白鼠”而拼命学习。你们有最好的学习风气，你们有全校最安静的晚自修纪律，你们有全校执行最好的手机使用承诺，你们有最厉害的班委，你们有最团结的学习共同体。你们首创学校记录，连续两年组织了元旦跨年晚会。你们开辟了全新班级管理制度——共同体建设与考核制。在别人的心目中，和2班联系在一起的，应该是这样一些词语：“学霸”、第一、优秀、自信、团结等。三年的行动实践，优秀的高考成绩，使老师认为，2班对真善美的信念和追求，不仅是用文字写在墙上，而是刻在你们的心灵里的。因为我信奉和追求一句教育格言：我们所有的教育都不应该只是眼前，而应该是为了一生的成长！

然而，在今天，高考已经结束快两个月的今天晚上十点钟，我接到了一位家长的电话。这位妈妈给我打电话时，几乎是要哭了。“老师，如果不是到了最痛苦最郁闷的时候，我也不会给你打电话，我家女儿自从学会玩游戏以后，每天就拿着手机玩啊玩，家里什么事情也不做。你知道我身体不好，她根本不顾我每天非常辛苦，腰酸背痛，她就装着没看见，一点都不肯帮我！请你帮忙劝劝这孩子吧。”这通电话，让我想起了我们班开毕业晚会的那天，另一位家长也给我发来短信：“老师，儿子太爱玩游戏了，到半夜了还在玩。恳请你对手机游戏的事，再给他们上一课！”那天毕业晚会的最后，我确实想说点什么，但当时大家都高兴着，我收住了想说的话。这通电话，也让我想起了不久前另一位家长对我诉苦：“老师，儿子每天就只知道玩游戏，平时叫他吃饭也叫不动，多说他几句，他比谁都要凶。”这通电话，让我也想起，曾经有一次看到我们班的一个孩子扭头看父母时的眼神，竟然充满了恶狠狠之意，而当时我把这样的眼神简单地理解为高考压力引起的焦虑和变形。

同学们，也许这几位家长诉说的只是我们班一部分人的现象，但你们的爸爸妈妈把你们的这些表现告诉我时，其实我深深地感到作为一个师者的无比羞愧和痛心，我羞愧于自己没能让2班的卓越文化、自主文化真正影响你们；我痛心于三年里没有把你们教成我想象中的那么好，撇开学业成绩，我们2班似乎没有什么引以为傲之处。

那么作为你们的班主任，忍不住想再履行我的教育之责！请大家把今天的自己，与两个月前的自己做一下对比！除了没有高考的压力，不用坐在教室里，老师想问问你们，你们的身上是否还有2班人的特质？你们的心里还有没有闪现过应该珍惜2班称号的念头？当你们没日没夜地拿着手机沉迷在游戏中，你们和其他人有没有区别？当你们丝毫不怜悯自己的父母，只顾着自己高考结束享受一切，你们和那些自私的儿女又有什么区别？当你们面对亲人长辈，使用一种冷漠的眼神或恶狠狠语气，你们和那些没文化的人又有什么区别？孩子们，我不希望你们在三年高中结束时，只是领到了一份成绩优秀的高中毕业证书，而你们的心智、你们的修养、你们的品质却远未达到毕业程度！

孩子们，我不反对你们在高考结束的这个暑假适当地放松自己：用手机适度地多玩一会游戏；利用暑假放松身心，开始难忘的毕业之旅；回老家走访亲友；趁假期好好看看以前来不及看的书或电影；或者与父母一起感受亲情融融的快乐，哪怕开始一段美好的恋情也未尝不可。而不少同学可能会利用假期做一些家教，为自己积累进入社会的经验；还有同学会规划好这个假期，健身、学车、学英语，积极准备进入大学后的第一次严峻的分专业考试或摸底考试。这些都是绝大部分高三同学在高考后正常的表现，我尚未奢望2班人应该有的特有作为。如今你们中的很多人在游戏上表现出来的沉迷态度，对父母表现出来的不孝言行，让我大失所望，你们这些同学似乎已经失去了2班人的精神追求。

假如高考之后，你们失去了前进的方向而不调整；或者因为考上大学后变得狂妄，失去对生活的感恩之心而不改正，我几乎可以断言：很快，在不久以后的大学学习时，你将面临挂科的可能！如果还要继续下去，那么你的人生，也将继续“挂科”！曾经，我有一名学生，就是有过这样的心路经历，大二差点退学，最终他比其他同学晚了一年才好不容易大学毕业。还有一名学生，因始终无法调整自己的心态，最后从香港某大学退学，没有完成大学学业。孩子们，这是老师心中的隐痛，我不愿，也不希望这样的事情在你们身上重演。也许凭小聪明，混一份毕业证书容易，但是不努力的人，将很快平庸。这绝非危言耸听！然而，平庸，一定不是你们最初前行的方向。

同学们，你们还记得夏伯伯走进我们教室说的一段关于对你们进入大学以后的期许的话吗？“第一是你们一定要保持理想。现代社会，理想非常可贵，很多人走着走着，就把理想给丢了。第二在大学里，不要被很多事情诱惑。有太多大学生在进入大学后彻底放松，最后都毁了。孔子与他的学生子贡曾有一番对话，子贡说愿有所息，子却曰生无所息。你们要记住幸福与能量守恒。”孩子们，你们不能把时间浪费，不能把善良丢失。爱自己的青春，爱自己的亲人，爱自己的家乡，爱自己的祖国。有太多太多有意义的事情需要你们去规划，等着你们去完成！

昨天，五位同学代表我们2班和近300位舟山市民做了学习经验的分享。五位同学精心准备，市民朋友们专注聆听。坐在台下的那一双双眼睛，多么令人感动！据我所知，迄今为止，舟山中学还没有一个班级得到过这样的机会，这是属于我们2班全体同学的荣耀！但同时，大家不能忘记，这是舟山媒体给予我们2班学子的机会和平台，也是舟山的父老乡亲给予我们2班学子的厚爱、信任与支持！我们今天只是考上大学，还没有获得回报社会、建设国家的成就，我们还没有什么真正可傲之处。但是我们已经站在了一个很高的起点上，我们拥有这个国家最好的教育资源，拥有未来最大的塑造可能性。

2 班同学们，你们当以今天为全新的起跑线，重新规划好自己的未来，带着 2 班赋予你们的文化基因，带着舟山人民对你们的重托，继续唱着我们的班歌，奔跑在路上，攀登自己的下一座人生高峰！或许某一天，你们有了科技成果，有了傲人成绩，那时候可以再次向舟山的父老乡亲们做真正意义上的分享与汇报！

那么，从今天开始，请你们在任何地方、任何时候，对照一下 2 班人该有的精神追求！

为你未来的人生奠基的，不是短短的今天，而是你没有浪费的昨天。

让我们一起不忘初心，砥砺前行！

不能缺位的最后一课

今年高考结束了，我所任教的文科实验班取得了不错的成绩。有很多数字可以让学校满意，也让我获得了不少赞誉。在分数出来后的日子里，我也因为各种各样的事情忙得不可开交。

七月下旬，第一批大学录取通知书即将下来。我有些担心，就给学生一一电话过去询问。打到一个叫薇的同学家里，她不在，是她妈妈接的。电话那端传来的声音听着有些冷淡，不同于以往的热情。我有些疑惑，但还是在挂电话前对薇的妈妈说："如果录取通知来了，请尽快告诉我。看她填的志愿，我总觉得心里不太踏实。"她应了一声就放下了电话。正当我发愣的时候，薇的妈妈又打过来电话。这次她用近乎哽咽的声音对我说："邹老师，我以为高考结束后你再也不会来关心薇薇了。你知道吗？这次高考结束后，我女儿整个人瘦掉 10 斤，本来就瘦，现在更像根竹竿了。你知道的，我女儿平时基本都在年级段前十啊，然而这次却只有 570 分，那些平时比她差的人考得都要比她好。分数出来后，女儿去找你填志愿，看到你和别的同学都那么高兴，她实在难受，就哭着回家了。她已经有许多日子不肯出门，今天是我逼她和同学出去走走的。我以为邹老师你以前那么关心薇薇，一定会来安慰她，哪怕打个电话过来，可是你一直没来问过，老师现在的眼里大概只有成绩考得好的人了。”

这回我真的是呆住了，从来没有这样面对过家长如此直接的指责，也从来没有感到这么羞愧难当。薇的妈妈说得不对，但似乎又说得没错。薇确实是曾经的“宠儿”，她承载着家长和老师们的“清北”梦。每一次模拟考试她都进前十名，然而高考她却发挥失常。在我忙着向那些考场胜利者祝福的时候，我似乎忘却了那些惆怅的失意者更需要关爱和指点。我想起那天高三毕业典礼，我打电话给薇薇，要她穿校服去担任礼仪，她有过犹豫但还是答应了，那时侯我何曾想过当时她痛苦的心情？我也依稀记得，那一天有很多同学来我办公室讨论如何填写志愿，薇的身影似乎一闪而过，而我也无暇去注意她。薇把志愿草稿填写好交给我时，我竟然也没意识到，这个原先很信任我的女孩，这次填志愿没有和我商量。

也许有各种各样的理由为自己解释，但放下电话，我陷入了深深的愧疚和反思。我确乎是忽略了一颗心，在她高中的最后，我竟然没能尽到作为班主任的责任。我还能做些什么？该如何去弥补？除了薇以外，班里还有哪些同学也面临着同样的心灵煎熬？

我意识到自己骨子里仍是庸俗的。平时对学生的关心，或许更主要的是为了能让学生考出好成绩。而一旦高考成绩出来后，三年的心血终于在这一刻绽放出胜利的花朵，巨大的幸福感就让我全然忘却了那些默默吞咽眼泪的失落者。如果这种功利意识继续存在，那么这样的教育一定是残缺的，我永远不能成为一名合格的学生成长导师。高考结束不等于教师责任的结束，不等于师生关系的解除。作为班主任，我的职责还没结束，我的使命还没完成。今天的失败仍然是孩子们高中成长过程中的一部分。如何面对他们人生中第一次巨大的失败，关系到他们以后的人生，班主任要继续把自己的教育和关怀送到学生的心上，继续充当导师的角色，给他们以抚慰，给他们以指导，和家长一起再“扶上马送一程”，让还不成熟的孩子们不要被挫折压垮。看来在孩子们毕业的一刻，一次关于如何面对高考失利的思想教育不能缺位。

我仔细地查看着班里同学的成绩，尽可能找出那些有心理落差的同学。电话逐一打了过去，除了询问志愿，还和他们聊聊这次高考的感受和老师的希望。同时我和几个同学约定在第二天早上去爬山，然而薇始终不肯去。当天下午，我去她家家访又吃了个闭门羹。回到家，我在同学们常去的我的教育博客上写下了一篇题为《沙漠玫瑰》的文章，然后给薇发了一条手机短信，请她抽空去看一看老师的这封信。

亲爱的同学们，没想到那天我信笔写下的《聚散如风》，你们给我那么多的留言，这些充满真情的感谢之语，让老师在感动之余，更多是感到愧疚。有些话本不想说，但今天想来想去还是补充几句吧，只希望能得到你们的原谅和理解，也算是对自己的一些反思。

今年高考，我们13班获得了一些成绩，有很多数字可以让学校满意，也让老师获得了不少赞誉。但说真的，面对别人的祝贺，老师的心里也常常会想到一些不快乐的面孔，心头涌过一些遗憾，怎么也不能让我真正高兴。有些同学原本抱着热望的心，在面对意料之外的结果时，至今依然没有走出失利的阴影。

记得以前我对同学们说过：我是个喜欢向前看、朝前走的人。所以在决定要做好一件事情的时候，我会全力以赴，信奉着努力过就不懊悔的原则，一旦结果出来，无论好坏，我都会坦然接受，懊悔只会属于那些没有努力过的人。所以今天也一样，留在老师心里的是遗憾，而不是懊悔。那么，亲爱的同学们，你们同样已经努力了，已经全力拼博过了，可不可以学一学老师的乐观？可不可以不要留给自己那么长的痛苦？可不可以相信自己一定还能够在下一平台实现飞翔的梦想？可不可以永远笑着面对不可预测的未来？

还记得高考之前的励志报告会上，王国权先生给你们讲过的关于沙漠玫瑰的故事吗？以色列有一种很美的植物叫沙漠玫瑰，乍看它根本不像玫瑰，却像枯草。以色列朋友说：别着急，把它带回你们的家，放在水里，连续观察八天，你一定会发现它是最美的玫瑰。第一天早上起来，你会发现枯草中间一个嫩芽爆发出来，有点生命力但不美；第二天早上，最里面一个花瓣打开了，第三天第二个花瓣打开了，第四天第三个花瓣打开了，这时发现它有点美了，到第八天所有的花瓣依次打开，你发现它真的很美。假如有个邻居在第八天到了你家里，你很兴奋地跟他说：多美的玫瑰！请问他有没有感觉？没有？为什么？因为他只看到了结果。

所以在你们一生的奋斗过程中，你们的父母、老师、同学、所有的其他人看到最多的只是你的结果，而且是阶段性的结果，那么请你们不要太在乎别人怎么看你，怎么议论你。因为那不重要，只有你自己始终陪伴着自己，默默忍受所有属于你的压力，你的痛苦，你的烦恼，你的人生。只要自己问心无愧，每天很努力，每天很快乐，那么你就是那朵最美的沙漠玫瑰。

向前看！向前走！高考失利不等于失败，更不是对我们人生的宣判。老师真心希望同学们，能够走出高考失利的阴影，重新面对阳光，老师相信坚强而乐观的你们，一定能让昨日失意的玫瑰绽放于明日的朝阳下！乐观坚强的你们，在未来的人生试场，一定会再交出一份令人满意的高分答卷！

由于学生在QQ群上的号召，第二天清晨，班里有近20个同学一起相约着爬上了曾经多次登临的镇鳌山顶，面对旭日东升，我们齐声高唱我们的班歌《真心英雄》，大声欢呼着，迎接太阳的升起。看到同学们沐浴在清晨阳光下朝气蓬勃的脸，我知道这次攀登的意义或许非同寻常。

在欢呼声中，我收到了薇的短信：“老师，虽然我没有来到你们中间，但我心中也在升起一轮旭日。老师，谢谢你。”这一刻，我几乎落泪。

如今这篇博文依然挂在我的博客上，许多毕业的同学都来看过，从他们的留言中，我终于感到孩子们已经开始学着从失败中成长。

——不管怎样，一切都已过去，我们应该大步向前走，未来的世界会更精彩。

——老师，一时成败不能决定什么。十年后，我相信我们班同学都会让您看到我们真正的成绩。

——想对这些未考到满意分数的学弟学妹说，曾经我也是这样走来。之后选择了遥远的四川，面对辣椒流泪，不喜欢听川话，之后在我快要离开的时候遭遇了可怕的地震。但是我收获很多，现在想来，没能进很好的学校不能说明以后的路不再精彩，同样，我们可以和国内一流大学的骄子较量。所以，不要气馁，也无须伤心，像邹老师说的那样，向前看，向前走！

就让这些留言作为高三最后一课的见证吧，它告诉我，教育没有结束的时候，没有可以忽略的对象；它告诉我，“老师”不仅是一种称呼，还是一份永远的使命。

多一份赏识
就多一份成功的希望

王燕红，浙江省初中科学特级教师、正高级教师。毕业于杭州师范大学化学系，现任台州市路桥区新桥镇初级中学初中科学教师兼副校长，兼任浙江师范大学研究生导师、丽水学院和台州学院科学专业实践导师。曾获全国优秀教师、浙江省教坛新秀、浙江省教育科研先进个人、台州市名教师、台州市教学能手等荣誉称号。主持研究的成果在2012、2016年连续两届获浙江省基础教育教学成果一等奖，其中《初中科学研究性学习的探索》获2018年基础教育国家级教学成果二等奖。

讲台很小也很大

王燕红

我所在的学校是一所薄弱的农村学校。学生的起点低、底子薄，但对周围事物好奇心强，各班学生总体素质均衡。学校抓住新课改的机遇，积极推进教学改革实验。新科学教师重视实验教学，敢想敢改。我与大家分享课堂中发生的几个故事。

黑色物质究竟是什么

这是一节金属化学性质的探究课。上午第二节课，我们在实验室里(两个同学一小组)探究金属的性质。第一个实验是探究金属与氧气的反应：把一根镁带放在酒精灯的外焰上加热。学生从广口瓶中拿出黑色的镁条后，我要求学生用砂纸磨去外面的黑色物质，露出镁条银白色光亮的真面目。

慧敏的手举得高高地，问："老师，镁条外面为什么是黑色的？这黑色物质是什么？"

经她这一提问，全班同学都停下手中的实验，一起看向我，我心里有点紧张。镁是银白色具有光泽的金属，那这黑色物质是什么呢？我们备课组的老师在上本节课前刚讨论过，各位老师的看法不一，还没有讨论出结果。这时，班级里的很多同学也跟着说："老师，这黑色物质究竟是什么？"看来，这个问题学生很有兴趣，不回答是不行的。那怎样回答呢？说我们老师也讨论过，没有讨论出结果？这样，学生将会怎样看我们？我们在学生心目中的地位将会怎样呢？我自己随便说，万一说错了，怎么办？无奈之下，我反问学生："你们认为镁条外面为何是黑色的？

这黑色物质是什么?”

这下可热闹了,坐在最后一桌的斌斌先站起来说:“这黑色物质可能是氧化镁。”没等他说完,另一个同学小敏站起来说:“也可能是硫化镁。”“不可能如果是硫化镁,那硫化镁中的硫是怎样来的?”坐在第一桌的强强反驳说。我示意强强继续分析下去,他接着说:“这黑色物质应该是镁和广口瓶内的空气发生反应的产物。”我充分肯定了他的想法,并表示他的分析很有道理。

很多学生争着也想发表自己的意见。我要求他们每四人一小组进行讨论,根据猜想,设计实验,进行实验验证(需要的实验器材和药品,我可以提供),然后各小组把结论向大家汇报。没等我说完话,各小组就开始讨论和设计。我看到学生都这么投入,心想,这样的探究课我一个学期能碰到几节?以前学生没有这样的热情是不是因为不是他们要探究,而是老师强加给他们的?在他们设计时,我要求实验员准备氧气、二氧化碳、氮气等实验器材。

六七分钟后,各组组长把本组的设计、猜想及理由等进行汇报。全班主要有以下两类不同猜想。

第一组认为这黑色的物质是氧化镁。因为镁的化学性质比较活泼,能与空气中的氧气反应生成氧化镁,他们到台上做实验。第一组的实验是把镁条放在集满纯氧的集气瓶中燃烧。现象:剧烈燃烧,发出耀眼的白光,生成白色的固体。根据质量守恒定律分析,白色固体肯定是氧化镁。既然氧化镁是白色的,那黑色固体究竟是什么?

第二组认为这黑色的物质是氮化镁。因为空气中氮气成分最多,镁与空气中的氮气反应,生成氮化镁。第二组实验是把镁条放在氮气(实验员配制的,氮气纯度较高)的锥形瓶中燃烧。现象:剧烈燃烧,发出耀眼的白光并夹有淡淡的黄烟,生成淡黄色的固体,这淡黄色的固体是氮化镁。

这两组都没有出现黑色固体。突然,班长海涛站起来说:“这黑色的物质可能是碳,因为空气中有二氧化碳。”

接着的实验是把镁条放在二氧化碳中燃烧。现象:剧烈燃烧,集气瓶内壁和燃烧后的“镁带”上都有黑点。这个黑点用手摸感觉有粘性，主要成分是碳。而镁条外面的黑色物质不具有此性质。

从实验现象来分析，镁条外面的黑色物质既不是氧化镁，也不是氮化镁和碳。那它究竟是什么物质？此时下课铃已响了，可问题还没有解决，探究还在进行。平时学习很认真的佩佩同学问：“老师，这黑色物质究竟是什么？您就告诉我们吧！”这时，全班同学注视着我，我只好说出真相：我们老师目前也不知道黑色物质是什么。老师也要回去探究，探究出结果，会尽早给你们满意的答复。你们把这个问题也带回去探究，如果你们探究出结果，别忘了告诉我。这时，学生更有劲了，都不愿离开实验室。

课后，科学成绩一般的灵芝同学问我：“老师，镁与空气中的水蒸气会反应吗？”黎磊告诉我：“这黑色的物质可能就是镁。”他回忆自己小时候脖子上挂着银圈，特别是冬天，与银圈接触并摩擦的毛线都会染上黑色。他妈妈说，这黑色的物质就是银。银白色的银可以变成黑色的银，他推测银白色的镁也可以变成黑色的镁。小艳跟我说，她问过在路桥中学读高中的表哥。她表哥告诉她，镁带燃烧的实验在高中也有，他的老师说过，这黑色的是氧化镁，但原因并没有解释。副班长美佳子跟我说，她打电话问她姐姐（在中南大学读书），她姐姐说这黑色的物质可能就是氧化镁，她姐姐还说，帮我们查查有关的资料。

我查阅化学实验用书，有这样一段写着：拿出镁条，用砂纸打磨表面的氧化镁。可我怎么也不信镁条外面的黑色物质就是氧化镁。

一次偶然的机会，我在上海建平实验中学遇到了上海市化学教研员，我向他讨教这个问题。他告诉我：“这黑色的物质是氧化镁。”我就问：“可是在实验室里做，镁在氧气中燃烧生成的氧化镁是白色的。”他这样解释：由于镁在空气中燃烧和在空气中缓慢氧化生成的氧化镁颗粒直径是不同的，任何固体颗粒直径小到一定量，颜色都是黑色的。

后来，学生和我查了很多资料才发现，我们看到的各种颜色都是由可见光引起的，可见光在物理学上是一种电磁波。只有在 0.38 微米到 0.78 微米波长之间的电磁波，才能引起人们的色彩视觉感受。

当光照射到某一物质时，由于该物质的物理特性不同，便会在它的表面选择性地反射一定波长的光波，并作用到视网膜上，从而引起相应的颜色感觉。人们通过眼睛感觉到的色彩，客观上是由于有光的存在和人们正常的视觉神经进行工作的结果。

不同物体反射不同色光的反射率不同，我们看到草是绿的，是因为草反射绿色的能力最强。黑色物体则是因为它吸收了几乎所有频率的光，没有光反射时我们看到的就是黑色。当白光照射到不透明的物体表面时，一部分波长的光被物体吸收，一部分波长的光被反射出来。不同波长的光有不同的颜色，被反射的光波是什么颜色的，物体就是什么颜色。如三氧化二铬反射绿光，它就是绿色的；硫磺反射黄光，看上去就是黄色的。若物体将全部波长的光都吸收了，它就是黑色的，若全部都反射，则为白色。

任何固体被细分到小于光波波长的尺寸时，即失去了原有的颜色和光泽而呈黑色。事实上，所有的固体在超微颗粒状态都呈现黑色。尺寸越小，颜色愈黑，银白色的铂（白金）变成铂黑，黄金变成黑色，铁粉变成黑色，白色的氧化镁变成黑色。一些用纳米材料做成的飞机，由于表面能够吸收各种电磁波，所以具有隐形的作用。

在阅读有关资料中我还知道：固体颗粒的变小，不但会改变它的颜色，也会改变物体的其他特性。例如，我们说金的熔点是 1064℃，这是金在常规状况下的熔点。当金的颗粒尺寸减小到 10 纳米时，熔点则降低 27℃。这些知识我过去却是一无所知的啊！我终于弄明白了：镁条外面的黑色物质是氧化镁，是镁带在空气中与氧气缓慢反应生成的，由于生成的氧化镁颗粒小，直径小于光波波长的尺寸就变成黑色。

旧的教师观认为，教师是知识的传授者，教学的过程就是教师与学生之间的知识授受过程。但从上述案例中我们清楚地看到，在新课程的课堂教学中，教师作为知识传授者的地位动摇了。课堂的民主化使学生常常会向教师提出一些十分难解的问题。虽然“镁条外面黑色的物质究竟是什么”这个问题并不属于该课的教学目标，但学生有兴趣，他们就想弄清楚。由于这个问题超出了教师的知识范围，教师会因此陷入尴尬的境地，面临严峻的挑战。但教师并不是消极地回避，也不是用“这个问题请同学们课外自己去解决”的托辞把“皮球”踢回给学生，而是对学生的问题给予了极大的关注，勇敢地承认自己的不足，积极带领学生进行深入的探索，与学生共同进行深入的探究和广泛的学习，成功地扮演了一个学习者的角色。

从上述案例中我们还看到，“镁条外面黑色的物质是什么”这样一个小小的问题，联系着白光的构成、电磁波、物体的颜色、纳米材料等多方面的知识。从这个意义上看，一名好教师应当拥有比较渊博的知识。而且，由于我们所处的社会，新的知识层出不穷，知识更新周期大大缩短，教师很难只用大学学过的那些专业知识来应付教学工作。为此，教师应当成为终身学习的榜样，经常更新自己的知识结构，以提高自己的教学能力。

上述案例中学生所提问题的解决，从课内到课外，从亲身的实验探究到向他人求教、查阅资料等，采用了多条途径，经历了多次的否定和较长的过程。这可以使学生体会到，科学探究过程是艰辛的，需要坚持不懈的毅力与耐心。

老师，我的温度计坏了

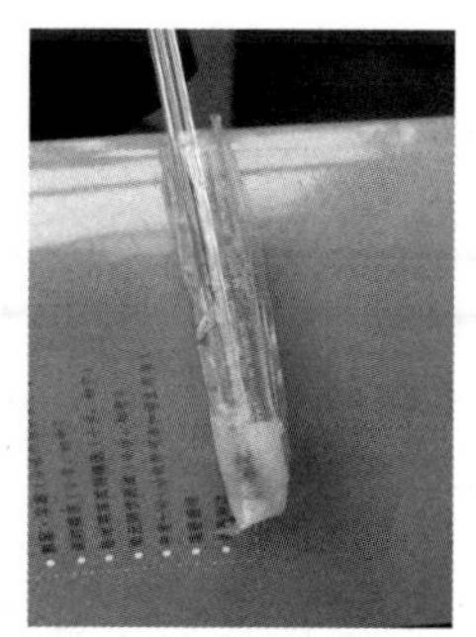

学习浙教版七年级《科学》第四章“物质的特性”第一节的内容时，熔化、凝固的现象对学生来说非常熟悉，学生在小学阶段已经学习过三态现象，但是对熔化条件和熔化过程还是比较模糊的。

上午第四节课，我在实验室里让七(5)班学生两人一组探究物质熔化的规律。我们用冰代替课本中的硫代硫酸钠来研究固体熔化。

每个小组组拿到了我刚发下去的冰熔化的实验装置(如图：果冻条的包装袋

里装有长约 1 厘米的水，把温度计插进水里，再把这个装置放进冰柜中冷冻，从冰箱中取出时，温度计的读数为－18℃）。由于空气的温度比冰温度高，空气会把热量传给包装袋内的冰，使之熔化。

我要求学生每隔一分钟记录一次。

冰熔化过程记录表如下所示。

时间/分									
温度/℃									
状态									

学生认真地做起实验，大约过了 7 分钟。突然，坐在第一桌的太巨同学大叫起来："老师，我的温度计坏了，我的温度计坏了！""温度怎么还是 0℃，我已测得第 4 个 0℃。"接着，很多同学也跟着说："我的温度计也坏了，我已测得第 5 个 0℃。"碧仙站起来激动地说："老师，我的温度计也坏了。冰很多熔化了，只剩下一点点，温度怎么还是 0℃。冰在刚开始熔化时温度是 0℃，而现在冰已快全部变成水了，温度怎么还是 0℃？"没等我开口，冥楠结结巴巴地说："我们组也这样，刚开始测得冰的温度是－10℃，1 分钟后测得冰的温度是－4℃，第 2 分钟后测得冰的温度是－1℃，第 3 分钟测得就是 0℃，第 4 分钟、第 5 分钟、一直到第 7 分钟，温度计示数都是 0℃，你看现在温度计的示数还是 0℃。"

"温度计没坏！"随着这个声音，大家把目光投向说话的人，原来是我们班最调皮的军伟。只见他右手拿着温度计，原来他已经把温度计从实验装置中拔了出来。他看到全班同学的目光都投向他，有点不好意思地解释："我的温度计示数也停留在 0℃不上升，我也以为温度计坏了，所以我把它拔了出来，却发现，温度计示数会上升，现在示数已经是 10℃了呢！"

"看样子，不是温度计坏了，而是这个实验的问题。"

大家又开始继续做实验，教室比较安静。突然，最会说话的玲玲手舞足蹈地喊："温度计真的没坏，我的温度计示数上升了。"接着其他组也说如此，学生这才松了一口气。

我给他们下达了一个任务："你们把数据记录下来，根据这些数据完成上面的图象，看看能够得出什么样的规律。"没等我说完，学生就画图的画图，找规律的找规律，都很认真。不多久，学生根据实验得出冰熔化的特点：冰熔化时温度不变，吸收热量，只要有水有冰，温度都是 0℃。

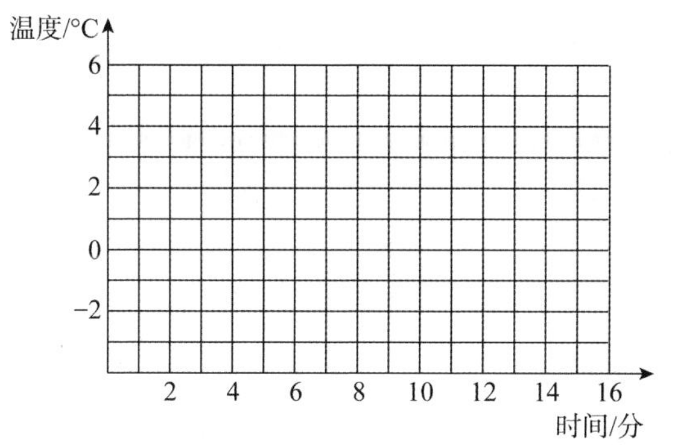

冰的熔化图像

班长一茗站起来问："老师，是否所有的固体受热熔化都像冰一样温度不变呢?"这个问题一提出，教室里像炸开的锅一样，说一样的有，不一样的也有，回答不知道的更多。到底怎么样呢? 大家都想到用实验去证明，看到实验桌上有石蜡，自然就想看看石蜡熔化的过程。

我给了学生一个他们认为不可能完成的任务——把水变成冰(不能放在冰箱里，要求我们现在在这里就能看到凝固的过程)。有的同学苦苦思索，有的同学认为不可能，也有的同学说把冰箱搬到这里来。当我变魔术似的拿出一个个装有冰、水、盐的烧杯发给各组时，同学们个个伸长脖子问："这是什么?"

"把前面冰熔化成水的装置插入此烧杯内，观察有什么现象。"这时学生迫不及待地把装置插入烧杯内，观察温度计的读数。突然，坐在后面的苗苗同学惊叫："怎么会这样? 怎么会这样?"

我追问："苗苗，到底怎样?"

"温度计示数急剧下降，不到半分钟，温度计示数已经下降到 0℃，果冻条内的水开始结冰。大约过了1分钟左右，水都变成冰了，温度计又开始下降，一直下降到－8℃。”

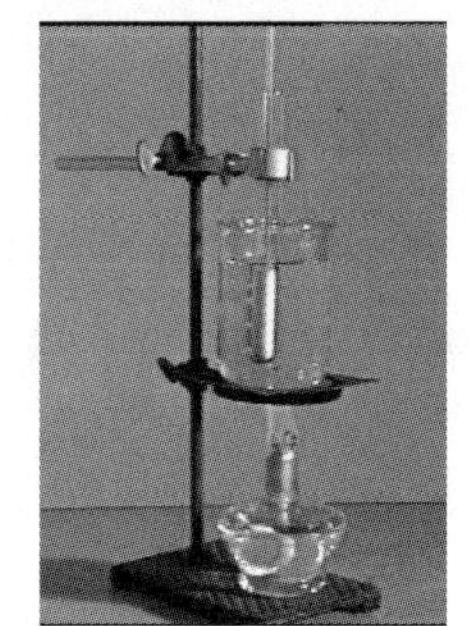

此时，下课铃声已经响了，学生的实验兴趣还浓得很，很多同学围着我问："老师，如果把糖放入冰水中，温度会在0℃以下吗？""把酒精放入冰水中，温度会怎样？"

这节课学生有这么高的热情，出乎我的意料。这样的课，不正是我们所期待的吗？在整节课的过程中，我说话的机会很少，学生抢着猜测、争议。就连我们班最调皮、上课经常开小差的军伟也积极思考。

为了便于对比，我把在七(6)班上课情景片段记录下来：我按照教材提供的实验，把海波当作熔化实验的原料。我看很多组熔化结束了，我问："你们在加热过程中，温度有什么变化？"

坐在前面的财达说："老师，温度一直上升。"

"有没有不同的现象？"

这时，大家你看看我，我看看你，教室里没有声音。我只好提醒他们："海波从固体变成液体时有什么现象？"

"我们组海波熔化过程不到一分钟，熔化过程的现象没有看仔细。"

"我们组海波熔化过程有三四分钟，在熔化的过程中，温度会升高，只不过温度上升得慢些。"

"我知道，海波熔化过程，温度不变。"

我一看原来是平时学习很认真的青青在说。我心里高兴，这可能就会得出晶体熔化规律，连忙问："你怎么知道的，是从实验过程中发现的吗？"

"我是从书本和练习中得知，可是我们组的温度也上升。"

我只好向他们解释："海波熔化过程中，温度应该是不变的。可是你们的实验，可能是搅拌不均，也可能是……"

我讲得很累，但从学生的表情看：有的一脸茫然，好像一头雾水；有的对此抱有怀疑。

如何改进这个实验，我花了许多心思。书本上用海波做实验原料，主要是利用海波的熔点是48℃，实验的温度容易控制。记得以前教材曾用萘为原料，同样利用萘的熔点高，但没有考虑海波和萘的导热性能差，熔化热小，在熔化时温度难以控制，有时1分钟内试管中的海波全部熔化，有时看到海波熔化过程温度持续上升，再说海波这种物质对学生来说是比较陌生的。能否找一种生活中常见的物质，熔化时温度不变能持续一段较长时间？我想到了冰。

我以为自己的想法很好，去和实验员商量，却被一口否认了。因为去年路桥区科学教学大比武在我们学校进行，刚好上这个课题，也有参赛教师用冰做，把盛水试管放在冰柜中冷冻，结果试管绝大多数破裂，实验没有成功。

韩老师很支持我的想法，说路桥实验中学张老师早就用冰（碎冰）做过，实验效果相当明显。可是准备工作很麻烦，由于碎冰的表面积相当大，在常温下容易熔化。我校的实验员蔡老师说他可以办成。为了防止在粉碎时熔化，他想到在卖冰的仓库中把冰粉碎并放进保温箱内，送到学校后放在冰柜内。我想这样太麻烦了，我们学校不在城关，为了一些碎冰要跑这么多路，不太适合。用块冰不就是怕试管破裂吗？想方设法不放在试管中就可以解决这问题了，后来我就想到了用果冻条的包装袋来代替试管。

在这节课中，教师改进了书本中熔化和凝固的实验，引起了学生的积极思考，主动提问，使得晶体熔化时温度不变的规律，成为学生永久性的记忆。在整节课中，教师的讲解很少，几乎都是实验在说话。

1. 用实验说话，最有说服力

科学是以实验为基础的学科，科学课堂教学始终围绕着实验而展开。在科学实验中，学生通过实验的研究来认识物质，掌握基本原理和基本技能，初步学会科学研究的实验方法。科学发展的历史也充分证明：科学的任何一项重大的突破，无一例外地是经过科学实验而取得的。正如波义耳所说，没有实验，任何新的东西都不能探知。学生在实验过程中积极地动脑动手，体验科学家科学探究的过程和方法,获得探究的乐趣和成功的喜悦。

实验的选择必须是有效的。从上面的案例可以看出,同样的课题,用不同的实验材料,教学效果相差甚远。科学课不是为了凑热闹去做实验,所以选择的实验必须发挥作用。可做可不做的干脆不做,以免浪费学生的时间,有些实验还可能发生误导作用。选择实验,应尽可能操作简单、现象明显,贴近学生的生活。

2. 用实验说话,改变学生潜意识中的错误概念

本节课中,学生认为温度计坏了,主要是学生在潜意识中,认为冰熔化过程中温度会升高。如果老师只告诉学生冰在熔化过程中温度是不变的,他们很难接受。即使学生努力接受了,也可能只是表面现象,过一段时间,那种错误的潜意识又会回到学生的大脑中。

在这节课中,冰熔化的实验中,实验现象和学生的生活经验产生矛盾,很大程度地激发了学生的兴趣。学生根据实验现象,不但归纳出晶体和非晶体的特点,还归纳出它们熔化和凝固的规律,也使我想起这样的一句话:用实验说话是最有效的。科学实验有时候会完全颠覆了我们对世界的常识性概念。

3. 教材提供的实验不一定是最佳的

我们的教材是面向全省甚至更广泛的学生群体,并非为我们的学生量身定做的,教材只是教学的辅助资料之一而非教学的全部。教师作为课程的建设者,应当具有评价教材、独立处理教材的能力。所以,我们在备课时,可以根据实验内容和前后知识联系情况,结合学生的年龄特点,对具体实验进行增减或适当修改,而不是做教材的奴隶。

用最初的心，
做永远的事。

吕秋萍，浙江省初中英语特级教师、正高级教师。毕业于丽水师专英语系。现任教于丽水市实验学校，兼任地浙江省基础教育课程改革专业委员会成员。长期致力于增效减负的课堂教学改革探索，致力于学生核心素养和品德修养的培养提升，致力于青年教师的专业成长，教学风格简约而深刻。课题“培养学生高阶思维能力”获浙江省教研课题一等奖，阅读教学课例获全国优质课例，多篇论文发表于全国中文核心期刊《中小学外语教学》上。

“上帝派来的”老师

吕秋萍

因着牺牲自我而成全他人的精神品格，“园丁”“蜡烛”“春蚕”“铺路石”等都成了赞颂教师的溢美之词。比较而言，我则更喜欢学生给予我的比喻——“上帝派来的”。

Mark 是第一个夸我为“上帝派来的”的学生。与大部分青春期男孩一样，初中前两年的 Mark 因玩心重，学习太过随性，多数科目的成绩基本保持在中等水平，英语则长期处于及格线以下。

Mark 升入九年级后，我接任他所在班的英语老师。作为毕业班的学生，面临人生的第一次选择和被选择，孩子们的学习行为变得持重而沉稳，爆发出了强劲的内在动力。Mark 自然也不例外。他迫切地想要进步，让我帮他补习。我与他一起制订了一项英语提升计划，首要任务是如何以多种形式进行必要的语言积累。初中阶段的内容毕竟有限，三分钟热度过后，Mark 其实没有付出特别大的努力，但他的成绩从不及格到及格再到中等水平，一点点在提升。他对英语学习的自信心也越来越足，最终在一年后的中考中取得了 106 分的好成绩。

进入高中，英语学习的任务和测试的难度急剧升级。Mark 捉襟见肘的知识积累远远跟不上他的日常学习所需，他开始真正感受到什么叫“吃力”。密集的考试、排名的压力，迫使 Mark 拼命刷题，并到处找人帮他补习。

据 Mark 的母亲说，孩子进入高中后学习十分不顺利，而且越来越不自信。他也曾想找我聊聊，可又碍于“学业不够顺利”而不好意思来见我。后来，Mark 的父母实在不忍看着孩子天天背负巨大的学习压力，才抱着“让吕老师跟他聊聊看"的想法给我打了电话，安排了我俩的一次见面。交流中，Mark 向我汇报了自己进入高中后一年多时间里的学习经历。他告诉我说，自己经常凌晨 5 点就起床读英语。别人读四五遍，他会逼着自己读四五十遍，但还是记不住，总是背不下来。晚自习放学后他会逼着自己额外完成一份练习卷，可是效果依然不理想。

谈话期间，Mark 的神情十分凝重。他说，面对毫无突破的成绩，每每听到老师和家长不时鼓励他"再努把力"，让他再多读一点、多背一点、多练一点时，他也理所当然地认为自己一定还不够努力。他觉得特别迷茫，不知道自己还可以利用哪些时间，或者还需要做哪些练习才可以突破困境。他同时开始怀疑，自己不是学英语的料，他说自己的记忆力不好、理解力不行，甚至不得不承认自己很笨、悟性低，根本就没有学习的天赋。

我问 Mark 每天一张试卷是怎么做的。他说，很多句子都是一知半解，看文章如雾里看花，常常不知所云，大多题目只是靠"蒙"完成。他当然清楚这样做题效率很低，但是他说每天逼着自己练一点，至少让自己觉得安心踏实，希望终有一天熟能生巧。

Mark 的描述像极了电影《无问西东》里的经典台词："人把自己置身于忙碌当中，有一种麻木的踏实，但丧失了真实。"回看当下，我们的身边，把自己交给繁忙，得到"麻木的踏实"的学生何其多！他们一直奔波在学习的路上，压抑着真实的自己，像机器一样，不停地补习，不断地刷题。他们常常被假象所蒙蔽。每当成绩不尽如人意时，只是认为自己还不够努力，或者不够聪明。

我让 Mark 回忆一下九年级时，我是怎样帮助他的。他想了想说，一个多学期里，我让他通过各种途径积累语言知识，如诵读课文、词汇打卡、记背一些名言警句、看《21 世纪英文报》以及简单的英文小说等。那时，他的学习目标很明确，任何方式包括日常作业都是为他积累词汇服务的。到离中考一个半月左右的时间，我才让他接触中考真题，了解考试说明中的语言知识，掌握一些考试技巧，而且就是做真题时也不忘词汇积累。说着说着，他突然明白了。“我怎么就没想到呢？我现在的学习完全像无头苍蝇似的瞎摸乱撞，根本找不着北，其实心里也没有北。我完全忘记了为啥要读课文、做试卷。每天只是瞎忙着，学习失去了自己的节奏，完全被老师、书本、练习、考试牵着走，每天囫囵吞枣。看似很努力，实际积淀甚少，以至于越学越空虚。”我听出了他渐渐平缓的语气，也看到了他逐渐明朗的表情。

我建议他回到之前的方式，减少刷题量，尤其不能抓到什么做什么。放缓节奏，聚焦积累，让他充分利用好课本、作业本和摘录本，做到学有所思、学有所获。即便是考试刷题，也要选择优质试题，把试卷和练习卷都作为积累的语料库、资源库，完成一份便有一份的收获。无论是语言、文化还是思维、视野，进一寸自有一寸的欢喜。我再次告诉他，真实的努力一定不会被辜负。

针对他说的记忆力不好、课文难背的问题，我选了一篇文章让 Mark 读，并指导他如何练习朗读，同时给了他练习朗读的期限，重申了词汇积累的方法和任务。大约两个小时后，他眉头舒展、神态轻松地与我告别，并让我期待他的好消息。

Mark 当天回家一进家门，便兴奋地对妈妈说：“妈妈你知道吗？Miss LYV 就是上帝派来帮助我的！”

Mark 的赞美让我特别有触动。其实，那一天两个多小时的交流，基本都是 Mark 在说，我在听。我没有跟他说过多少大道理，自然也没有鼓励他还要“更努力”，尤其反对他继续一天“蒙”完一张试卷。我所说和所做的，只是尽量帮助他把已被考试、练习、分数、排名等塞得满满的脑子“清空”，让他明白误用光阴比虚掷光阴损失更大；引领他返璞归真、回归常理，让他感悟如何让每一种努力都能产生价值；让他看到诚实努力之后的希望。由此，也让他产生了我是“上帝派来的”的结论。

2019 年 9 月 10 日，我手机上显示了一个来自福建的电话。我狐疑地接通电话，手机另一头传来一个久违了但却充满雀跃的声音：“吕老师，你听得出我是谁吗？”

"WOW,你是 Tao!"

Tao 说话的辨识度实在是太高了,我不可能不记得。

Tao 是我 13 届毕业的学生。因为天生舌头偏短,说话总有些含糊不清。正因为如此,Tao 在学校里与老师同学的关系一直很疏离。他似乎只活在自己的世界里,不声不响,不吵不闹,循规蹈矩,不打扰任何人。如果不计较学习成绩,几乎没有人会意识到他的存在。

自从 Tao 进入初中成了我的学生后,我一直观察着他。每次遇见,我总是主动热情地与他打招呼。英语学习离不开读和背,明知他不会在意,但每次在班级里布置背诵内容后,我总会单独跟他说一声:"你争取读一遍下来吧。"

这样的日子持续了一个多学期。

七年级下学期的一个早晨,我们在进行英语早读。同学们齐声朗读了几遍新学的课文后,开始各自读背对话和课文。我走到 Tao 身边,指着其中一小段对话,俯身问他:"能背下来吗?"Tao 第一次积极地回应我:"试试看吧。"

待我转了两圈后,Tao 举手问了我两个单词的发音,然后说可以背给我听一听了。Tao 背得非常努力,也非常费力。我耐心地躬身听着。等他一背完,我狠狠地捧了捧他的脸:"真棒!"

我趁势问他敢不敢背给全班同学听一遍。Tao 说让他再准备准备。

那一小段对话,Tao 整整准备了三天。

第四天的英语课开课,在同学们惊讶的神情里,我让 Tao 走上讲台,让同学们屏气凝神、洗耳恭听。Tao 第一遍背下来,没有一个同学听出他背的是什么。我告诉全班同学说:"为了这一刻,Tao 足足准备了三天。如果大家听得足够认真,并且对所学的课文掌握得足够熟练,就一定知道 Tao 背的是哪一段话。"

在我的鼓励之下,在同学们的期待之中,Tao 又背了一遍。这一遍下来,全班响起了雷鸣般的掌声,同学们边鼓掌边纷纷报出 Tao 背诵的课文名称。Tao 站在讲台上,脸色通红,因为紧张也因为兴奋。

那是Tao进入初中后第一次得到全班同学的关注和赞赏。之后的几个星期，Tao坚持读一小段背一小段。在单元小测验时，我专门就Tao熟悉的内容编制了试题，并以大分值赋分。在后续的反馈中，Tao的名字一次次出现在进步榜里，且在课堂上一次次被叫响。

就这样，Tao逐渐进入了同学们的视野。他的学习依然很艰难，但他始终没有放弃。他积极参加校运会，主动报名参加学校科技节及艺术节的各项活动，主动负责班级的卫生管理，认真地练书法、弹吉他，并尝试着写小说。初中毕业后，Tao进入了一所私立高中就读，并在三年后考上了福建水利电力职业技术学院。

Tao在电话里祝我教师节快乐，并兴奋地跟我说："吕老师，告诉您一个好消息。我终于通过毕业考试啦，我终于大学毕业啦！"

由于一门课没按时通过，Tao推迟了三个月才正式大学毕业。Tao说他的毕业信息来得正是时候，正好可以作为教师节礼物赠送给我。

毕业回丽水的第一天，Tao和妈妈一起拿着毕业证书来学校看我。我们在校园里边转边聊。Tao回忆了一个个我鼓励他、肯定他、赞扬他的场景，我也感慨万千。很多当时只是出于师者本能的言行都被Tao赋予了别样的意义，经由Tao说出来显得特别有温度、特别有力量、特别感染人。

Tao的妈妈说："吕老师，你简直就是上帝派来的天使。Tao很幸运能遇上你。感谢你初中三年对Tao的呵护和鼓励！"

告别之时，Tao突然对我说："吕老师，我想为你即兴作首诗。"

"好啊！"我满怀期待地看着他说。

我原本只是一颗石子
你是一朵莲花
你包容了我
我便成了你的莲子

我上前给了 Tao 一个大大的拥抱，热泪盈眶。

每一块石头里都有一尊佛。Tao 将自己比作一颗石子。但是石子虽小，也同样含有佛的慧根和灵性。只要我们老师手握爱的刻刀，用欣赏的目光，以期望的力量，在时间的细水长流里，精雕细琢，慢慢打磨，每一块石头都会渐渐完成自我成长，变成自己最好的模样。

杜威曾把教师比喻为上帝的代言人、天国的引路人。而让我不曾想到的是，在我 30 年的教育生涯中，竟时不时地被学生、家长神化为“上帝派来的”“天使”“贵人”等。都说教育是一场美丽的相遇，“上帝派来的”不仅仅使我的教育生活拥有了故事，它同时也照亮了我的生命，使我的生命从此拥有了光彩，增加了厚度。

不跪着教书，
站直了做人！

陈志强，1996 年参加教育工作。浙江省小学科学特级教师、正高级教师。毕业于丽水松阳师范首届大专班。现为缙云县水南小学科学教师、副校长，兼任浙江省小学科学教学分会理事、丽水市陈志强名师工作室主持人、缙云县高级人才联合会理事兼教育专委会副会长、缙云县教研员工作室导师、缙云县小微学校新乡村教育实验工作项目指导师。从教 25 年来，共取得省级以上奖励 120 多项，执教省级以上公开课 30 多节。先后荣获浙江省“万人计划”教学名师、浙江省师德楷模、首批“浙派名师”培养对象、浙江省课堂教学能手等荣誉称号，是全国优质课一等奖、浙江省教研成果评比一等奖、浙江省课堂教学评比一等奖、浙江省教学论文评比一等奖、浙江省基础教育课改巡礼一等奖、浙江省人民政府基础教育教学成果奖二等奖得主。

教育琐思一二

陈志强

教育是什么？怀特海说，当一个人离开学校，把学校教给他的知识忘掉，剩下的是教育。那我的学生，我能给予他们什么？除了教给他们所谓的知识、技能之外，在他们离开学校多年之后，我的教育又能在他们身上留下些什么呢？

我的教育，给予了学生什么？

今年春节，两名已经参加工作的学生来看我，她们是这样回忆起我们之间的故事的：

朱同学：印象中陈老师从来没有急过，从来没有骂过人，一直很温和。在那个时候，老师发火、用教鞭敲打下脑袋、小小体罚，都是很正常的。老师的威严感总是让人很有距离，甚至有些害怕。但陈老师平易近人，让人很想亲近。现在想来，陈老师是在我学生时期，第一个让人觉得学生和老师可以平等对话、平等沟通的人。不管在家里还是学校，我周围大部分是绝对权威的环境，在听从权威、仰视权威的同时，我心底其实是有想挑战权威的欲望的，是很在意平等这件事的。

后来我开始跟着陈老师每晚练习书法。每天放学后，不是到陈老师的办公室，就是到陈老师的家里，至少练习 1 小时，一直坚持到 5 年级。小学毕业后的暑假，甚至还在陈老师家管吃管住地又学习了一个月。小学时期的记忆，大半是和书法、陈老师有关，包括我的高光时刻。

我到现在都很难想象在小学时期，我能够坚持每天练习做同一件事情，不管当天作业有多少。想起自己好几次走夜路回家，好几次我都是家里最晚睡的人，练完书法后到家继续写作业。奇怪的是，我好像从来没有一次提出不练了。想来这主要出于对陈老师的信任。陈老师坚持带教，每晚也会和我们一起练习，想着法儿让我们持续精进。说实话，对陈老师的喜爱胜过对书法的喜爱，不然，不会进入初中后，我就把书法给放下了。

书法学习是一件内敛的、需要耐心长时间积累、打基本功的事。一年、两年、三年都还不够，四年、五年也不算长。在这样的熏陶下，让我知道要做成一件事情，偷懒不得，就是要扎扎实实地反复刻意练习，勤能补拙。我想，我现在做很多事情都能努力保持认真踏实、坚韧专注，与陈老师对我的指导和坚持练习书法的经历是分不开的。

胡同学：每每想到陈老师，脑子里总能浮现他陪我练习毛笔字的情景：大概晚上七点钟左右，整个校园都是黑的，只有陈老师的办公室是亮着的。我们两三个学生，铺好报纸，倒好墨汁，一字排开，开始临摹字帖。陈老师也没闲着，他也站我们边上练字。办公室里鸦雀无声，老师写的字在我心中已经很完美，但他还是一笔一画，丝毫没有懈怠。有时候我抬头想偷会懒，发会呆，但看到老师同学们都这么认真在练习，瞬间就收心了。陈老师给我们创造了很好的学习氛围，以身作则，从他那里我学到了怎样做事情，那就是既然做了，就要专注用心。

还有印象特别深刻的是，我们参加县里书法比赛，我又是超级胆小的人，紧张是自然的，加上那时候的比赛是现场写，然后上交，再评比。依稀记得还没开始比赛，我的手就开始抖了，陈老师自然是懂我的，安慰我：没事的，发挥正常水平就好了，我们不一定要拿第一，我们就是来试试看，有没有比上次进步。那时候，老师跟我说的话，就像镇静剂一样，瞬间能让我平静下来。我知道通过坚持不懈的练习，我有进步了，所以内心少了很多恐慌。陈老师总能给我们最大的鼓励，老师陪我们参加了非常多的大小比赛。无论我们发挥如何，老师总是一副对我们很满意的样子，笑盈盈的。这让我们觉得，我们好像为老师争光了，心里也多了些信心，让我们更有动力继续努力。

我们两个外地的学生，有一年暑假，在老师家免费住宿，蹭吃蹭喝好一段时间。老师不仅要照顾我们两个，还要教我们写毛笔字，现在想想真是太不可思议了。不求回报，无私奉献，应该说的就是这样吧。我记得，有一次我说感觉住老师家让他很破费，老师却开心地说，请你们吃饭的钱还是有的。请吃饭的钱确实是有，但是应该很难找到另一位老师会这么掏心掏肺又掏钱地对待学生了吧。

在我心里，陈老师真正做到了为人师表。从他身上，我学到了专注用心、认真坚持、脚踏实地、勤能补拙，这让我受益终身，对我的学习工作生活都有莫大的帮助。

这两名学生是我刚毕业时教的。事实上，刚毕业从教那几年，我虽是师范毕业，但其实还不太懂教育应该是什么样子，什么样的教育才是好的教育，同样也不可能拥有什么教育的艺术和智慧。当时只是觉得和学生在一起，我很开心、很快乐，喜欢和学生在一起。哪怕学生犯了错误、做了点错事，在我眼中却也觉得是另一种可爱。再说，小孩子哪有不犯错的呢？同时我也发现，有不少学生很喜欢和我在一起玩。于是，那些年，下课后、放学后，甚至晚上、周末，我也经常是和学生们一起度过的。课间，我和学生聊聊天、说说笑话；放学后，我会带着学生玩耍、打球；晚上，我和学生一起练习毛笔字；周末，还会像个“孩子王”一样，我带着一帮“小不点”，一路上叽叽喳喳地去往郊外的田野、小溪边，找蚯蚓、捉蜗牛、寻宝石。那时候，我们的关系，既是老师和学生、长辈和后辈，更是伙伴和朋友，因为在我心中，他们只是“小个子的大人”，是应该平等交流的“小”朋友。

现在回想起来，当时的状态和做的这些事，并不是具有明确的教育目的而有意为之，仅仅是出于做老师的一些朴素认识：要爱护学生，要尊重每一个人，引导他们做事要认真、要坚持，要给他们作出榜样，要给他们留一些快乐的记忆。这样看来，当时这些朴素的认知却误打误撞地指向了正确的方向。由此可见，一名学生对学习、对老师的喜爱，有时并不是因为课程本身多么有价值、老师上课讲得有多精彩（当然这两个是很重要的影响因素），而很可能是因为一些常常被老师们自己都会忽略的、十分微小的细节，甚至更多地是一些在课堂之外无意识的细节。孩子从细微之处感受到了老师真诚的爱，也就可能成为孩子热爱学习、热爱老师的开始。教育，虽是一项复杂而浩大的工程，但其实又可以是很简单的，简单到只需遵守常识即可。就像李希贵老师所说的，教育其实很简单：一腔真爱，一份宽容，如此而已。

说到这里，让我想到了另外一名学生。那是我支教的学校里的学生，那所学校是我们县少数几所最为偏远的山区小学之一。当时我被安排任教毕业班的数学、两个班级的科学，外加几节美术、品德课。开始时，这名学生给我的印象并不太好。个子不高也不矮，上课虽然不太吵闹，但也基本上是不听课的，总是趴在桌子上作睡觉状，问他也不理人，作业质量也非常差。有一次，我和原先教他数学的教师聊天，那位老教师对我说，这名学生脾气又犟又臭，学习态度极不好，数学是肯定学不起来的。最后他还不忘善意地提醒，他家也没人管他，你也不要管他就行了，反正小学最后一年了。向老教师表示谢意之后，我心里反而更堵了，觉得他不是这样的人，也不应该落到这个地步。何况他对待语文课并不是这样的。我心里嘀咕着肯定有其他原因。可无奈的是，他又不愿意和我交流，问其他同学也问不出个所以然来，怎么办呢？这件事情就一直这么吊在心里。直到一次上公开课，我对课作了深入的思考，我选择了用科学课“以探究为核心”的理念来上这节数学课：创设情境引发学生的思维冲突，再引导他们提出问题，自己想办法去研究问题，最后基于自己研究中的证据来回答、解决问题。就在这节课上，他有了令人刮目相看的表现：第一次举手，第一次上台讲解自己的解题思路，而且恰好是在全班所有学生都被卡住、难住的时候。真是出人意料，更是天赐的良机！于是，我抓住这个机会，狠狠地表扬了他一番，并让他第一次接受了全班同学热烈的掌声。同时，我也看到了他的数学学习的潜力：应该是全班同学中最优秀的那一种。受此启发，我除了通过各种办法走近他、激励他，与他交朋友、谈心，解开他的心结之外，还改变了上课的方式，鼓励学生自主学习，鼓励学会的上台教不会的。从此，他变得越来越喜欢数学了。课堂上，经常看到他上台为其他同学讲解题目。还没到一个学期结束，他已经成为了班级里的数学高手：凡是课堂上最困难的题目，我都先请他来给大家讲。

一年后，我回到自己学校后的一天，我收到了一封他的来信。在信中他是这样说的，“陈老师：最近可好，自从您走后一直很思念您。您虽然只教了我一个学期，但是却引起了我对数学的兴趣，数学就像吸铁石一般将我吸住。……陈老师，经过您和另一位老师的教导，我毕业考时得了 97 分。能得到这样的成绩还多亏了您，六年级的第二个学期您还是能认真、仔细地给我讲解一些我不懂的题目。老师您如同一把火，点燃了我对数学的兴趣，在黑暗的时候，您为我照明，不让我摔跤。老师，好想和你相见，再看看您那双充满爱的眼睛……”

作为老师，我给自己最多打 70 分

诚然，三个学生仅仅是个例，并不能代表一名老师漫长的教育生涯。而如果要我给自己的教育生涯打个分数的话，我想，我能给自己打的最高分数是 70 分。

70 分是比刚及格好一点的分数，按我们现行给学生的评分，“良好”都还算不上。作为一名从教多年的教师，好像说谦虚，都显得有些虚伪。事实上，正是因为自己是一名老教师，我才对自己有这样的自我评价。

其一，作为老师，在我们的教学生涯中，总会或多或少地被他人评头论足一番，有些是当面的，更多的是背后的。不管哪种途径，我们都期待得到他人的好评，这也是教师职业的重要的动力。我也和所有老师一样，得到过一些来自家长、学生、同事甚至领导们对我的评价。其中不乏褒奖的，如晚上散步时碰到的一对父母，开心地表示：“我女儿说，跟着陈老师学到了很多东西，尤其是学习方法上。”学生上初中后微信我：“陈老师，我觉得我好幸运，六年级进了你的班，初一进了 XX 的班。初中我的科学不用愁了。”还有学生刚升初中后考试得了 100 分，妈妈向我报喜：“小项说感谢陈老师，基础打得扎实。说老想到您。”也有原来是我教

的，后来换了其他老师教后，妈妈向我反映："儿子很不喜欢现在的科学老师，说现在的老师非常严厉，上课一定要端端正正的，稍有放松就得挨批、挨罚，很没意思。很怀念以前陈老师教的时候，上课可以让他们自己去动脑筋思考，自己去动手研究，去弄明白结果为什么会是这样的。"同样，我也得到过许多关心和爱护我的同事、领导的善意提醒。他们有的说："不否认你的课是上得好，但关键是还要学生成绩考得好，否则说起来与名师的身份不相符。"有的说："你上课要学得聪明点。公开课，可以追求理念前沿，课堂活泼开放，学生学习自主。但平常的家常课，就要换一套思路了，要现实点，要严肃点，而且那些知识点一定要经常让学生读读、记记，要努力多抓抓成绩。"更无可避免地一旦有机会就可能有人在背后贬低："还名师呢，学生成绩考得都比不上语数兼课的老师！"（当然，他们只看最终的分数结果，至于其他无关分数的东西是不会关注的。）也因此，从这个角度看，我的得分为70分，属于正常。

当前，我们的许多教师，虽然平时也经常吐嘈"分分分，老师的命根"，但回到了自己的现实中，又往往努力做着"考考考，老师的法宝"的事。甚至评价一名教师，就看他教的班级的学生成绩而基本不顾其他。虽然分数很重要，重要到让人觉得"没有分数过不了今天"，但是"只有分数过不了明天"。分数，不仅不是教育的全部内容，更不是教育的根本目标。而如果把优秀教师，只定义为能提高学生分数的老师，那无疑是教育的另一种悲哀。

其二，一个常态的班级，不管整体水平如何，不管是根据学生的能力、智力或是成绩，都会呈现正态分布：约20%是优秀的学生，学困生也20%左右，剩下的中等水平约60%。根据多年的教育经验判断，真正优秀的学生，其实并不是老师教的。他们是先天条件、生活环境、父母教养等因素的综合作用下的成果，相比较而言，老师的影响，除了知识学习之外，其他的其实并不太大。同样，面对不爱学习或不重视学习的学困生，很大一部分老师其实也会劳而无功的。因此，共40%的学生里面，我能对其产生较多的教育影响的，能有20%已经是相当不错了。再加上另外的60%里面，能有50%已经是有些自夸了。如此算下来，这100分里，最多不就是70分了吗？

现在，很多家长认为教育都是学校的事。孩子送到学校，自己身上的教育责任就也交给学校了，自己就尽责了。而如果学生学业成绩不佳、品行出现问题，那责任就是学校的，是老师的。甚至还会有不少人，包括所谓的专家，用"没有教不好的学生，只有不会教的老师"对教师进行道德批判，对教师教育教学方法和能力产生质疑。事实上，有研究表明，在人一生所受的教育中，学校教育对人的影响只占到20%，社会教育占到了30%，而家庭教育则占到了50%。可见，学校教育、教师在孩子的学业发展中起到的作用是很有限的，并不像许多人所想像的那样，学校教育、教师对孩子的成长起着决定性的作用。因此，作为老师，我最多给自己打70分，实实在在是对自己的褒奖。

说到这里，有些人可能还不同意我的说法。比如，某某老师就不一样，什么样的差班到了她手里，学业成绩都会有大幅提升。我也不否认，在我们的身边，确实有这样一些优秀老师，他们教学经验丰富、课堂效率高，学生学习认真，自然成绩也好。但更多看到的是，能取得这样效果的老师，是因为他们的严厉和强势。在他们的课堂上，学生的内心是紧张的，思想是不自由的，甚至是有些害怕的，害怕被老师批评，更害怕被老师惩罚。在他们班上，被罚更多的作业、取消下课休息时间、占用学生的课外时间，以及剥夺学生上电脑课、体育课、音乐课、美术课的权利等，都是再正常不过的事。因此，他们班上的学生考试成绩往往能比其他班级高出几分。然而，他们不曾去想的是，学生为了这多出的几分，付出了多么高昂的代价，更不曾想到，这种行为是如何浇灭了学生的学习兴趣，更不用说什么好奇心了。习近平总书记也说"分数，只是一时之得"。如果为了提高分数，让学生的电脑课、体育课、音乐课、美术课变少了，把原本该属于学生自主的活动时间、自由的精神空间抢占了，这样的教育怎么可能赢得未来？

我给自己最多打70分，不仅是对教师的能力、作用有限的认识，更是对自己的一种要求、一种坚守，要求自己不要用剥夺学生学习兴趣的方式去换取所谓的“分数”和“名次”，坚守自己不通过预支、透支学生学习精力以换取所谓起跑线上的“领先”。那种以牺牲学生学习兴趣、求知欲和好奇心为代价，最大限度地榨取学生的时间和精力，来换取更好的“分数”和“名次”的教育，是违背教育教学规律、违背学生成长规律地一种“反教育”。

经师易得，
人师难得。

邢方方，浙江省特级教师、正高级教师。毕业于浙江外国语学院(原浙江教育学院)政治教育系，并以浙江省优秀大学毕业生的身份毕业被分配到景宁中学任教高中思想政治至今，担任班主任工作21年，兼任浙江省普通话测试员、景宁县第九次党代会代表、丽水市第四次党代会代表。曾荣获丽水市劳动模范、丽水市杰出教师。在“主·动·议”课堂理念指导下设计的“社会主义制度在中国的确立”一课荣获2019浙江省高中思想政治课堂教学评比一等奖。论文《金砖十年话发展》《生本设计反思》《“主题式教学”的探索与实践》分别发表于《教学月刊》《中学政治教学参考》；主编“畲乡农具中的科技与文化”“畲乡文化”“图说畲乡珍稀食用菌”“浙里畲乡蓝”等国家省市级精品校本课程。

1176 天的老班日记

邢方方

打开电脑，要写下一些文字，我的思绪被拉回到 2017 年 4 月 23 日，那是“我的 1176 天”的起点。从这一天开始，我每天记下 2020 届孩子们的青春点滴和成长历程，没有一天中断，一直到 2020 年 7 月 11 日，一共记录下 1176 篇“老班日记”，写下近 100 万的文字。每一篇日记都是以“文字＋图片”的形式呈现，每一篇都有这一届孩子生动的记录。今日，我回首这 1176 天的日夜，带给我的是美好的回忆，是温暖的情感，是对孩子们最长情的告白。

第一篇章：成长是最美好的回忆

高一时的 42 个孩子，高二分班后的 36 个孩子，这些孩子的点滴深深烙印在我的记忆里，闭上眼睛，我能看到每一个孩子从稚嫩走向成熟的样子。

故事一：育人。在我的“老班日记 54”里，有这样一段文字的记录：本以为这一天后，可以开始开心的暑假，没想到，临了给了我这么一出，从 6 点到 11 点，想想都觉得心累。唉，此刻心情有点复杂。教育者任重道远，有时不得不怀疑自己是否入错了行。当我疲惫地走进教室时，望着一张张可爱的脸庞，瞬间我忘却了心忧，坚定了自己的信心。总是一片诚心待你，只想你们能够高飞天空，孩子，你能明白老师的一番苦心吗？看到这里，我想起了荣哥，这件事与他有关。第 54 天是孩子们放暑假的当天，孩子们很兴奋，也很激动，于是头天晚上竟然有几个寝室的 8 个孩子约在一起通宵打牌，被值周老师抓了个正着。我从上午 6 点开始处理到中午 11 点，记忆犹新，荣哥就是其中一个学生。荣哥，初中阶段是该年段“四大侠”之一(就是行为规范、学习习惯、学习态度都不大好的四个孩子),家长经常被叫到学校听老师训话,这次也是老毛病犯了。他的理由是:快放假了,他要疯狂一次。面对着他不知悔改、一脸戾气的模样,我真想退了他,不要让他在我这个班里了。但一直秉承“有教无类”的原则以及“每一个孩子都是可以教好”的理念,我没有提出申请,心想总会让我发现荣哥身上的教育契机,可以适时引导教育好他。这样一等就到了暑假,到了 2017 年的 8 月 16 日,我抓拍到荣哥军训参加被子叠放活动时,低头整理被角,眼神里的那一瞬专注。那一瞬间的眼神让我动容,也让我心里一亮,我找到教育契机了。借着这一张照片,我找荣哥谈了一次话,告诉他,他身上有闪光点,并谈了我对他的看法、期待,也引导他高中三年应该要怎么做才更好。接下去的一年时间,我看到了荣哥明显的变化,每日都在进步。同时我经常向家长通报荣哥进步的消息。荣哥妈妈曾经给我发来这样一段微信:“邢老师,荣哥到了你班后,我们明显感觉到了他的变化,他懂事了,回家也愿意和我们交流了。特别感动的是,我们再也不要到学校听老师训话了。偷偷告诉你,初中时,我非常害怕接到学校电话和班主任的短信。现在,我盼望接到你的电话和短信。谢谢您,邢老师。”就这样,我与荣哥的师生情持续了一年,高二他选择了理科,不在我班里了。荣哥高三时,我听到他的班主任对我说:昨晚荣哥因为寝室内务被扣分了,他哭着说:“我对不起邢老师,我没做好,对不起她对我的教育。”我开心地笑了,内心很幸福。2020 年的 7 月,荣哥考上了自己心仪的本科大学,10 月份他发的朋友圈里,是一张在大学阶梯教室里学习的图片,书本旁边放着我送给孩子们的毕业礼物——杯子。他这样写道:把邢老师的爱带到大学。其他的孩子纷纷跟帖:邢老师的爱跟随着我们到了五湖四海。

故事二:成长。在 1176 篇的老班日记里,家长们通过老班日记对孩子们都耳熟能详了。比如阳哥、朱哥、超哥、川哥,比如槟姐、虹姐、星姐、昕姐、灏姐。这 1176 天记录了孩子们从少年到青年的时光,也记下了孩子们成长的足迹。

在“老班日记 1032”里,有这样一段文字:槟姐,勤学的好榜样之一,每天早上总是早早起床,在学校里总是最早的几个,现在在家里上网课,每天也是这么早,好孩子！槟姐的勤奋和坚持是不可思议的，在学校的1176天，从未见她有过一丝懈怠，每天早上5点50分就在教室了，晚自习也总是有她的身影。最后她考上了武汉大学，这是她最初、最想去的理想大学，她实现了自己的梦想。此刻的我坐在书房里码文字，槟姐在武汉大学的图书馆认真复习，期待与她在假期的相会，想听她大学里勤奋的故事。

2020年春季，我们遭遇了新冠肺炎的袭击，整个世界都因此变了模样，我们也有了长达三个月的网课学习体验。在此期间，我的孩子们从未放弃过努力，他们坚持刻苦勤学，高考优异成绩的取得跟网课学习期间从未荒废有着密切的关系。我的"老班日记1014—1031"里不停地出现超哥的故事，有这样一些文字记录：超哥的这张照片让我想起了读小学的时候，那是在扫口（城郊）的时光，读的是复式班。到了这样冷冷的冬日，一般上午是不进课堂的，老师组织我们到溪滩上晒太阳，好多小伙伴都会夹着火笼来（就是放着炭火取暖的竹笼子）。我想超哥会永远记得这个春天，一张桌凳、一只火笼。超哥这个假期的记忆将铭刻于脑海，今日是第四张照片了。"火笼超"横空出世，相信百日后的高考战场一定所向披靡。今日会有记者采访他，希望记者能够遵守约定，不在上课期间打扰超哥。因为我的老班日记，县长看到了超哥在乡下学习因为信号不好，要到村口吹着冷风才有信号学习的情况，马上落实移动公司为超哥家里专门安装了WiFi，让他能够在家里温暖地学习。

孩子们成长的故事很多，槟姐和超哥的故事只是其中的一小部分。在我的1176天里，每天都会发生很多有趣的故事。

第二篇章：家校是最温暖的情感

我一直认为"家校齐心，其利断金"。在这过去的1176天里，我遇见了最可爱的一群家长，遇见了最给力的一届班级家委会，遇见了最团结的爸爸妈妈们。他们不仅完成了高中阶段家庭助力教育的部分工作，完成了周末、节假日家长到学校督学的任务，家委会配合学校、班级老师、班主任完成了很多需要合力的任务，最重要的是给足了孩子们温暖和大爱，让孩子们在高中三年的奋力拼搏中毫无后顾之忧，动力无限。家长的故事也很多，我这里挑选几则故事，让读者们感受我们有爱的家委会。

故事一：爱心加餐。学校里的饮食与家里相比略显单调，我们的家长总是想着法儿地给孩子们改善伙食。这 1176 天里，我的班级收获了太多爸爸妈妈们的爱心加餐。

在我的“老班日记 116”里，有这样一段文字记录：今日爸爸妈妈们爱心爆棚，纷纷为这群“新兵”献爱心，老班觉得这是“军民鱼水情深”哪。特别感谢这些爸爸妈妈们：向阳爸爸矿泉水两箱，藿香正气丸两盒，灏灏爸妈西瓜六个，惠文爸爸矿泉水两箱，欣琳妈妈牛奶两箱……感恩各位家长的鼎力支持。我记得军训加餐是从灏灏爸妈的六个西瓜开始的，在这之后每一天的老班日记里，都会有家长的爱心记录。

在我的“老班日记 1157”里，有这样的一段文字：惠风班（我高二高三班级的名称）的孩子们隔一天就收到爸爸妈妈的宠爱，过着“小资”生活，每天还是很开心的。想想在这样的氛围下，迎接即将到来的高考应该不会紧张和焦虑吧。昨日，超爸超妈给每个孩子都包了粽子和鸡蛋，提前给孩子们过端午节了，还给孩子们定了一个大大的蛋糕，说是给孩子们过集体生日。今日虹宇爸妈又送来了慰问品，这两日，孩子们开心的哟，嘴角都咧到耳朵了。感谢惠风班的爸爸妈妈们的超级给力，代表孩子们感谢你们哟！因为有了家长们的爱心加餐，惠风班的孩子们在高三备考期间没有出现像其他班级孩子的焦虑等众多心理问题，孩子们都发挥出了自己水平，考出了好成绩。

故事二：爱心活动。在家委会的组织和牵线下，我的孩子们走进敬老院探望孤寡老人，去培智学校陪智力有障碍的小朋友们一起游戏，到大街上跟着环卫工人清扫垃圾，到博物馆当讲解员，到幼儿园、车站、医院、酒店餐饮部、酒店住宿部进行职业体验等。在日常的学习生活中，孩子们是会疲累的，因此家委会适时组织和举办了一些户外活动，这些活动让孩子们在紧张的学习之余体验了社会，得到了放松,收获了快乐。

在我的"老班日记45"里,有这样一段关于"职业体验"的文字:策划于四周前,准备了近三周的职业体验活动今天正式进行,为期一天的体验活动,有四个工种、五个单位,全员参与,全心投入,收获满满。孩子们的体验从早上6点开始。酒店的工作、幼儿园的工作、医院的工作都按计划顺利进行。平日里,我们看到更多的是结果,这个结果的背后其实有着艰辛的付出。比如,酒店里整洁的客房,幼儿园里开心的孩子,看似平静的医院住院病房。今天的朋友圈是刷屏的,今天的家长群被照片挤爆,今天的风畅班(我的高一班级名称)是最嗨的,感谢所有的家长,特别是六位妈妈,爱大家。

在我的"老班日记162"里,有这样一段关于"户外拓展训练"的文字:今年庆祝国庆的方式很特别,我和孩子们一起,在家委会的组织和安排下,进行了一次野外拓展训练。这是一次磨炼意志力的活动,是一次家校合作、教育齐心协力的实践。风畅班的家委会,真心要点100个赞,团结、齐心,有爱、用心,细致、创新,努力、有心。就本次活动而言,家委会前前后后就忙碌了近半个多月,从策划活动到形成方案,从组织报名到落实具体事项,每一个细节、每一个环节都考虑周到,环环相扣,顺利圆满,做事风格让人钦佩。

在我的"老班日记238"里,时间是2017年12月16日,有这样一段文字记录和"迎新年"有关:临近年底,转眼就到元旦,风畅班家委会策划了一次迎新年活动,活动的主题是"体验民俗,品味畲乡传统饮食文化"。杀土猪、打麻糍、磨豆腐娘(景宁畲乡一道名菜),今日风畅班家委会策划了一次AA制大活动,想以此来迎接即将到来的2018年,同时也是想让孩子们体验畲乡传统的过大年风俗。这是本学期以来第二次大型活动,风畅班的爸爸妈妈们从陌生到熟悉,就像一家人一样,彼此之间没有距离。大家聚在一起聊聊趣事儿,聊聊家常,更多的是聊聊孩子们的学习。寒冷的冬夜,热气腾腾的火锅旁,一张张灿烂的笑脸,有孩子、有爸爸、有妈妈、有爷爷、有舅舅、有外婆、有老师。一幅幅和谐温馨的画面,让人温暖。爱是永恒的主题,我们是相亲相爱的一家人。

第三篇章:陪伴是最长情的告白

陪伴是最长情的告白,这也是我对班主任工作的理解。我觉得班主任最基础的工作就是陪伴,从白天到黑夜,从工作日到假期,只要是孩子们在学校的日子,我都陪伴在他们的身边。

故事一:早出晚归。我的 1176 篇老班日记里经常记录的第一句话是:今日到校 6:00,今日到校 6:10,今日到校 5:50,今日到校迟了些 6:20。在过去的 1176 天里,除了放假日、出差,我到学校都在 6:30 以前,回家总在天黑了以后,如果是坐班,到家差不多都是 22:30 以后了。也不知道是什么理由让自己能够坚持了 1176 天,或许就是为了那句"陪伴是最长情的告白"吧。陪伴着孩子们从白天到黑夜、从春天到冬天、从花季到梦季,是老班最幸福的事儿。

故事二:节日庆典。我们学校是寄宿制学校,所以周一到周六,孩子们基本都住在学校里。一些节假日,我总陪伴着孩子们一起过,让他们忘却离家的忧愁。遇见同月生日的,我给孩子们举办集体生日宴,请孩子们吃大餐,让他们在每一次庆祝仪式中,感受家的温暖,大家的爱意。

在我"老班日记 1136"里,有这样一段文字记录:最后一段时间最让我担心的就是孩子们的身心健康。为了让大家在高考冲刺阶段放松心情,今日是"六一"儿童节,延续一直的做法,让每一个节日有仪式感,这是给孩子们过的第四个"六一"节了(因为这拨孩子是 2017 年 4 月进入高中的)。本来想着请孩子们分享肯德基全家桶,但肯德基店一直都没开业,昨日特意跑去看,还是没有开业,只有作罢。棒棒糖、泡泡糖,都是童年美好的回忆,希望这个特殊的"六一"节能让孩子们难忘。

在我"老班日记 1128"里,有这样一段文字记录:晚餐,为最后一批生日的孩子过集体生日。至此,高中阶段集体生日结束。愿高中三年在孩子们心中留下的是快乐、是温暖,还有有趣的故事,不单单是枯燥单调的学习。

在我"老班日记 259"里,记录了与孩子们一起包饺子的欢乐场面,有这样一段文字:答应孩子们,请他们吃一顿饺子。今日正值周末,饺子宴走起哦。四个组长自告奋勇，牵头包饺子。今日下雨，老班当车夫，往返10趟把孩子们一拨拨送到目的地，包饺子队伍逐渐壮大。这一日的老班日记，图片为主，是孩子们开怀的笑脸，是孩子们包的整整齐齐的饺子，还记得英杰和向阳比赛谁吃的饺子多，结果英杰一口气吃了50个饺子，回家后拉肚子了。现在想来仿佛就在昨日，脑海里还有当时大家围着他俩的场景和笑声。

故事三：酸甜苦辣。过去的1176天里，我记录下孩子们的喜怒哀乐，记录下孩子们的酸甜苦辣，记录下孩子们每一天的收获和进步，记录下孩子们成长过程中出现的小毛病、小错误，也记录下老班工作的五味杂陈。孩子终归是孩子，他们总是慢慢地长大。

在我“老班日记955”里，有这样一段文字记录：今日，到校6:18，进教室门，发现晨誓已经结束。问了下，今日几点开始，6:17，错过。今日过得挺丰富的，各种情绪夹杂在一起，过了五味杂陈的一天。

甜：昨日遇见态度最好的一次对话，今日想来还是觉得有点甜的，难得的甜。

苦：每天奔跑在教学一线，每天告诉自己都要努力一点点。这么冷的天，早上真想能赖床到太阳晒进来，可是不能，必须起床。早上发动汽车时，看到仪表盘上显示−4℃。这么早起床还有小区里的清洁工阿姨。路灯下，是橘黄色的警示服和山寨版的迷彩衣，还有早起的老班。班主任的苦，在冬天的早晨显得格外味儿重。

辣：今日发了三次火。从来没有这么辣的脾气。一次因为某些人再一次自私的想法，发了一通感慨，力不能往一处使时，是最让人揪心的，微辣。第二次因为几个女生吵架。这是10月以来第二次了，曾经庆幸自己带了个不吵架的大女生班，结果打脸了。问吵架原因，都是鸡毛蒜皮的小事，但在临近高考的日子里，就变成了大事，你不让我，我不让你。一个巴掌拍不响的事情，两边都要找原因，放弃午休，先找一边，聊了一个中午；另一边，还没开始讲，就觉得我是在责怪他们，顶了几句嘴，中辣。第三次是因为女生302寝室，11月，一个寝室扣6分，几乎都是相同的问题。把6个女娃召集齐，进行第四次寝室纪律工作落实。不服气，用力顶嘴，老班“噌”一下，变成了“围裙妈妈”，狠狠批评了一顿，超辣。

咸：今日因为批评（不是一个个批评，是统一批评），5个女生哭了，这泪水多少是咸的。又一个个找来安慰、疏导。子龙爸爸说：当老师真不容易啊。

酸：今日白天听了3堂课，上了2堂课，谈话时间超过2堂课，一日9节课，占了7节课，腰酸、背酸、腿酸，最主要是嘴酸。

酸甜苦辣咸的一天，华灯初上，该关电脑，回家了……

第四篇章：结束语

在我的1176天里出现的每一个孩子，现在正在祖国的各所高校里学习，他们会时不时地告诉我最近在忙些什么，“大娘”（欣哥）开始继承我的做法，每日记录自己的学习、生活点滴，被同学们称作“大娘日记”。我总是在看到的第一时间点赞。

这就是我的1176天，这就是我和我的孩子们的故事，希望这些故事能够带给大家快乐，能够感受到我们的幸福。

编后语：教育是场“润物无声”的修行

上海教育出版社的特级教师成长与育人智慧系列又出一部新作,《润物无声——浙江名师的教育智慧》在大家的努力下终于呈现了。本书在编撰过程中,得到了浙江省内11个地区教育教研部门的支持。书中,浙江省30位一线特级教师讲述了教书育人过程中的故事。这些故事既是特级教师们在育人生涯中的片段,也是他们给予教育工作者和家长的建议,很好地展现了浙江特级教师的育人形象。

教育不是为生活做准备,教育就是生活本身。

——美国教育家杜威

翻开《润物无声——浙江名师的教育智慧》,首先看到的是浙江省内知名高中——杭州市第二中学特级教师林肃浩老师《宽严相济,情理相融》的故事。林老师回忆38年从教经历,品味到教师是教书和育人两者的相辅相成。他写到,很多再回母校看望老师的学生,最美好的记忆是,那些老师在他们人生最纯粹又最懵懂的青春岁月里给予过的关怀与陪伴,这些也是教育中最美好的师生情谊。他认为教育需要为学生铺垫好精神底色,并讲述了一个令人沉思的、教育学生为人处世细节的故事:谁动了黑板? 他用独到的严与爱,陪伴着学生度过高中三年这段人生价值观形成的关键期。紧接着读到的是金华市特级教师朱恒元23年的班主任经验凝练:打造班级“生态圈”,构建师生“共同体”。我仿佛看到了温和的朱老师“想学生所愿”“想学生多思”“想学生所疑”“想学生所错”和“想学生所难”，像学生的父母般语重心长。在邢方方老师的《1176天的老班日记》里，她把自己与孩子们的故事，写成了“文字＋图片”形式的日记，记录了一位特级教师带班的1176个教育生活的日夜。这些既是她的美好回忆、温暖情感，也是她对孩子们最长情的告白，也让我们更直观地感受到教育的生活性。

没有爱，就没有教育。

——中国教育家陶行知

教育是爱的育人艺术，教育如果离开了温情的关怀，离开了爱，那便失去了其独特的人文性，只剩一些枯涸的知识堆砌。

书中，杭州的浙师大附属幼儿园朱瑶园长30多年来一直与幼儿园的孩子、老师们一起，强烈地意识到，在孩子的学前教育启蒙阶段，科学育儿的重要性，并用三个故事串起“评价，是‘花’不是‘刺’”的教育理念。正是有朱瑶园长这样的幼教特级们带领着，对孩子们“爱”的努力与践行，打造出浙师大附属幼儿园独特的“把幼儿园还给孩子”教育理念。我想浙师大附属幼儿园能成为浙江幼教的品牌，也许这便是秘诀。赵寅芬老师在35年的守望和静待花开的时光中，平易近人，始终用微笑、笔尖为学生解忧纾困，护航青春成长，正如她讲到的“用心湿润桃李，用爱守望花园。你会收获满满，欢喜盈心田”。赵老师的故事里，我看到了一位陪伴学生成长的“大姐姐”，温情而长远。还有王葵红老师，在她的教育生涯中，始终坚信与爱携手，用真心、耐心、细心和慧心催生祖国的花朵们，从真诚点、耐心点、细心点和幽默点中，让我们看到了她将教育的爱融入平时的教学中，给予学生在学习与生活各方面无微不至的关怀和爱护。“亲其师，信其道”，我想王老师的这份爱的付出，赢得的必将是学生的信任与回报。

学生是有血有肉的人，教育的目的是激发和引导他们的自我发展之路。

——英国教育家怀特海

《润物无声》既是浙江部分特级教师专业成长的片段故事，也是他们在教育教学生涯中曾经的一个个或感人或深思的育人故事，每位特级呈现的内容极具画面感的。他们遵循着教育的规律，如“春风化雨，润物无声”般滋养了浙江土地上的花朵们。

郑英老师对待“低起点”的孩子，竭力唤醒其埋在心灵深处的尊严和信心，在孩子们的心中播撒下向上、向光的种子，从而让孩子们对自己、对生活有信心，即“唤醒内在的力量”。正是她“各美其美、向美而生”的教育理念，滋润了班级的孩子们，即便同时任两个班的班主任，她也乐在其中。项香女老师在近 40 年的教书育人生涯中，坚持“暗室点灯，育德赋能”，唯一觉得自豪的是为一些孩子人生的至暗时刻，送去了如豆之灯。确实，面对教育中的“痛点”，我们常反思教育的目的是什么。面对这些渴望知识、青春朝气，又对前程不知何往的孩子们，漫长的人生之路，老师们的陪伴也许只有短短几年，然而也正是这几年间陪伴，无意间的点拨与帮助，成就了孩子的一生。还有叶海辉老师的《体育不止于运动》，他用生动形象的笔触，描述了学生上体育课的几个故事，从中分析体育的教育目的：体育不是简单的运动，它是一门学科，也是一门科学，更是一门艺术。体育可以教会孩子学会团结与竞争、理解与宽容、规则与自律、自信与勇敢、坚持与胜利，这些是青少年应对社会必须习得的品质，也内化为一种必备的人生技能，这也便是体育的教育目的。我仿佛听到叶老师在运动场上洪亮的声音，点燃了孩子们在体育运动中的快乐与获得。此外，宁波的章玲老师认为，地理教育培育的目的是“做有智慧、有担当的地理人”，她从地理教育的独特视角，认识到教育更重要的是要培养社会责任，要有正确的人地观、价值观，并基于自身的经验反思对自然、社会、自我意义的重新发现，使教育的活动中有“心”的成分。

教育的智慧究竟是什么？我们从这30位浙江省一线特级教师讲述的育人故事中得到了许多的感触。30位特级教师是浙江省1642位特级教师缩影，也代表了部分浙江特级教师们的教育理念。

润物无声，让教育的智慧自然生长。

浙江师范大学教授

图书在版编目（CIP）数据

润物无声：浙江名师的教育智慧 / 沈笑英主编.
—上海：上海教育出版社，2021.6 (2021.6 重印)
ISBN 978-7-5720-0722-4

Ⅰ. ①润… Ⅱ. ①沈… Ⅲ. ①中小学-教学研究
-浙江-文集 Ⅳ. ①G632.0-53

中国版本图书馆CIP数据核字(2021)第086111号

策划编辑 刘 芳
责任编辑 李 玮
封面设计 陆 弦

润物无声：浙江名师的教育智慧
沈笑英 主编

出版发行 上海教育出版社有限公司
官　　网 www.seph.com.cn
地　　址 上海市永福路123号
邮　　编 200031
印　　刷 上海盛通时代印刷有限公司
开　　本 700×1000 1/16 印张 17
字　　数 240 千字
版　　次 2021年6月第1版
印　　次 2021年6月第2次印刷
书　　号 ISBN 978-7-5720-0722-4/G·0550
定　　价 68.00 元

如发现质量问题，读者可向本社调换 电话：021-64377165